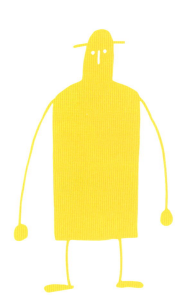

ACTIVE TRANSITION

Index

01 プロローグ
アクティブトランジションへの誘い
〜働くためのウォーミングアップ〜　中原 淳 05

02 ワークショップ編
Active transition Workshop 25

■ WORKSHOP 01　就活準備編 26
就活ヒッチハイク——就活に必要なことはヒッチハイクから学んだ！
1　就活ってどんなイメージ？ 30
2　ヒッチハイク・ワーク 32
3　ヒッチハイクを振り返る 35
4　就活に活かせる経験は？ 36
5　就活虎の巻 38

■ Column 1
ワークショップを文章にまとめるための3つのポイント　井上 佐保子 46

■ WORKSHOP 02　就活振り返り編 48
カード de トーク いるかも!? こんな社会人——就活を通した社会人との「出会い」から学ぶ
1　社会人との出会いを振り返ろう 52
2　カード de トーク1「一緒に働くのをためらうのは？」 55
3　カード de トーク2「一緒に働きたいのは？」 56
4　つくってみよう「未来の自分カード」 57

■ Column 2
ワークショップツールをデザインする　三宅 由莉・いわた 花奈 66

■ WORKSHOP 03　大学1-2年生編 70
ネガポジダイアログ——写真で社会人生活をイメージしよう
1　どんな仕事をしているでしょう？ 76
2　共通点を探そう 77
3　どんな写真かな？想像してみよう 78
4　写真で知る社会人の日常 79
5　そうだったのか！社会人生活 80

■ Column 3
ワークショップの写真を撮る　三宅 由莉 92

03 研究論文編

Active transition Monograph ……… 97

■ Monograph1
大学生活と社会人生活の実態　木村 充 ……… 98

■ Monograph2
職場で主体的に行動できる人は、どのような大学生活を過ごしてきたか
〜大学での学び・生活が入社後のプロアクティブ行動に与える影響〜　舘野 泰一 ……… 114

■ Monograph3
大学時代の「仕事と余暇のあり方に関する希望」は
初期キャリアへの適応にどのような影響を与えるか　浜屋 祐子 ……… 125

■ Monograph4
大学生の就職活動における他者からの支援は入社後の組織コミットメントにどのような影響を与えるか
〜リアリティ・ショックの媒介効果に着目して〜　吉村 春美 ……… 133

■ Monograph5
就職活動は早期離職に影響するのか
〜3つの就職活動タイプと大学生活、入社後の組織適応の関連〜　高崎 美佐 ……… 144

■ Monograph6
入社後に成長する人は、就職活動から何を学んでいるのか
〜就職活動を通じた学びと初期キャリアにおける能力向上との関連に着目して〜　田中 聡 ……… 156

■ Monograph7
内定者フォロー施策は入社後の組織適応を促すのか　保田 江美 ……… 164

04 エピローグ

アクティブトランジションの視点からみる今後の大学教育　舘野 泰一 ……… 173

よい理論ほど実践的なものはない　舘野 泰一 ……… 188

編著者紹介 ……… 190

※本書に掲載されたワークショップおよびツール（教材）は、本書がねらいとする教育目的・趣旨に沿った非営利活動であれば、クレジットを表示することで自由にご使用になれます。ただし、ワークショップ、ツールを含む本書内のイラストレーション・写真の単独使用はご遠慮願います。

01 プロローグ

アクティブトランジションへの誘い
~働くためのウォーミングアップ~

アクティブトランジションへの誘い
～働くためのウォーミングアップ～

文　中原 淳

1.1 本書の目的

　本書「アクティブトランジション：働くためのウォーミングアップ」は、教育機関を終え、企業・組織で働きはじめようとする人々が「働きはじめる前に行っておきたいウォーミングアップ」を論じた本です。

　一般に、教育機関と仕事領域の間には、多くの場合、「クレバス」のような「断絶」があります。クレバスを渡りきり、乗り越えた先には「広大な仕事の世界」が広がっていますが、後述するように、少なくない学生が「広大な仕事の世界」に参入する前に、何らかのつまづきを経験します。大学で学生の就職や進路にかかわる教員や職員の方々は、多くの場合、この「クレバス」の存在を感覚的に知っているはずです。

　そもそも就職戦線に立つことができず、クレバスの存在すら知ることもないまま逃走してしまう学生。厳しい就職戦線を乗り越えて、せっかく内定を確保したのにもかかわらず、「クレバスの存在」を前にして立ちすくんでしまう学生。クレバスは渡りきるものの、「広大な仕事の世界」にコンパスをもたず冒険をしてしまい、闇の中に紛れ込んでしまう学生。みんながうらやましがるような就職先に内定がでたのにもかかわらず、うまく組織に適応できず、早期に離職してしまう学生。

　残念ながら、大学教員である筆者も、そのような学生の姿を何度か目にしてきました。もちろん、ほとんどの学生は、クレバスを渡りきり、広大な仕事の世界ではじめの一歩を踏み出します。が、大学には、「教育機関－仕事領域の間の移行」がスムーズにいかず、立ち往生してしまう学生がいるのが現実です。

　本書の中核的概念である「アクティブトランジション」とは、1)「教育機関を終え、仕事をしはじめようとしている人々が、働きはじめる前に、仕事や組織のリアルをアクティブに体感し、働くことの準備をなすこと」、その結果として、2) 教育機関から仕事領域への円滑な移行（トランジション）を果たすことをいいます。トランジションとは、ここではさしずめ、「最終的な教育機関を卒業して、安定的なフルタイムの職業につき、働きはじめること」とお考えください。

　「アクティブトランジション」は、本書の執筆陣である私たちの造語ですが、今後の大学や教育機関は、卒業生を社会に送り出す前に、それぞれの校種・

状況にあったかたちで「アクティブトランジション」の支援をなすことが求められるのではないでしょうか。これが私たちが本書を通じて読者の方々に行っていきたい「問題提起」の核心です。

本章では、以降1.2節でそもそも「トランジション」とはどのようなプロセスで、なぜ、そこが近年問題になっているかを論じます。この作業を通して、筆者らが主張する「アクティブトランジション」の有用性がご理解いただけるものと思います。

つづく1.3節では、本書をお読みいただくうえでご留意いただきたい本書の特徴を述べます。本書は、1) 筆者らが開発した「アクティブトランジションを支援するワークショップ実践」と、そのレシピやツールの紹介、また、2) ワークショップ実践を生み出すもとになった「研究論文」の2つから構成されている「奇異な本」です。

あえて話を単純にすることが許されるのなら、前者を「実践」、後者を「研究」と読み替えてもかまいません。本書で、筆者たちは、ワークショップ実践開発と調査研究の両者をなし、その両方を紹介することをめざします。

伝統的に、実践者と研究者の間には、実践者は現場で実践をなし、研究者は現場から離れて研究をなす、という二分法が存在しています。しかし、本書において、筆者らはそのようなスタンスをとりません。むしろ、実践「も」なしつつも、研究「も」行います。

それでは、なぜ、筆者たちがこのような知的挑戦をなすにいたったのでしょうか。1.3節では、このことについて論じてみたいと思います。

最後に1.4節では、本書の構成を述べます。本書は、1.3節で紹介するように筆者らが開発したワークショップ実践と研究論文の紹介という2つの内容を持ち合わせておりますので、構成自体も2部からなすことにいたします。前半部はワークショップ編、後半部を研究論文編と呼ぶことにいたしましょう。ワークショップ編には、筆者らが開発したワークショップが3本収録されています。また、研究論文編には、7つの研究論文が収録されています。1.4節では、3つのワークショップと研究論文の概要を述べたいと思います。

1.2 トランジションとは何か？

トランジションとは、ここ10年ほど、人文社会科学の研究領域、あるいは、大学教育ー企業の就職などの領域で人口に膾炙している概念です（中原・溝上 2014）。研究者のみならず、実務家においても注目が集まっているこの概念の含意するところは、「（就職一歩手前の）最終の教育機関を終了して、安定的なフルタイムの職業につくこと」です（OECD 2010, Buchmann 2011）。

「安定的なフルタイムの職業」とここで含意されているのは、十分な収入・健全な労働環境をともない、将来の見通しがもてる中長期の雇用が約束されている職業です。俗にいえば、もっとも典型的なのは、いわゆる「正社員」をイメージするとよいかもしれません。

かつて日本の企業、とりわけ大企業で中心的であった正社員の雇用慣行としては「新卒一括採用」がよく知られています。かつてよりは形骸化が進んでいるとはいえ、今なお、支配的な日本独自の採用慣行といっても過言ではないかもしれません。

一般に、新卒一括採用とは、前半・後半の2つのフェイズから成立しています。前半の「採用フェイズ」では、教育機関を卒業予定の学生（新卒者）を対象として、年に一度、企業がある一時期に一括して求人を行い、面接・採用試験などの評価手法をもって、当人のもっている潜在的な仕事能力・組織適応能力を評価して採用を行います。後半の「定着フェイズ」では、卒業後、新人研修に代表される一定の教育訓練をへて、職場に配属し、職場のOJTによりさらに本格的に業務能力を向上させ、組織に適応させることをめざします。

かつて日本には高度経済成長期を代表に、大学から出ていく卒業生の数と、企業にフルタイムのポジションで参入していく個人の数がほぼ同値に近いか、ないしはたとえ同値でなかったとしても、世間的に「問題」というラヴェリングがなされない時期がありました。教育機関を卒業した人で希望する若年層は、ほぼ就職できて、組織にも定着しうる稀有な時代――そこに駆動するトランジションプロセスは非常に安定的であり、堅牢でした。

しかし、それから半世紀。

今、トランジションはかつてないほどにフラジャイルなものになり、揺れています。大学などの最終的な教育機

関を卒業しても、一時雇用や臨時雇用などの不安定で短期間の職業にしかつくことのできない若年層が増えています、また、就職したはいいものの、組織・職場に適応することができず、すぐに離職をしてしまうことが起こっているからです。

就職活動という活動に興味がもてず、そこから逃走してしまう学生。

就職活動を乗りきることができず、結果にいらだち、心が折れてしまう学生。

就職活動はなんとか乗りきり、めでたく「安定的なフルタイムの職業」の内定を得たものの、本当にこのままでよいのか考えあぐねてしまう学生。

内定式を終え、内定者教育が始まると、次第に自信を失っていく学生。

無事入社はしたものの、教育訓練の途中で、意欲を喪失し、早期離職してしまう学生。

そして、配属後、思い描いていた理想の仕事の姿と現実に苦しみ、仕事を辞めてしまう学生。

私たちの脳裏には、そんな大学生の姿が時折浮かびます。

もちろんほとんどの学生は、最終的な教育機関を終え、仕事の世界に希望をもち羽ばたいていきます。しかし、大学教員を長くやっていれば、「安定的なフルタイムの職業」のメリットを享受できぬまま、トランジションのプロセスでつまづきを感じる、これらの学生を数多く見ることになります。

かつて日本では、バブル景気が崩壊する以前まで、こうした現象は、あまり人々の関心にあがりませんでした。教育機関を出たあとに「安定的でフルタイムの職業」につける人の割合が多く、トランジションのプロセスでつまづきを覚える人や、職場を早期に離職してしまう人は、相対的に少なかったのです。

しかし、1990年代のバブル崩壊をきっかけに、その様相は徐々に変化しつつあります。先ほど見たような現象が徐々に目立つようになり、マスメディアでは、この間、トランジションの機能不全に関する言説が登場する割合が多くなってきました。

筆者は長いこと、企業の人材開発・人材マネジメントの研究をなしてきました。また、大学教員としても15年ほどのキャリアをもち、多くの学生と接してきました。トランジションの問題に思いを馳せるとき、研究者としては企業の観点から、そして教員としては大学の観点から、こうした問題をなんとかしたいという思いが、こみ上げてきます。

そこで本書を通じて筆者らが問題提起したいのが「アクティブトランジション」という概念です。

アクティブトランジションとは、
1）「教育機関を終え、仕事をしはじめようとしている人々が、働きはじめる前に、仕事や組織のリアルをアクティブに体感し、働くことの準備をなすこと」、その結果として、
2）教育機関から仕事領域への円滑な移行（トランジション）を果たすことをいいます。

古くから組織論では、組織に新規参入していく人に、どのような処方箋を提供すれば、組織への円滑な参入が可能になるかを研究する領域がありました（Wanous 1980, Landis 2014）。これら研究群には、研究論文編において紹介がありますので、ここでは詳解を避けますが、アクティブトランジションは、そうした研究にも着想を得ながらも、教育機関と仕事領域の円滑な接続を実現するべく登場した概念です。

ここで重要なことが1つあります。

アクティブトランジションをなす主体は、もちろん学生個々人ですが、アクティブトランジションは、決して「個」に閉じられた概念ではない、ということです。アクティブトランジションをなす主体が自律的に組織に適応し、仕事を行い、成果を残していくためには、「他者の力」が必要です。「他者の力」といっても、「自律」を否定しているわけではありませんし、それに「依存すること」をよしとしているわけではありません。「自律」をなし、個人として力強く生きるためにも「自律をめざした他律の力」が必要不可欠であるということです。「自律をめざした他律の力」は、本人がそれを必要でなくなる段になれば、段階的に解除していけばいいのです。

具体的には、アクティブトランジションをなす学生にとって「最も有望な他律の力」としては大学があります。もちろん、バブル経済破綻以降、トランジションの機能不全を前にして、これまでにも大学は、各種の就職支援やキャリア教育の機会を充実させてきました。

しかし、それらの多くは「就活での成功」──すなわち学生が企業から「内定」を得ることの支援を目的とする場合が多く、必ずしも「トランジションの成功」をカバーしているわけではありません。今後の大学や教育機関は、卒業生を社会に送り出す前に、それぞれの校種・状況にあったかたちで「アクティブトランジションの支援をなすこと」が求められるのではないか、というのが私たちの着想点です。

言うまでもなく、近年、大学は、国家や社会からさまざまな強い期待を寄せられています。「大学教育の成果」を測定し、タックスペイヤーたる国民に説明責任を果たすこともその1つでしょう。従来、「大学教育の成果」を測る機会としては、さまざまな学生調査や就職状況の調査が行われてきました。今後の大学教育においては、学生の卒業後の仕事の様子を追跡し、「トランジションの成功」を把握する動きがでてくるものと思われます。「自校を卒業した生徒が、前向きに仕事世界に向き合う準備機会をいかに提供するか」というアクティブトランジションの支援の視点は、このような大学の説明責任と呼応しています。

　本書では、前半部「ワークショップ編」のなかで3つのアクティブトランジション支援のためのワークショップを紹介しています。このいずれもが、大学で実践できるように開発されています。大学の関係者の方々には、ぜひ、こちらをご覧いただき、それぞれの大学にて実践を行っていただけたとしたら、望外の幸せです。

1.3
理論にインスパイアされた実践：ワークショップ実践と研究

既述したように、本書は、前半部「ワークショップ編」にてアクティブトランジションを支援するワークショップ実践を紹介します。一方、後半部の「研究論文編」では、ワークショップ実践を生み出すきっかけになった筆者らの調査研究論文を7編紹介します。このように、本書は「ワークショップ実践」と「調査研究」という最もソリのあわないものを2つ組み合わせた「キメラ」のような書籍です。

筆者も、これまで過去15年弱にわたってさまざまな研究を積み重ねてきましたが、こうした書籍はあまり多いわけではありません。ワークショップのレシピやそれに関する研究書というのなら存在します。また調査報告を行う本も、またそれ以上に存在します。しかし、ワークショップと調査という一見全く別物の知的営為が、緩やかに結合・関連し、それらが1つの書籍に収められている例は、そう多いわけではありません。

それではなぜ、筆者たちはこのような「無謀な知的挑戦」を本書でなすことにしたのでしょうか。なぜ筆者たちは「キメラ」を生み出すことを決意したのでしょうか。

それは「研究知見にインスパイアされた確かな実践」を私たち自らが社会に提案し、それに関心をもつ多くの実践者に鑑賞・吟味していただき、さらに実践してもらいたかったからです。

本書において、筆者らは、「アクティブトランジションの渦中にいる人々」から「縦断研究」というかたちで、調査データを取得させていただきました。縦断研究とは、同一の対象者に時間差をおいて複数回にわたってデータを取得させていただき、その間に生じた知覚・行動・認知の相関関係・因果関係を分析する研究です。本書においても、筆者らは取得させていただいたデータを統計解析し、いくつかの「発見事実」を見出しました。一般的には、これが「研究知見」であり、研究者の仕事は「研究知見を生み出し、論文化・書籍化するまで」になります。生み出された研究知見が実際に現場に役立てられるかどうかは、実践者頼み。あとは、実践者の責任・関心である、ということになるのです。

しかし、誤解を恐れず申し上げますと、ここにも先ほど同様、大きな「ク

レバス」が存在していることを指摘しないわけにはいきません。せっかく生み出した研究知見のほとんどは、実践者に実践されるどころか、読まれることもなく、論文誌・研究書の中だけで同業者にのみ消費されるのです。調査とは「現場に多大なコスト」をかけて実施されるものです。しかし、そこから得られた知見は、現場に返ることは非常に限定的です。かくして、実践現場には多大なコストだけが残されることになるのです。

　それでは、なぜ、このような事態が起こりうるのでしょうか。ここで私たちが目にするクレバスには、2つの種類があります。

　1つめのクレバスは「専門用語・学術の難解さゆえの断絶」です。

　一般に研究の世界、学術論文の世界というものは、厳密な学術用語、専門的な概念、高度な分析を用います。特に近年の人文社会科学は、定量データを対象とした高度な統計分析を用いることが多く、その研究知見は、トレーニングを積んだ人が読めばたちどころに理解ができるのですが、一般の実践者には縁遠い世界になっていることがあります。研究者同士が知識共有を行うためには、これらの学術用語や高度な分析手法は必要不可欠です。しかし、一般の実践者には、これほど取っつきにくいものはありません。かくして、そもそも実践どころか、研究論文にアクセスすらできない事態が起こりえます。

　もちろん、ここ20年間の人文社会科学では、定性的な研究——フィールドワークやヒアリングなどが注目され、文学作品や読み物に近いようなテクストやストーリーがさまざまに生み出されました。

高度な統計解析によって生み出された難解な概念は無理でも、ストーリーやテクストであるならば、実践者でもアクセスはできるでしょう。研究者の中には、フィールドワークやヒアリングなどによって採集された定性データ、生き生きしたストーリーこそが現場に消費され、現場を変革することができる、という淡い思いを吐露する人々もいました。実践者は数字や論理は追うことは難しくても、ストーリーや物語なら読むことができる。そのようなことがまことしやかに語られていた時代もありました。

　しかし、残念ながら、個人的には、実際に起こったことは必ずしもそうではなかったように思います。

　誤解を恐れずにいえば、たしかにこの間生み出された膨大な質的研究の中には、実践者が読んで目から鱗が落ち

るようなものも存在していました。が、しかし、そのまま実践者に解釈され、実践に活かされると想定することには、やはり無理がありました。定量的なデータであれ、定性的なデータであれ、研究として存在するものには、高度な概念、専門用語が用いられており、それは実践者がふだん用いている言語とは異なるのです。

1980年代、人文社会科学では「表象の暴力」という問題提起がなされたことがあります。「表象の暴力」とは、実践現場に対して接近を試みる研究者が、実践現場のことについて記述を行い、それらを学会などに報告していても、そこで書かれた記述に対して現場の人々が異議を申し立てる可能性がないこと、また、それによって研究者はアカデミズムの世界において栄達を獲得できるかもしれないが、それらが現場の改善に寄与しないことを批判した言葉です。筆者らは、本書におけるさまざまな分析やデータが「表象の暴力」として機能してしまわないことを願っています。

2つめのクレバスは「研究知見を現場に適用する」という営為、そのものに付随する不可能性です。

一般に、理論というものは、現場でおこっている個々の出来事や現象を「抽象化」した知識体系のことをいいます。それは、個々の出来事や現象、人々の行動や認知を、ある程度の精度で「予測」したり、コントロールすることができます。

しかし、理論は、現場の出来事を100％予測したり、コントロールできるような「万能なもの」かというと、全くそうではありません。理論は、複雑な人のふるまいを、ある程度は「予測」することができますが、全く完璧ではありません。物質の世界や自然現象であれば、ものの動きは、物理法則やルールにしたがうのでしょうけれど、人間のふるまいや現場の出来事というのは、「モノ」とは異なります。圧倒的な複雑さを持ち得ているのです。ですので、たとえ「研究知見」が生み出せたとしても、それを適用すれば、かならず現場が改善できるかというと、そうはいかないのです。

しかし、自然科学を範として発展してきた一昔前の人文社会科学では、研究と実践の関係は「適用」というモデルで考えられてきました。現場の実践とは常に不確かなものであるから、抽象化され、一般化されたルールを研究者がつくる。研究者がつくりだした原理・原則を、そのまま現場に「適用」しさえすれば、現場の実践は改善され

```
                    現　場
         研究者が分析 ↙        ↖ 実践者による吟味・鑑賞・実践
    理論に        ワークショップ  パフォーマー  モデルケース  実践者の
  インスパイア  →   のデザイン  →  としての研究者  → として紹介 → エンパワーメント
    された実践
```

ると考えてきたのです。

　もちろんくどいようですが、発見事実や研究知見が無意味なわけではありません。しかし、それはそのまま現場に「適用」することはできない。むしろ、私たちがなしうることは、研究知見を参考にしつつ、それぞれの現場の状況を加味して、創意工夫を重ねて実践をつくりだし、提案することであると思います。

　このような知的な試行錯誤の果てに私たち筆者がたどり着いたのが「理論にインスパイアされた実践」「実践者のエンパワーメント」「パフォーマーとしての研究者」という概念です。

　第一に「理論にインスパイアされた実践」とは「理論やデータにインスピレーションを受けた実践」のことです。それは理論がまるごと「適用」されたものではないかもしれないけれど、そのエッセンスを参照する。このことによって、まるっきりゼロから実践を組みたてるよりも、効果性の高い実践をつくりあげることができると筆者らは考えています。

　第二に「実践者のエンパワーメント」とは、「それぞれの現場を取り仕切る実践者にインスピレーションと自己効力感を感じてもらう働きかけをなすこと」です。

　筆者らはどれだけ頑張っても「実践者」にはなれない。どんなに実践現場に足を向けようとも、筆者らが足を向けることのできる現場の数は限られている。「研究者は、どこまでいっても研究者であること」と「結局、現場の実践を変革するのは現場の実践者であること」を潔く受け止め、実践者の方々がインスピレーションを喚起され、さらには「その気になれば自分でも実践できるかもしれない」と自己効力感を感じてもらえるような働きかけをなすことが、筆者らになしうることであると感じています。

　そのため、筆者たちは、高度な統計解析を行ういわゆる「研究者」であることをやめました。第三の概念「パフォーマーとしての研究者」とは「研

究者自らが、ワークショップや場をデザインし、ワークショップデザイナーやファシリテータとしてパフォームすること」です。パフォームされたワークショップは、いわば「モデルケース」として作用し、実践者に、鑑賞してもらえるのです。私たちは、研究者ですので、論文や研究書というかたちでのアウトプットを捨てるわけにはいきません。しかし、一方で、私たちの研究のアウトプットは論文に限局されるわけではありません。研究のアウトプットの表現形式は、論文や文章のみならず、ワークショップ実践であってもよいのです。

かくして「理論にインスパイアされた実践」「実践者のエンパワーメント」「パフォーマーとしての研究者」という3つの概念が重なり合うとき、新たな「研究と実践の関係」が生まれます。

3つの概念の起点は「現場」です。

まずは現場の出来事、現場の行動があり、それを研究者が分析を行う。理論の世界には、抽象化・一般化された理論などが生まれる。その理論をもとに、研究者がワークショップをデザインし、パフォームする。時にはツールもデザインする。そして、それをモデルケースとして紹介する。実践者は、直接論文の世界にアクセスはできなくても、モデルケースを鑑賞し、吟味する中で、自らやってみようと奮い立つかもしれない。話はそう単純ではないとは思いますが、このような流れが、もし実践現場に生まれ得るのだとしたら、筆者たちはこれ以上嬉しい事はありません。

実践現場をもつ研究者たちは、時折思いだしたかのように、学会や業界の会合などで「研究と実践の関係」を自嘲気味に振り返ります。そうした会合では、一般に「研究と実践の理想的関係は何か？」とか「研究と実践はいかなる関係にあるべきか？」という問題提起がなされます。しかし、悲しいかな、こうした会合の口角泡をとばした議論の果てに「研究と実践の関係が変化したこと」を、筆者はこれまで聞いたことはありません。

「研究と実践の関係」とは「机上の空論で議論して明示される類のもの」ではなく、「研究者が身を実践現場に投企して表現されるもの」なのです。その覚悟のない机上の理論や壇上の議論が、筆者にはあまり生産的には思えません。

本書は、大学で学生の就職や進路にかかわる教員、就職課の教職員、就職に関心のある学生をメインターゲットとして編まれました。昨今は、学生の

中にも就職サークルや企業研究のサークルを自ら組織している人も出てきているといいます。筆者らがパフォームしたワークショップが、日本の大学で、多くの志ある実践者に実践され、多くの学生に学びの機会を提供できたとしたら、嬉しく思います。

ちなみにワークショップの実践にあたっては、立教大学経営学部ビジネスリーダーシッププログラム（BLP）の協力を得て、同大学のキャンパス、同大学の学生を対象に実践させていただきました。同大学同学部のみなさまには、この場を借りて、感謝申し上げます。また調査の実施およびワークショップの開発に際しましても、公益財団法人電通育英会様より多大なるご支援をいただきました。心より感謝いたします。この場を借りて重ねて御礼申し上げます。

1.4 本書の構成

最後に本書の構成を述べておきます。本書は、ワークショップ編と研究論文編（サーベイ編）の2つに分かれています。ワークショップ編には、3つのワークショップが収録されています。

1つめのワークショップは「就活ヒッチハイク」ワークショップです。

こちらのワークショップは、就活前の学生を対象に開発されたものです。「就活」が「ヒッチハイク」に喩えられており、このメタファのもと、学生たちは「自分の意のままにならない就職活動に翻弄されることなく、就職活動のプロセスを楽しみながら乗りきるためのヒント」を学びます。

大学生が行う就職活動は、多くの場合、大学生活を代表するような大きなイベントであるのにもかかわらず、それに付随する準備は十分でない学生も少なくありません。特に、就職活動それ自体がどのようなプロセスなのか、そこで多くの人々がどのような心理状態を経験するかは、あまり伝えられていません。面接のテクニックや自己分析シートの書き方といったテクニックは習うのにもかかわらず、それ自体のプロセスをいかにくぐり抜けるかは、あまり明示されているわけではないのです。

就職活動で学生は、さまざまな心理状態を経験します。なかには、過度な不安に陥ったりする学生も少なくありません。しかし、あらゆるメンタルトレーニングの基礎が「自分で変化させられるもの」と「自分の力では変化さ

せられないもの」を峻別することからはじまるように、就職もヒッチハイクも、「自分でコントロールできる部分」とそうでない部分を見分け、それぞれへの構えをつくりだすことが重要になります。「就活ヒッチハイク」ワークショップは、こうした問題関心に基づいて開発されました。

　もちろんのことですが、このワークショップのデザインは研究からインスピレーションを受けています。研究から私たちが見出したのは、「孤独化・個別化した就職活動」のリスクと（研究論文編 吉村章）、「とりあえず就職活動をするということ」のリスクです（研究論文編 高崎章）。

　2つめのワークショップは「カード de トーク いるかも!? こんな社会人」ワークショップです。

　「カード de トーク いるかも!? こんな社会人」は、一般的な組織にいる「典型的な社会人」の価値観へのエンカウンター（出会い）から、はじまります。このワークショップは内定者向けに開発されており、これから自分が社会で働くうえで、どのような「就業観・職業観」をもったらよいのかを考えるワークショップです。ワークショップを通して、仕事生活に向けて前向きな一歩を踏み出すヒントを獲得することを目的にしています。

　就職活動で学生は、さまざまな社会人に出会います。一般に就職活動で学生が出会う社会人は「企業の顔として学生に見られることをそもそも意識している人（人事採用チームのメンバーやリクルーター）」であり、概して「尊敬に値する輝かしい人」ばかりです。リクルーターの人格、価値観、彼/彼女から提供されている情報を手がかりにして、求職者が会社や組織全体を評価してしまうことは、採用研究ではよく知られている事実です。よって企業の採用活動にかり出される社会人は、たいていの場合、その企業で成果を残しているか、学生にフレンドリーな社会人です。

　しかし、一般的な職場では、そうはいきません。日常的に出会う可能性の高い、ごく一般的な社会人とは、必ずしも仕事に前のめりな人ばかりではないし、仕事を人生のトッププライオリティにおいているわけではありません。

　このワークショップでは、学生が就職活動中に強く影響を受けるロールモデルを担えるような社会人「ではなく」、どこの職場にも散見されるような、彼らが職場で日常的に出会う可能性の高い「典型的な社会人像」を戯画化し、題材として学生に提案します。学生に

は、これら一般的な社会人の仕事の価値観を複数知ってもらいながら、自分がどのような働き方をしたいかを考えてもらいます。

私たちが、このワークショップを企画したのは、「就職活動を通じて身につけた社会・企業・自己に関する知識」とは必ずしも入社後の能力の伸びと関連があるわけではないという知見にインスピレーションを受けたからです（研究論文編 田中章）。「就職活動を通じて身につけた社会・企業・自己に関する知識」とは、企業の採用活動という華やかな場において演出されたそれであり、やや歪みが生じている可能性があります。そこで、内定時期に、就職活動を通じて一度形成された職業・就業に関する見方・考え方をいったん相対化する機会が重要であることを仮説として持ちました。かくして、このワークショップが開発されました。

筆者らが提案する最後のワークショップは「ネガポジダイアログ」です。このワークショップは、大学1-2年生の学生を対象にしたものであり、社会人に日頃の仕事生活の写真をとってきてもらい、それらをモティーフとして、社会人と深い対話を行おうというワークショップです。

就業前の学生にとって、社会人の日常生活というのは、「謎」に満ちたものです。実際の仕事の現場を「知らない」のですから、それも無理はありません。筆者の経験からすると、学生はこうしたとき、極化したイメージをもちがちです。社会人の日常生活に「陰鬱なイメージ」「管理されたイメージ」を強くもつか、ないしは対照的に社会人生活に「バラ色の期待」をもっていることが多いものです。

しかし、社会人の日常生活は、仕事の中にモティベーションを見出させる良い日もあれば、そうでない日もあるといったように、どちらかといえば、アップダウンに満ちています。「ネガポジダイアログ」では、何が嬉しかったのか（ポジ）、何が悲しかったのか（ネガ）は伏せておきながら、社会人の方々が、ふだん撮りためた仕事の写真を学生に提示します。学生は、社会人が持参した写真がどのようなシーンであるかを予想することで、社会人の生活がいったいどのようなものであるのかを類推します。

一般に、仕事は甘いものではありません。しかし、一方で、仕事が管理され、虐げられたものばかりかというとそうでもありません。社会人は、さまざまな出来事に時に歓び、また自分で仕事を面白くしながら、仕事をこなし

ています。このワークショップを通して、そんな社会人のリアルな生活を垣間見ることができると思います。このワークショップは、「就職活動における他者の重要性」などを論じた研究論文編 吉村章や、現実的職務予告の既存研究群（Wanous 1980）からインスピレーションを受けて開発されました。

次に、ワークショップ編を終え、研究論文編です。

研究論文編は「基本データパート」「大学生活パート」「就活パート」「内定パート」の4つのパートに分かれており、合計7つの研究論文が収録されています。

「基本データパート」の木村章では、調査の概要と、本調査で利用したデータについて記述統計が示されています。

研究論文編で用いられるデータは、東京大学中原淳研究室、京都大学溝上慎一研究室、財団法人電通育英会の3者が、大学時代の学習・生活経験が大学卒業後の仕事に与える影響を把握するために共同研究として実施した縦断調査のデータです。縦断調査とは、同じ対象者に複数回、時間をおいて調査を行い、その間の行動・意識の変化を分析する調査手法です。今回の調査では、初回・2回目と計2回の縦断データが取得されました。

初回調査は、京都大学高等教育研究開発推進センターと財団法人電通育英会が「大学生のキャリア意識調査2010」として、全国の大学1年生および3年生を対象に、民間のインターネット調査会社を通じて2010年11月に実施したものです。2回目の調査は同一対象者を対象に東京大学中原淳研究室、財団法人電通育英会、京都大学溝上慎一研究室が「大学生のキャリア意識調査2013」として実施したものです。

一般に、縦断調査には、過去を思いだし回答してもらう振り返り調査にはない利点がある一方で、1) 長い期間と多額の費用を要する、2) 回数を重ねるごとにデータの脱落が生じやすいというデメリットがあります。本調査でも、初回調査の回答者が1,324人であったのに対して、第二次調査の回答者は117名と、大きな脱落が見られました。この理由は、調査会社の退会、スクリーニング調査への非回答、就職していないなどの理由で条件不適合とさまざまでありますが、最大の理由は3年という調査のインターバルにあります。本調査の結果の解釈においては、そのようなことを留意いただく必要性があると思います。

一方で、確かにサンプルには脱落は見られるものの、類似の縦断調査によ

るトランジション調査はあまり例があるわけではありません。その意味において、結果の解釈に留意をいただけるのであれば、一定の学術的価値があるものと筆者らは考え、以降の分析を行います。

「大学生活パート」の説明に入ります。

大学生活パートの1本目は「職場で主体的に行動できる人は、どのような大学生活を過ごしてきたか」というテーマの実証的探究を行った舘野論文です。

舘野氏が明らかにしたかったのは、職場に新規参入していく新入社員のうち、積極的に職場のメンバーや上司に働きかけ、うまく職場に適応できる人というのは、どういう大学生活をおくっていたのかということです。分析の結果、1）大学における参加型の授業（アクティブラーニング）に参加しているだけでなく、授業に対して意味を見い

だしていること、2）授業外のさまざまなコミュニティに出入りをしていること、3）大学生活を充実して過ごしていた人が、職場でも主体的に行動していることがわかりました。

一般に、大学とは入試によって選抜された同じ学力層の若者集団が集う空間です。これに対して、一般企業の職場とは、雇用形態、年齢、さらには国籍なども非常に多様なヘテロジニアスな空間です。人は、教育機関をでて職場にでれば、こうしたダイバーシティ空間において、自ら情報を探索し、あの手この手をつかって援助をひきだし、適応していかなければなりません。もちろん、職場にはＯＪＴなどの教育機会が存在するのですが、仕事の起点は自己の積極的な行動にあることは言うまでもありません。舘野章の結論からは、職場における適応を果たすために

も、大学時代にさまざまな主体的行動に学生を従事させることが重要だということがわかります。

大学生活パートの2本目は、「仕事と余暇のバランス」に対する大学時代の考えが、入社後の組織適応にどのような影響を及ぼすかを論じた浜屋氏の研究です。分析の結果、大学時代に「仕事重視」を志向していた男性は、企業組織への組織にポジティブな効果が得られていました。他方、「仕事重視の価値観」は、女性においては、入社直後のリアリティ・ショックの高さにつながることがわかりました。この結果から「仕事重視」志向の女性ほど、組織参入後の早い段階から仕事に正面から向き合い、仕事における希望と現実を真剣に照らし合わせていることが予想されます。そして女性が、このように現実に向き合ったがゆえに、入社

後、自身の希望と現実との間に大きなギャップを見出すことが、組織参入直後のリアリティ・ショックの高さに繋がっているものと考えられるのです。しかし、女性はリアリティ・ショックを経験するだけの存在ではありません。それをバネにして多くのことを学びます。この章では、リアリティ・ショックの高さと、そこからの女性の変化が論じられます。

次に就活パートです。就活パートには3本の論文があります。

1本目の論文は、「就職活動の孤独・個別化」を問題意識としてかかげた吉村氏の論文です。吉村氏は、大学生の就職活動において、「さまざまな周囲の人々」からどのような「支援」を得られた人が、入社後の組織コミットメントをどのように持ち得るかを分析しました。就職活動時に助けになった人としては、家族（両親や兄弟姉妹）が16人（23.9％）と一番多いことを例証しました。大学の先生・教授15人（22.4％）、大学の友人（同期）13人（19.4％）、大学のキャリアセンター等の職員10人（14.9％）などもよく列挙される人です。

分析の結果、こうした人々からの就活支援は、入社後の組織コミットメントにポジティブなインパクトをもたらしていることがわかりました。また就職活動時の就職予定先への満足度にもプラスの効果をもたらしていました。支援者の存在によって、就職活動に対して見通しと納得感を持って意味空間を形成することは、入社後の組織適応に望ましい効果をもたらすことが示唆されます。

就活パートの2本目の論文は、「就職活動の結果、どのような就職をできた人が、早期離職等に影響するのか」を論じた高崎氏による論文です。

高崎氏は、就職活動の成果を「本意就職」「不本意就職」「とりあえず就職」の3つにわけます。学生には、就職活動に際して3つのタイプが存在するということです。

分析の結果、「とりあえず就職」は、就職活動に熱心に取り組めておらず、就職活動について充実感を持っていないことがわかりました。また、入社後も離転職の経験割合が高く、大学卒業後入社した企業に定着していたとしても仕事満足や会社満足が低いという特徴をもっています。一方、「不本意就職」は、もっとも熱心に就職活動をしていたのに「本意就職」に比べると離転職経験者が多いことがわかりました。せっかく熱心に就職活動をしていたのにもかかわらず自分の希望がとおらない。

こうした人が離転職につながる可能性は高くなります。

　就活パートの３本目は、就活時の学びと入社後の成長の関係を調べた田中論文です。ふだん私たちは、就活を終えた学生から「自分は、就活で多くのことを学んだ」と耳にすることがあります。

　業界や業種がどのようになっているか。会社世界とはどのようなものなのか。そして、世の中の厳しさはいかなるものなのか。厳しい社会のなかで、いかに心を平静に保ちながら生きていけばいいのか。学生たちは就職活動を通して、このような内容を学びます。そして、こうした就職活動における学びが、田中氏の探究のモティーフです。分析の結果、就職活動を通して「不確実性に対する構え」を獲得できた学生が、入社後の成長につながる可能性が示唆されました。

　最後は「内定パート」です。

　「内定パート」では、これまでの２つのパートと大きく視点を転換します。これまでのパートは、大学・大学生の視点から、いかに学生を支援するかということを関心に分析がなされていました。しかし、「内定パート」では、視点を大きく転換し、「企業の目線」からトランジションを見つめます。具体的には「内定時に企業は、どのような内定者フォロー施策を実施すればよいのか」ということを探究します。内定時期に企業から提供される内定者フォロー施策と入社後の職場適応との関連を検討するのです。この分析は保田論文にて行われました。

　分析の結果、内定者を対象とした集合研修が、入社後の新規参入者のリアリティ・ショックを緩和し、入社１年後までの離職意思を抑制することが明らかになりました。一方、現実的な職務の予告をともなわない、引き留めを目的としたような面談は、逆効果であることを指摘しました。

小活

以上本章では、トランジションとは何かを考察したうえで、本書の中心的概念であるアクティブトランジションについて述べました。筆者たちは、アクティブトランジションに対する支援こそが、不確実性の高まるトランジションプロセスに対する学生支援として重要であると認識しています。

本書では、これを支える道具だてとして、伝統的な研究論文と、研究にインスピレーションを受けて筆者らが開発したワークショップ実践を用意しました。以降、「02 ワークショップ編」では3つのワークショップ実践をご覧ください。「03 研究論文編」からは、それぞれの研究論文がつづきます。

これで準備はすべて整いました。
ようこそ、アクティブトランジションの世界へ。

本書をお読みになった多くの志ある人々が、アクティブトランジションの冒険にでる次世代の若者たちにHelpful help（本当に助けになる支援）を提供してくれることを願います。そして、アクティブトランジションを乗りきった多くの若者たちが、組織の中の多様なステークホルダーを巻き込みながら、事（コト）を成し遂げる未来を夢見ます。

参考文献

Buchmann, M. C. (2011) School-to-work transitions. Brown, B. B. & Prinstein M. J. (eds.) *Encyclopedia of adolescence: Volume 2. Interpersonal and sociocultural factors.* Academic Press. pp. 306-313.

Landis, R. S., Earnest, D. R., & Allen, D. G. (2014) Realistic Job Previews: Past, Present, and Future. Yu K. Y. T. & Cable, D. M. (eds.) *The Oxford Handbook of Recruitment.* pp. 423-436.

中原淳・溝上慎一(編)(2014)活躍する組織人の探究．東京大学出版会．

OECD (2010) *Off to a good start? Jobs for youth.* OECD Publishing.

Wanous, J. P. (1980) *Organizational entry: Recruitment, Selection, and Socialization of newcomers.* Addison-Wesley.

02 ワークショップ編
Active transition Workshop

本編では、就職活動前、就職活動後、大学1-2年生の3つのステージにおける
ワークショップを紹介する

就活準備編 就活ヒッチハイク
就活に必要なことはヒッチハイクから学んだ！

就活振り返り編 カード de トーク いるかも!? こんな社会人
就活を通した社会人との「出会い」から学ぶ

大学1-2年生編 ネガポジダイアログ
写真で社会人生活をイメージしよう

WORKSHOP 01

就活準備編

キャンパス内で目的地を書いたサインボードを掲げ、歩く人に声をかけてのヒッチハイク。「最初は不安だったけどやり始めたら楽しくなってきた」「思い通りにならないし、運もあるよね」「自分を伝えるのって結構難しい…」あれ？もしかして、これって就活と似ている？
就職活動前は誰しも不安になるもの。先が予測できないヒッチハイク経験を通して、これから始まる就職活動を乗り切っていくためのヒントを学びます。

目的地への道はそれぞれ。
自分でつかんだ経験こそが
自信となる。

就活に必要なことはヒッチハイクから学んだ！

就活ヒッチハイク

就活ヒッチハイク

就活ヒッチハイク・ワークショップの目的は、就職活動を控えた学生が、自分の意のままにならない就職活動に翻弄されることなく、就職活動のプロセスを楽しみながら乗り切るためのヒントを手にすること。ヒッチハイクの経験について、振り返り、就活に結びつけて語り合うことで、就活という初めての経験に活かせるヒントを学びます。

1 就活ってどんなイメージ？
教室内で就職活動に対するイメージを語り合います

ヒッチハイクを振り返りながら帰る

2 ヒッチハイク・ワーク
グループで構内を歩いてヒッチハイクします

ゴールに到着

ヒッチハイクスタート

ヒッチハイク中
通りがかりの人の行く方向へ

それぞれのチームが違うルートで
ゴールへ向かう

3 ヒッチハイクを振り返る
教室に戻り、ヒッチハイク・ワークを振り返ります

4 就活に活かせる経験は？
ヒッチハイクの経験から就活に活かせるヒントを考えます

就活に活かせるヒントを発表

5 就活虎の巻
活動を通して得られた学び、就活を乗り切るためのヒントを記した「就活虎の巻」を作ります

自分の経験から導いた就活虎の巻

1 就活ってどんなイメージ？

就職活動に対するイメージを語り合うことで、「どうなるかわからない」「正解がない」就活の不確実性に対する期待や不安を、具体的な言葉にしていきます。それは「誰に出会いどうなるのかわからない」ヒッチハイクに抱くイメージと似ているのかもしれない、とヒッチハイクと就活のイメージを結びつけたところで、ヒッチハイク・ワークのルールを説明します。

> **準備** グループ毎にテーブルを配置。
> テーブル上にワークシート各グループ1枚（模造紙でも可）、「ヒッチハイクのルール」各グループ1枚、ポストイット（一人一色）、ペンを用意。

1、イントロダクション

はじめに、ワークショップの目的と進め方について説明する。まずは、このワークショップの目的を、「就職活動のプロセスを楽しみながら乗り切るためのヒントを手にする」ことであると伝える。
次に、ワークショップの流れについて下記の通り説明する。
①就職活動に対するイメージを共有する
②就職活動に類似した活動を体験する
③体験から就職活動に活かすヒントを見つける

2、アイスブレイク

グループ活動を協力しあって円滑に進めるため、メンバー同士の距離を縮めることを目的として、アイスブレイクの活動を行う。このワークショップでは、メンバー同士で協力しあえる関係づくりができているかどうかが、学びの質を左右するため、アイスブレイクはしっかりと時間を取って行うようにする。

アイスブレイク・ワーク「メンバーの共通点を探そう！」
初めにグループ毎に、簡単な自己紹介をした後、メンバー同士の「共通項探し」をするワークを行う。「全員2月生まれ」「全員妹がいる」など、いくつか挙がった共通項の中からグループ名を決める。ただし、「全員メガネ」など外見で分かるものや、「全員、3年生」「全員、〇〇学部」など自明なものはNGとする。

3、就活についてのイメージを語る

就活に対する期待や不安を具体的な言葉で表現してもらうため、グループで就活について「どのようなイメージを持っているか」「そう思うのはなぜか」を話し合ってもらう。それをポストイットに書き出してもらい、班毎にワークシートの左側に貼っていく。

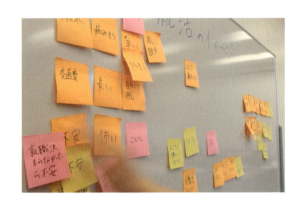

4、就活イメージを
ヒッチハイクと結びつける

就活のイメージについて、各グループから出た意見を全体で共有する。さまざまな意見を共有しつつ、就職活動を始める前は、「どうなるかわからない」「正解がない」という就活の不確実性に対して「ワクワクする」と期待に胸を膨らませる人がいる一方で、「正解がなく、どうしたらいいのか分からない」と、不安になる人もいることを伝える。

次に、通りすがりの車に乗せてもらって旅をする"ヒッチハイク"について説明し、「自分の思い通りにならないことが多い」「王道が見えづらい」「いろんな意味でドキドキする」など、就活を始める前に抱くイメージが、そのプロセスも結果も予測できないヒッチハイクに似ていることを説明。就活のイメージとヒッチハイクを結びつけてもらうようにする。

5、ヒッチハイク・ワークの
ルールを説明する

「今日は構内を歩いている人とヒッチハイク・ワークしましょう」と、ルールを印刷したものを配布。メンバーそれぞれが、見知らぬ人に声をかけることを時間内に安全に経験してもらうため、しっかりとヒッチハイク・ワークのルールを説明する。その後、スタート地点とゴール地点を発表する。

ヒッチハイク・ワークのルール

- 歩いている人に声をかけ、歩いている人の目的地まで一緒に行く、あるいは途中で別れることを繰り返しながら、スタートから20分以内にゴールをめざす

- グループ内で①ヒッチ（交渉）する人 ②記録する人 ③タイムキープする人の役割を決める

- ①の人が歩いている人に声をかけ、ワークの趣旨を説明し、行き先を尋ね、目的地と方向が合っていれば、目的地と方向が分かれるところまで一緒に歩いてもらう

- 自分で歩くのはNG。ただし歩いている人に声をかけるために、半径5m程度は歩いてOK

- 歩いている人の目的地を変更してもらうのはNG。途中下車はOK

- 1回でゴールするのはNG

- 友だちに声をかけるのはNG

- ゴールまでに、1人1回以上は全ての役割を担当する

- ヒッチ時間は20分、復路は5分で歩いた道を、ワークを振り返りながら戻ってくる

ヒッチハイク・ワークのルールはスライドに出し、1つ1つ確認しながら時間をかけて説明する。

WORKSHOP MEMO

- 就活に対するイメージとして「不安」「怖い」といった漠然としたイメージがあがってきたら、「なぜそう感じるのか」について掘り下げて考えてもらうよう支援する
- ヒッチハイクのスタート地点、ゴール地点は、構内に行き交う人が多い時間帯かどうか、といったことも考慮し、無理のないよう設定する
- スタート前に、トラブル時のスタッフへの連絡手段を確保し、伝えておく
- 安全のため、ヒッチハイクで動ける範囲は構内のみとする

2
ヒッチハイク・ワーク

教室を飛び出し、構内を歩いてヒッチハイクします。道行く人に声をかけ、行き先を尋ね、ワークショップの趣旨を説明し、一緒に歩いてもらう。これを繰り返しながら、決められたゴールをめざします。最初は声をかけるだけでも不安ですが、知らない人に声をかけることもまた貴重な経験。何が起こるのか分からないところがヒッチハイクの面白さ。短時間のワークですが、ゴールへ着くまでにさまざまなドラマが生まれます。ゴールに到着することだけではなく、ゴールに到達するまでに多様なプロセスを体験することが、就職活動を乗り切るためのヒントを得る近道になるでしょう。

| 準備 | サインボード用段ボール、ワークショップ中のサインボード、サインペン、構内地図、タイマー |

1、スタート

教室を出て、全員で出発地点へ移動。各グループにサインボード用段ボール、ワークショップ中のサインボード、サインペン、構内地図、タイマー等を配布。
20分のカウントダウンタイマーを設定し、ヒッチハイクスタート。

WORKSHOP MEMO

- サインボード用段ボール、ワークショップ中のサインボードは必須ではないが、これらのツールがあることで、参加者が声をかける際のハードルが下がり、やりやすくなる
- タイマーはスマートフォンのタイマーアプリでも代用できる
- 目的地は、人がいない時間帯であれば近くて行きやすい所に設定。人がいる時間帯であれば、少し遠く、普段行かない所に設定するか、往復コースとする
- 雨の場合は近い場所、屋根があり、濡れないコースを想定してゴールを設定する

タイマーをセットし、まわりを見渡す参加者たち。

ずは勇気を出して通りがかった人に話しかけてみる。

就職活動中の先輩に遭遇。

学校にはいろいろな方がいらっしゃいます。

一緒に歩きつつも、何を話していいか分からず、やや気まずい雰囲気に…。

時にはこんなハプニングも！

ゴール地点を書いたサインボードを掲げて必死にアピール。

2、ゴール！

1人1回以上ヒッチハイクをして、時間内に目的地に到着したらヒッチハイクは終了です。

3、振り返りながら教室へ

ゴールから、ヒッチハイク経験を振り返りながら来た道をスタート位置まで歩き、その後、教室へ戻る。

無事に到着。ゴール地点で記念撮影。

WORKSHOP MEMO

- タイマーが鳴り制限時間が過ぎたら、目的地に到達していなくても、来た道を戻り、ヒッチハイクの経験を振り返りながら帰ってきてもらうようにする
- 20分以内にヒッチハイクが終わってしまった場合は、ゴールで待機する

3
ヒッチハイクを振り返る

教室に戻り、グループ毎に地図で歩いたルートをたどり、出会った人、起こったできごとやその時の気持ちなどを思い出しながらヒッチハイク経験を振り返ります。ここでの振り返りが就活ヒッチハイク・ワークショップの中で最も重要なプロセスです。単にできごとを振り返るだけでなく、それらの経験を深く掘り下げていくことで学びの質が高まります。

| 準備 | 各テーブルにワークシート1枚（模造紙）、構内地図、ポストイット、ペンを用意 |

ヒッチハイク経験を言葉にする

まずはグループ内で話し合ってヒッチハイク経験を振り返り、言語化し共有する。
グループで、ヒッチハイク中に記録した地図を見て通ったルートを確認しつつ、"ヒッチハイク経験"を振り返る。振り返りながら、「出会った人」、「起こったできごと」や「そのときの気持ち」「気づいたこと」など、頭に浮かんだものをポストイットに書いていき、ワークシート中央のスペースに貼っていく。

WORKSHOP MEMO

● 振り返りの際は、グループ内で経験を掘り下げられるような問いかけをするようにファシリテーターが促す

〈問いかけ例〉
「全体としてどうだった？ひと言で言うと？どうしてそう思う？」
「どこでどんな人に出会った？」
「声をかける際はどんな気持ちで声をかけた？」
「声をかけた人と会話ができた？どのような会話をした？」
「なぜ依頼に応じてくれたのだと思う？相手はどのような気持ちだったと思う？」
「なぜ依頼に応じてくれなかったのだと思う？相手の気持ちは？」

4 就活に活かせる経験は？

振り返ったヒッチハイクの経験に基づいて、就活を乗り切るためのヒントを考えます。

準備 グループ毎にテーブルを配置。
模造紙、構内地図、ポストイット、ペンを用意。

1、ヒッチハイク経験から就活を乗り切るためのヒントを抽出する

ヒッチハイク・ワークでの経験について書きこんだポストイットを眺め、就活で活かせそうな経験をピックアップする。次に、それらの経験から得た行動のアイディアや、経験を通して気づいた自分自身の強みや弱みを、就活を乗り切るためのヒントとしてポストイットに書きこみ、ワークシートに貼っていく。

ヒッチハイク経験から就活を乗り切るためのヒントを抽出

経　験：「ボードで示したり、しっかりと自分の行きたい先を伝えるとうまくいった」
ヒント：「自分がやりたいことを明確に伝えることが大事」

経　験：「相手がどこへ行こうとしているのかを推測して声がけをしたら、うまくいった」
ヒント：「相手が何を求めているのかを考えて動くことも大切」

経　験：「笑顔で話しかけたら、足を止めてくれた」
ヒント：「人と話す時は笑顔で」

経　験：「1人ではできそうにないことも、仲間がいればできると思えた」
ヒント：「いろんな人の協力を得ることも大事」

2、就活を乗り切るためのヒントをグループ内で共有

アイディアを広げ、自分以外の人の「学び」に良いものがあれば取り入れられるよう、ヒッチハイク経験とその経験から抽出した就活を乗り切るためのヒントをグループ内で共有する。
共有する際は、「最初は不安だったが、やってみたら意外に楽しかった。就活も、まずは動いてみるのが大事だと思う」「こちらの目的地を的確に伝えるとスムーズだった。就活の際も、まずは自分のことを的確に伝えることが大切だと感じた」などと、どのような経験をして、どんなヒントを得たかを話すようにする。また、他のグループへ共有するために、グループ内からヒントを3つ選ぶ。

ヒッチハイク経験から得た「気づきや学び」を就活を乗り切るためのヒントに変換し、言葉にまとめます。

3、アイディアを全体で共有

グループ内でアイディアを3つ選び、グループ毎にどのような経験をして、どんな行動アイディアを得たのかを発表する。

他のグループの経験や経験から学んだ就活を乗り切るためのヒントを共有します。

WORKSHOP MEMO

- 他のグループの発表を聞きながら、「取り入れたいアイディアや自分のグループでは出なかったようなアイディアがあれば、ポストイットにメモするように」と促す

5 就活虎の巻

就活がはじまった、この経験を活かそう！

最後は、活動を通して得られた「就活を乗り切るためのヒント」を各自で選び、それぞれオリジナルの「就活虎の巻」を作成します。さまざまなアイディアが詰まったこの「就活虎の巻」はきっと、就職活動を前向きに乗り切るためのお守りとなることでしょう。

準備 虎の巻用紙（A4用紙に印刷し、ジャバラ折りにする）、筆ペン（無ければサインペン）

1、自分だけの「就活虎の巻」を作る

活動を通して得られた自分だけの「就活を乗り切るためのヒント」を書き留めた「虎の巻」を作ることでワークショップでの学びをまとめ、就活に向けての心構えを再認識する。
虎の巻用紙と筆ペンを各グループに配布。自分がメモをした「就活を乗り切るためのヒント」から特に大事にしたい言葉を3つ選び、筆ペンで「虎の巻」シートに書き写していく。

2、就活に関する研究知見を紹介する

「トランジション調査」の研究知見を紹介し、研究知見と参加者の経験や就活を乗り切るためのヒントとが近いことを示し、「ヒッチハイク経験から学んだアイディアが就活に使えそうだ」という参加者の納得感を深める。

3、クロージング

ワークショップ開始時に抱いていた就活に対する不安が軽減し、今回得たヒント、アイディアによって上手く就活が乗り切れそうだ、という予感を持たせ、「この就活虎の巻を携えて、就活を楽しみながら乗り切ってください」と明るく終える。

トランジション調査の結果

「大学時代や就活の過ごし方と就職活動の成果や入社後の企業におけるパフォーマンスの関係を調査」

● 就活中に支援してくれる人がいた人は、就職予定先の満足度が高く、組織コミットメントが高い傾向がある
● 就活中に支援してくれる人がいた人は、就職予定先の満足度が高まることで、リアリティショックが軽減される傾向がある
● 就職活動前は「やりたいことがわからない」「何をすればよいのかわからない」のが多数派。それで立ち止まらず、自分なりの就職活動のゴールを設定し、励むことで入社後につながる就活になる

WORKSHOP MEMO

● 最初のワーク「就活のイメージ」を振り返り、今回の経験から得たヒントを照らし合わせて紹介すると、納得感が増す
● 「就活虎の巻」に書き写す言葉としては、「就活中に大切にしたいこと」「困難に立ち向かう時に支えてくれる言葉」を選ぶように促す

「感謝を忘れずに」「とにかく行動」「自己表現すべし」「縁と運も大切」「目的を明確に」など、オリジナル「就活虎の巻」が完成。

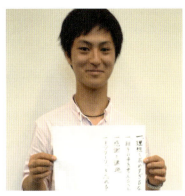

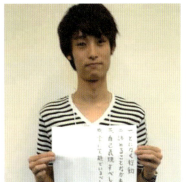

ワークショップに参加してくれたみなさんの就活虎の巻
「この就活虎の巻を携えて、就活を楽しみながら乗り切ってください」

Workshop 就活ヒッチハイク

目的と効果

就活ヒッチハイクがめざすもの

ワークショップのコンセプトと目的

　このワークショップの目的は、「自分の意のままにならない就職活動に翻弄されることなく、就職活動のプロセスを楽しみながら乗り切るためのヒントを手にすること」であり、対象者は就職活動を控えた大学生です。

　大学生が行う就職活動は大学生活から職業生活へ移行する上で大変重要なプロセスであるにもかかわらず、ほとんどの場合1度限りの活動です[1]。学生は大学でキャリア教育や就職準備関連の講座を受講する、OB・OG訪問をする、インターンシップや会社説明会に参加するなどの準備を行います。しかし、どんなに準備を行い、経験値を高めても、就職活動に対する不安というものは拭いさることができないものでしょう。

　先行研究[2]では、就職活動に対する不安が就職活動を始めることを躊躇させたり、就職活動を円滑に進めていくことを妨げたりすることがわかっています。また、就職活動に対する不安の原因は、自分の性格や能力（松田ら, 2010）だけでなく、就職活動に特有な不確実性にもあると考えられます。就職活動は、プロセスが曖昧である、選択肢が無数にあり何を選択すべきかわからない、自分の選択の善し悪しがわかりづらい、自分でコントロールしづらいなど、多くの不確実性を伴う活動です。しかし、これまでの大学教育では、不確実性から生まれる就職活動の不安にどう対処すればよいかについて体験的に学習できるプログラムは十分に実施されてこなかったのではないでしょうか？

　そこで、このワークショップは、就職活動の本番前に不確実性の高い就職活動と類似した活動を実際に体験し、その体験から就職活動に活かすことができるヒントを学べるようにデザインをしました。就活ハウツー本にある他人が考えた他人のやり方とは異なり、自分自身の経験に裏打ちされた自分だけのやり方を体得することで、就職活動を上手く乗り切る手助けになるのではないかと期待しています。

ワークショップ活動デザインの意図：なぜヒッチハイクなのか？

　ワークショップの活動はすでに紹介したとおり、大きく5つの活動で構成されています。ここでは、就職活動の類似体験として「ヒッチハイク[3]」を設定した意図を説明します。

　ヒッチハイクは、プロセスも結果も予測できないという点で、不確実性の高い就職活動と類似しています。さらに、右図のとおり就職活動と親和性が高いと考えられます。

ワークショップ活動デザインと研究知見

　ワークショップの活動には、調査の分析から得られた「他者の支援を得る（03 研究論文編 吉村章）」や「目標の重要性（03 研究論文編 高崎章）」という就職活動を円滑に進めるための2つの知見を取り入れています。学生がこの2つの大切さを実感するのは、残念ながら就職活動を終了した後の場合が多いのではないでしょうか。このワークショップでは就職活動前にその大切さを体感し、理解できるようにすることを意図して活動をデザインしています。

【1. 他者の支援を得る経験】

　研究調査では、就職活動中に支援者を持つことが就職予定先の満足度や初期キャリア（リアリティ・ショックや組織コミットメント）に影響を及ぼすことが示唆されました。さらに、「就職活動中助けになった人はいない」と回答した者が全体の28.7％存在していることも明らかにされており、就職活動が孤独・孤立化している傾向が見受けられます。そこで、就職活動と類似性が高いだけでなく、そもそも他者の力を借りなければ成立しないヒッチハイク・ワークをワークショップのコアな活動としました。

　また、ヒッチハイクは通常1人で行うことが多いと思われますが、このワークショップではグループでヒッチハイクを行うようにデザインしています。グループでヒッチハイクを行うことにより、グループメンバーの存在が自分に与える影

		ヒッチハイク	就職活動
ポジティブな要素	運や縁という要素	どんなに待っても車が止まらないこともあるが、すぐに止まることもある	たまたま友人の誘いで参加した企業に興味を持ち、入社することになった
	視野の拡大	いろいろな人に出会えて、知らない世界や生活を知ることができた	いろいろな企業や社会人との出会いで、産業や社会に対する理解が深まった
	自己成長	目的地に到着できて、自分に自信が持てた	面接を通じて、自分自身の理解が深まった
	楽しさ	見知らぬ人に会える楽しさを実感できた	就活中だからこそいろいろな企業を訪問できて楽しい
ネガティブな要素	制御不能なことの多さ	誰が止まってくれるか自分で決められない	募集の有無、誰が面接するのかなど自分では決められない
	辛い	何時間も車が1台も止まらないのは辛い	何十社もエントリーシートを書いても、面接に進めないのは辛い
	長い	いつ目的地に到着できるか、長いたびになる可能性がある	いつ内定が取れるのか、長い就活になる可能性がある
	怖い	よからぬ人がドライバーである可能性がある	環境的に厳しい企業かどうかの判断がつきにくい
	気疲れ	タイプの合わない人の車に乗ると疲れる	次々に知らない人と会って話をすることが疲れる

図　就職活動とヒッチハイクの類似点

響や、メンバーと一緒に活動することのメリットを体感できるほか、1人だけでがんばらず、他者からの支援を上手に得ることやその方法を学ぶことができると考えました。

【2. 目標の重要性】

自分なりの目標を持って就職活動に取り組むことで、入社後の活躍のベースとなる有意義な就職活動となることが調査によって示唆されました。しかし、大学3年生時には「自分がなにをしたいのかわからない」と回答している人が67.0%存在しているなど、やりたいことがわからない人は決して少数ではありません。わからないながらも、自分なりの就職においてのゴール（志望企業など）を設定したケースは、より熱心に活動でき、就職活動から得られるものが多くなっていました。

本ワークショップでは、就職活動全体をヒッチハイクに見立てています。ヒッチハイク・ワークでは、参加者全員が、設定されたゴールをめざして一歩を踏み出します。そして、グループメンバーとともに少しずつ前に進み、さまざまな経験と気づきを得ます。

この経験から、めざすものがあるからこそ有意義な一歩が踏み出せることを体感します。また、不安なことに対し「よくわからないから、しばらく放っておこう」ではなく、「よくわからないけど、やってみたら何とかできる」という効力感にもつながると考えています。

1 就職浪人などのケースを除く。
2 松田・永作・新井（2010）、藤井（1999）など。
3 本ワークショップのヒッチハイクは、いわゆる車をヒッチするヒッチハイクとは異なり、「歩いている人」をヒッチすることを意味します。

就活ヒッチハイクタイムスケジュール

時間	活動項目と内容	参加者の活動
準備		
当日の受付		
		・名札の作成
1　就活ってどんなイメージ？		
2分 (2分)	【イントロダクション】 ・ワークショップの目的、進め方を説明	
4分 (6分)	【アイスブレイク（「メンバーの共通点を探そう！」）】 ・メンバー共通項探しの説明（1分） ・グループワーク（3分）	・メンバーの共通項を見つけ、その共通項からグループ名を考える（3分）
6分 (12分)	【就活についてのイメージを語る】 ・就活イメージ抽出ワークの説明（1分） ・グループワーク（4分） ・全体共有（ファシリテーターがとりまとめ共有1分）	・就活についてのイメージと、そのイメージを持っている理由を言語化し、ポストイットに書く ・模造紙の横を3分割し、ポストイットに書いたイメージを左側に貼りながら共有（グループで4分）
2分 (14分)	【就活イメージをヒッチハイクと結びつける】 ・就活とヒッチハイクの類似性を説明	・就活のイメージを取り上げつつ、就活を始める前に多くの大学生が持つイメージと 　ヒッチハイクを結びつける
2分 (16分)	【ヒッチハイクワークの説明】 ・具体的な流れとルールの説明 ・目的地の発表 ・スタートまでの流れの確認	・ヒッチハイクワークに必要な道具（サインボード、マーカーなど）をそろえて出発準備
2　ヒッチハイク・ワーク		
2分 (18分)	【出発地点への移動】 ・参加者をスタート地点まで誘導 ・カウントダウンタイマーをセットし開始の号令	・出発地点へ移動 ・ファシリテーターの合図でタイマーをセット
26分 (44分)	【ヒッチハイク】	・時間内に目的地に到達したら、帰りは通った道をどこでどんなことがあったのかを話し合 　いながら教室まで戻ってくる ・タイマーが鳴った（20分経過した）ら、来た道を戻る。その際に、どこでどんなことが 　あったのかを確認する（5分を想定） ※ヒッチハイクは作戦会議を含み20分
3　ヒッチハイクを振り返る		
6分 (50分)	【ヒッチハイク経験を言葉にする】 ・ヒッチハイク経験の振り返り、グループワークについて説明	・どこで、誰に対して、どんなふうに声をかけたか、何を思ったか。なぜ、そう思ったのか 　など、経験や気づきをポストイットに書く ・ポストイットは、模造紙の中央のスペースに貼る
4　就活に活かせる経験は？		
3分 (53分)	【ヒッチハイクの経験を就活に活かすためのワーク】 ・個人ワーク「就活を乗り切るヒント」の説明	・ヒッチハイクの経験（模造紙の真ん中に貼ってあるポストイット）に基づいて、就活に 　活かせるヒントを考え、ポストイットに書き出す
9分 (62分)	【ヒッチハイクの経験を就活に活かすためのワーク】 ・グループシェアと発表の方法を説明 ・グループ共有と発表準備	・個人で考えた「就活を乗り切るためのヒント」を、模造紙の一番右のゾーンに貼りなが 　ら、グループで共有する ・全体に共有したいもの3つに絞り、発表に向けて準備
8分 (70分)	【ヒッチハイクの経験を就活に活かすための全体共有】 ・グループ発表	・自分のグループの発表をする ・他のグループの発表を聞いている時は、自分でも取り入れたいと思ったヒントを 　ポストイットにメモする
2分 (72分)	【ヒッチハイクの経験と就活についてのまとめ】 ・ヒッチハイク・ワークからの学びと就職活動のヒントを説明	
5　就活虎の巻		
5分 (77分)	【虎の巻を作る】 ・「虎の巻」の書き方の説明と作成	・自分がメモした「就活で使いたいヒント」から3つを選び、虎の巻に書く
2分 (79分)	【研究知見の紹介】 ・研究知見を説明する	
2分 (81分)	【チェックアウト】 ・ワークショップの振り返り	

使用する備品	実施ポイント	参照ページ
・ワークシート（模造紙でよい） ・ポストイット（各グループで一人一色になるよう3〜4色） ・サインペン　・名札用の紙　・名札 ・ワークショップ中のサインボード ・サインボード用段ボール ・ヒッチハイクに使用する場所の地図（構内地図） ・タイマー・筆ペン（用意できれば）		
・参加者名簿（必要時）		
・ポストイット（一人一色） ・サインペン ・模造紙	・ヒッチハイク・ワークが就職活動の疑似経験であることの理解を促進するため、就職活動イメージ（ポジティブ・ネガティブ）を明確にすることが必要 ※ファシリテーターは、グループワーク中、各テーブルを回り、出てきているキーワードを書き留め、ホワイトボードなどに書き出す	P.30
	・参加者は就活とヒッチハイクを明確に結びつけることが難しいので「よくわからないけど、そうなのかも…」という程度の気持ちを持たせることが必要 ※ファシリテーターはWSのゴールと結びつけながらヒッチハイクを疑似体験することの有用性を伝える	
・サインボード用段ボール ・ヒッチハイクのルール（各グループ1枚） ・ワークショップ中のサインボード ・構内地図 ・タイマー（用意できれば）	時間内に安全にヒッチハイクワークを経験してもらうためには、しっかりとルールを理解してもらうことが必要	P.31
	※ファシリテーターは、参加者をスタート地点まで誘導し、全員がスタート地点に揃ったら、携帯などのタイマーを利用し20分のカウントダウンタイマーをセットさせ、一斉に開始	P.32-34
	・ヒッチハイク・ワークで重要なのは、そのプロセスと経験。目的地への到着は必須ではない。目的地に到着したグループがいなくても20分で切り上げる ※ファシリテーターは、出発時は必要があれば随時サポートするが、ヒッチハイクがスムーズに行われることを確認後、早めに帰ってくるグループがいるため、教室に戻って待機しておく	
・ワークシート ・ポストイット（一人一色）	まず、全体的な感想を出す。その上で、ヒッチハイク中に記録した地図を確認しながら、どこでどんな人に「乗せてもらった」かを想起してもらうように促す。その人と紐付けながら、そのときの気持ちや体験をポストイットに書いていくと経験の振り返りが促進される	P.35
・ポストイット（一人一色）		
・ワークシート	グループの発表準備の進行状況を見ながら、時間を調整	P.36-37
	・準備が整ったグループからなど、発表順はファシリテーターが様子を見ながら決定するとスムーズ ・各グループがこれまでのワークで使ってきた模造紙を使って、その場で発表するとスムーズ	
	・36ページの例を参考にヒッチハイク・ワークからの学びと就職活動のヒントを説明	
・虎の巻の紙 ・筆ペン（用意できれば）	・参加者から発表されたヒントとも結びつけながら説明すると、納得感が増す	P.38
	・最初の「就職活動のイメージ」における不安の一部が解決でき、自信を持って進んでいって欲しいことを伝える ・就活中、就活後も「虎の巻」を自分の経験から書き足していくことの説明	

Workshop Tools

Now ドライビング！ボード

ヒッチハイクをお願いした相手に持ってもらうサインボード。
ワークショップ中であることを周辺の人に知らせる。
ボードに、授業名などを記載しておいてもよい。

ゴールサインとヒッチハイクボード

ヒッチハイクのゴールには、達成感を感じられるようにあらかじめゴールサインを貼っておくか、誰かがゴールのサインボードを持って立っておく。
ダンボールの切れ端を数枚用意しておき、目的地を示すヒッチハイク用のツールとして使用するのもよい。
ダンボールなどが用意できなければ、コピー用紙でもOK。

就活虎の巻

ヒッチハイクの経験から導きだした、就活への心構えを書き綴り、就活中に振り返るための虎の巻。
右頁をA4サイズに印刷したものを8等分にジャバラ折りにし、上下を折り返す。
筆や筆ペンで書くことにより、心を集中させることができる。
実際の就活の中で得た経験も書き加えていくようにする。

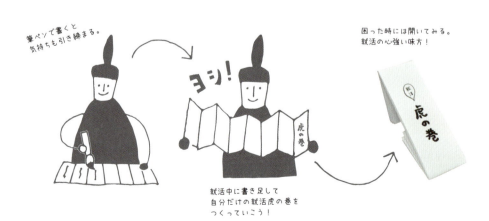

考え方 （裏面）

column1

ワークショップを文章にまとめるための3つのポイント

文　井上佐保子（ライター）

　ワークショップ型の授業やイベントを、報告書や活動記録に残すことが求められ、「はて、どう書いたらいいのだろう？」と困ってしまうことがあります。

　活発な議論が交わされテーマに関する理解が深まったこと、対話を重ねるうちに多様な価値観に気づいたこと、グループワークに取り組む中で徐々に考え方が変化していったことなど、その場では確かに感じた"学習効果"も、文章で的確に表現するのは難しいもの。「参加者にはさまざまな気づきがあったようだ」などと、あやふやな書き方になってしまいがちです。また、目に見えないその「場」の雰囲気や熱量を言葉で伝えるというのも、たやすいことではありません。

　その「場」で起こったこと全てを文章で正確に再現することはできませんが、いくつかのポイントを押さえることで、活動実践をよりリアルに表現し、伝わりやすい文章にすることができます。下記にまとめましたので、これら3つのポイントを意識して書いてみてください。

1、活動内容を正確に記録する

　ワークショップを文章にする上で欠かせないのが、活動内容の記述です。いつ、誰が、どのような活動をどのような目的で行ったのか、順序立てて記述していくことは、活動記録の基本ですが、その際は、できる限り正確に記録しておくことが大切です。

　ワークショップを行う場合は、事前に活動の計画を立てた上で実践に臨むケースがほとんどかと思います。しかし、必ずしも計画通り進むものではなく、時間不足のため予定していた活動を1つ諦めたり、集まった参加者の理解度に合わせて解説の時間を調節したりと、現場の状況に応じて臨機応変に修正が加わるものです。こうした計画変更も、どのような状況だったから活動内容の変更を行ったのか、計画変更に至った経緯と共に記しておいてください。たとえば、「時間が足りなくなってしまった」という場合に、「ワークシートの配布に手間取ったから」だったのか、「活発な対話が行われたから」だったのか、理由を記しておけば、その「場」の状況が伝わりますし、活動実践の改善につなげていくこともできます。

2、参加者の「言葉」に注目する

　対話やグループワークなどの活動について記述する際、参加者の発する「言葉」を書きこむと、その場の様子が伝わる臨場感のある文章になります。
例えば、
学生たちは、社会人に対してどのようなイメージを持っているかを話し合った。
という活動に関する記述も、
学生たちは、「社会人は忙しくて疲れていそう」「仕事をバリバリして毎日充実していそう」「敬語で話したりして堅苦しいイメージ」などと、社会人に対してどんなイメージを持っているかを話し合った。
と書けば、どのような話が出たのか、具体的な内容も伝えることができます。話し言葉だけでなく、ポストイットや模造

紙などに書かれた言葉なども文章に入れ込むことで、活動の内容をいきいきと伝えることができます。
また、
「社会人生活って学生生活とは違うけど、別の楽しみがあることがわかった」「始めは緊張して社会人の人とうまく話せなかったけど、話すうちに普通に話せるようになった」といった感想が聞かれた。
など、活動に関して振り返った際に発せられた言葉を文中に用いることで、その活動が参加者にどのような意識変容をもたらしたのかを示すこともできます。

3、参加者の「行動」に注目する

活動実践を描写する際には、漠然とした印象を書くのではなく、具体的な行動に注目して書きこむと、その「場」の雰囲気をリアルに伝えることができます。例えば、
最初は打ち解けられない参加者もいたが、グループワークをするうちに打ち解けて話せるようになっていた。
という記述よりは、
最初はなかなか打ち解けられない参加者もいたが、最後のグループワークでは、自分からホワイトボードに書きこむ役割を買って出るなど、打ち解けて話せるようになっていた。
などと、どのような行動が見られたのかを具体的に書くことで、その場の様子が伝わり、説得力が増します。

このように、言葉や行動など、具体的な事実を書きこむことで、ワークショップの様子を、よりリアルに伝えることができます。といっても、全ての発言を聞き、全ての行動を見て、記述する必要はありません。あくまでも耳に入った発言の一部、目に入った行動の一部を文章に盛り込んでいけばよいのです。ただ、象徴的な発言や行動を逃さないためにも、活動の間は、常に参加者の方へ注意を向けておきたいものです。

少しでも伝わりやすい文章を書くということも大切ですが、報告書や活動記録に、活動の写真や動画を添えることも忘れずに。参加者の表情や動き、その場の雰囲気などもわかるので、より効果的に活動実践を伝えることができます。

WORKSHOP 02
就活振り返り編

「徹夜も二日までは日常だよ。日付変わる前に帰るとか、甘えでしょ？」「その仕事やったら給料上がります？ウーン、見返りが無いんじゃなあ（笑）」など、少々刺激的な社会人の本音が書かれた11枚の「社会人カード」。このカードを使ったワークを通して、就活で出会ったさまざまな社会人たちの姿を思い返しつつ、語り合い、多様な仕事観に触れます。その中で、いったい自分はどんな社会人になりたいのか、自分自身の仕事観を見つめ直します。

就活を通して
多くの社会人に出会った。
働く価値観は十人十色
で、君は？

就活を通した社会人との「出会い」から学ぶ

カード de トーク
いるかも!?こんな社会人

カード de トーク　いるかも!?こんな社会人

「カード de トーク　いるかも!?こんな社会人」ワークショップの目的は、就職活動を終えた学生に、改めて自分自身の仕事観を意識してもらうこと。「社会人カード」というツールを使って、就職活動を通じたさまざまな社会人との出会いを振り返り語り合う中で、多様な仕事観があることを理解し、自分自身の仕事観を見つめ直します。

1

社会人との出会いを振り返ろう

グループ内で自己紹介後、就職活動を振り返り、その過程で出会ったさまざまな社会人を思い出しつつ、社会人に対するイメージはどう変わったのかを共有します

2

カード de トーク 1　「一緒に働くのをためらうのは？」

社会人カードの中から「一緒に働くことにちょっと抵抗がある人」のカードを選び、その理由を語り合います

3

カード de トーク 2
「一緒に働きたいのは？」

社会人カードの中から「一緒に働いてみたい人」のカードを選び、その理由を語り合います

4

つくってみよう
「未来の自分カード」

社会人3年目の自分を想像し、未来の自分に語らせたい特徴的なセリフをカードに書き入れ、自分だけの「未来の自分カード」を作成します

裏側には将来の自分に今の自分から伝えたいメッセージを書きこみます

1 社会人との出会いを振り返ろう

就職活動を振り返り、その過程で出会ったさまざまな社会人を思い出しつつ、社会人に対するイメージは就活前とどう変わったのかを共有します。さまざまな社会人との出会いを思い浮かべたところで、就職後、出会うであろう多様な社会人の姿をを可視化した「社会人カード」を紹介します。

準備	グループ毎にテーブルを配置。 机に名札、名札用の紙、ポストイット（2色）、ペンを用意 ファシリテーターの手元に「社会人カード」（グループ数分）、「未来の自分カード」（参加者人数分）を準備

1、イントロダクション

はじめに、ワークショップの目的と進め方について案内する。このワークショップの目的を、「就職活動を通じたさまざまな社会人との出会いを『鏡』として、自分自身を見つめなおし、社会人生活のスタートに向けた準備を行う」ものであると説明。
次に、ワークショップの進め方について下記の通り伝える。
① 就職活動を通じた「社会人との出会い」を振り返る
②「社会人カード」を用いた2つのワークを行う

2、自己紹介＆就活振り返りワーク

自己紹介と共に、就活について振り返り、互いに共有するワークを行う。メンバー間の距離を縮めて話しやすくしつつ、「社会人カード」を使ったワークに向けてのウォーミングアップを図る。メンバー同士、安心して話し合える雰囲気をつくることが、その後の「社会人カード」を使った語り合いの成否にも影響するため、このワークは丁寧に行うようにする。

☆自己紹介

グループ内で1人1分程度、「名前、所属、内定先の業種」を必ず入れて自己紹介してもらう。

☆就活振り返りワーク「出会ったよ、こんな社会人」

就職活動を振り返り、その過程で出会ったさまざまな社会人を思い出し、
・「社会人」に対するイメージは変わったか？
・変わった場合、何がキッカケで、どう変化したか？
について、グループ内で共有する。
その後、各グループ1人ずつ指名し、グループ内で印象的だった話を全体で共有してもらう。

「社会人といえば父くらいしか知らず、最初は怖いイメージでしたが、実際はそんなことなかったです」「正直、働くことに対して良いイメージなかったけど、内定先の会社ではみんなイキイキした表情で働いていて。今は入社が楽しみです」などと社会人に対するイメージを話し合います。

3、「社会人カード」を紹介

ファシリテーターが「社会人カード」を各テーブルに配布し、全員が見やすいように広げてもらい、カードを眺めてもらう。

これらのカードは、実際の社会人からの「こんなこと言う人、よくいるよね」という声をもとにつくられていることを説明。社会人の中にもさまざまな価値観を持っている人がいて、そうしたさまざまな価値観をカードの形で可視化したものであり、あくまでも正解はないということを伝える。

テーブルに並べられたカードを眺めて思わず苦笑いする参加者たち。「内定先の会社には我社さんが多そう」「私はオケイコさんに共感するな…」などの会話が飛び交います。

WORKSHOP MEMO

- 「就活振り返りワーク」では、就職活動を通じて、さまざまな社会人に出会ったことで、社会人に対するイメージが変わったことに気づいてもらうようにする
- 就職活動で出会った社会人については、単に採用試験や面接で出会った社会人だけを指すのではなく、「社会人と接点を持つ機会があり」、「職場を選ぶうえで影響があった」、インターンや説明会、OB・OG訪問など各種の活動で出会った社会人と広くとらえて思い出してもらう

社会人カード

「社会人カード」は、「こんなこと言う人、いるよね」という社会人のナマの声をもとに作成した。それぞれのキャラクターに合わせて「不夜城さん」「過去の栄光さん」「割切さん」などと名前が付けられている。仕事をするうえでの価値観の違いを感じてもらうためのカードであり、「正解のカード」はない。

※社会人カードの企画、コピー等は、田中、浜屋の研究に基づき『カード de トーク』ワークショップ企画チームにより考案されたものです。

2

カード de トーク1
「一緒に働くのをためらうのは？」

11枚のカードの中から、まずは比較的選びやすい「ちょっと苦手な人」のカードを3枚選び、どう解釈をしたのか、自分が受け入れられない「仕事観」について語り合ってもらいます。人によって選ぶカードも選んだ理由も異なり、多様な見方があることを実感できるワークです。

1、一緒に働くのをためらうのは？

まずは自分の価値観に合わないのは、どのような言動を取る人なのかを意識してもらうため、「社会人カード」から、これから働く職場をイメージして、「この人とは一緒に働くことにちょっと抵抗があるな…」と思うカードを3枚選んでもらう。

2、一緒に働くのをためらう理由は？

同じ色のポストイットに、それぞれの「社会人カード」に対し、「一緒に働くことに少し抵抗がある」と感じる理由を書き留める。

3、選んだカードとその理由を共有

グループ内で発表の順番を決める。発表者は、選んだ3枚のカードを自分の前に並べ、それらを選んだ理由を一言ずつ述べ、グループ内で共有する。発表者以外のメンバーには、質問やコメントをしてもらい、語り合う中で価値観の違いが浮かび上がるようにする。

WORKSHOP MEMO

- 選んだカードとその理由を共有する際、単に発表者だけが話すのではなく、他のメンバーに、質問やコメントをしてもらうように促す
- 発表者が選んだカードの理由をうまく説明できない場合には、
  「こんな人に出会ったことがある？」
  「そう感じるのはなぜ？（理由）」
  「どんな場面ならば○○さんと働くのは良さそう／キツそう？（具体例）」
  「○○さんの言葉の裏にありそうなものは？（背景）」などと尋ねてみてもよい。
  いずれの場合も、考えの押し付けや批難ではなく、発言者が自分の仕事観を知る手助けとなる質問を投げかけるよう促す

3

カード de トーク 2
「一緒に働きたいのは？」

次に、「一緒に働きたい人」のカードを3枚選び、それぞれのカードをどう解釈したのかを語り合ってもらいます。「一緒に働きたい」社会人像について語り合ううち、自分が大切にしたい仕事観が浮かび上がってきます。

1、一緒に働きたいのは？

今度は「社会人カード」から、「この人とは一緒に働いてもいいな」と思うカードを3枚選んでもらう。

2、一緒に働きたい理由は？

ワーク1とは異なる色のポストイットに、それぞれの「社会人カード」に対し、「一緒に働いてもいいな」と感じる理由を書き留める。

3、選んだカードとその理由を共有

1人ずつ、選んだ3枚のカードとそれらを選んだ理由を一言ずつグループ内で共有する。質問やコメントなどがあれば適宜してもらう。

4、カードへのコメント事例の紹介

過去に開催したワークショップで選ばれたカードとその理由（下記参照）を紹介し、今回のワークショップで出てこなかったような視点、価値観があることを紹介する。

＜一緒に働くのは抵抗があるな…＞
割切さん「一日の半分を一緒に過ごすのに、なんだか仲間として見られていないようで寂しい」
オケイコさん「楽しそうだけれど、先のことなんて考えていなくて、仕事への向上心もなさそう…」

＜一緒に働いてもいいな…＞
ビッグさん「人間っぽさが可愛い(笑)一緒にがんばろうって思える」
私なんてさん「実は仕事できそう。ビッグさんと組むとお互いハッピーになるかも」

5、クラスで感想共有

ワーク1、2を通して、自分が選んだカードについて語ったり、他の参加者とやりとりする中で感じたこと、気づいたことをクラス共有する。

WORKSHOP MEMO
● このワークショップは働くことに対して、多様な価値観があることに気づかせることが目的なので、「カードへのコメント事例の紹介」については、グループ内で選択するカードに偏りが多かった場合のみでよい

4 つくってみよう「未来の自分カード」

社会人3年目の自分を想像し、未来の自分に語らせたいような特徴的なセリフをカードに書き入れて、自分だけの「未来の自分カード」を作成してもらいます。最後にさまざまな人との出会いから学ぶことが、自分自身の成長につながることを示す研究知見を紹介します。今後の出会いを楽しみな気持ちになって終われば、このワークショップは成功したと言えます。

1、カードの共通点から自分の仕事観を探る

「未来の自分カード」作成の準備として手元にトーク1、2で書き留めたポストイットを並べ、「『一緒に働くにはちょっと抵抗がある人』の共通点」と「『一緒に働いてもいい人』の共通点」はなにか、両者を選ぶ際に重視した共通の価値観はなにかを考えてもらい、そこから浮かび上がってくる自分にとって譲れないポイントを、手元のポストイットに書きこむ。

2、「未来の自分カード」を記入する

ポストイットに記した内容を参考に、セリフ部分が空欄になっている社会人カードに、社会人3年目の自分に語らせたいような特徴的なセリフを書き入れる。裏側には将来の自分に今の自分から伝えたいメッセージを書きこみ、自分だけの「未来の自分カード」を作成する。作成後、グループで共有する。

WORKSHOP MEMO

● 共通点は、無理にきれいな言葉でまとめる必要はない。カードを選び、選んだカードについて語り、他の参加者とやりとりする中で、自分が大切にしたい要素をあぶりだす手がかりとなるキーワードが見えてくると良い

＜選んだカードの共通点から浮かび上がってきた価値観の例＞

- ■私は自分の欲求だけで働いているような人は苦手
- ■学ぶ姿勢を持っている人に好感を覚える
- ■僕は口先だけでなく、きちんと行動している人がいいな
- ■会社に誇りをもって、互いにとってプラスになる存在でいたい
- ■常に成長を意識して学ぶ姿勢を忘れずにいたい
- ■自らリスクを取って目標に向かって進んでいきたい

未来の自分カード

3、レクチャー
「社会人との出会いを活かすために」

さまざまなタイプのロールモデルから学ぶことができること、キャリアの発達段階に合わせ、ロールモデルの活用方法も変わることを示す研究知見を共有する。また、多様なロールモデルとの出会いから、自らの仕事観を見つめ直すことの重要性を示す研究知見を紹介する。

①さまざまな「ロールモデル」から学ぶことができる

「ロールモデル」には、ポジティブ/ネガティブの両面があることを説明し、ロールモデルにもさまざまなタイプがありうるため、「ロールモデル=まるごと真似したい憧れの存在」であるとは限らず、ネガティブなロールモデルからも学ぶことができる、ということを解説する。
（右表参照）

**②キャリアの段階によって
「ロールモデル」の活用法も変わる**

キャリアの段階別にどのようなロールモデルを活用しているかを示す右表を示し
- キャリアの時期によってロールモデルの活用法は異なる
- 目的に応じて異なるタイプのロールモデルからヒントを得られる

といった傾向があることを説明し、多様な価値観を持った社会人との出会いからも学びがあることを知ってもらう。
（右表参照）

手本か反面教師か	「ポジティブ（手本）」真似をしたい属性を持っている	「ネガティブ（反面教師）」真似をしたくない属性を持っている
モデルとする範囲	「包括的」その人物のスキル、特徴、態度、行動を幅広くモデルとしたい	「部分的」その人物の属性の限られた一部分を取り入れたい
関係性の近さ	「近い」日常的に接する機会の多い存在	「遠い」日常的に接する機会が少ない存在
上下関係	自分よりも地位の高い存在	曖昧な存在（顧客など）

（出典）Gibson（2003）をもとに筆者作成

	キャリアの初期	キャリアの中期	キャリアの後期
参照するロールモデルのタイプ	**ポジティブ**/ネガティブ **包括的**/部分的 **身近**/遠い **上位者**/同等の地位	**ポジティブ**/ネガティブ 包括的/**部分的** **身近**/遠い **上位者**/同等の地位	ポジティブ/**ネガティブ** 包括的/**部分的** 身近/**遠い** 上位者/**同等の地位**
ロールモデルが豊富にいると感じるか	ポジティブなロールモデルが大勢いると感じる	乏しいと感じる	真似したくない、あるいは部分的なロールモデルが大勢いると感じる
目的	実行可能なセルフコンセプトの大まかなイメージを形づくるため	セルフコンセプトに一層の磨きをかけたり、調整したりするため	セルフコンセプトを自己肯定するため

（出典）Gibson（2003）をもとに筆者作成

4、ワークショップの意義について

「自分の仕事観を持つことはなぜ大切なのか」「さまざまな人との出会いを振り返ることはなぜ大切なのか」について、多様なロールモデルと出会う中で、自らの仕事観を見つめ直すことの重要性を示す研究知見を共有する。

- ●ワークショップの目的
  就職活動を通じた「さまざまな人との出会い」を振り返ることで、「自分の仕事観」を見つめ直すこと
- ●なぜ、「自分の仕事観」？
  就職活動を通じて、自己理解を深めている人ほど、入社後の会社満足度は高い傾向にある（竹内・竹内 2010)[1]。
- ●なぜ、「さまざまな人との出会い」？
  就職活動を通じて、多様な人と関わり、何事も前向きに捉えるようになったと自覚している人ほど、入社後の能力向上は高い傾向にある（03 研究論文編 田中章）。

1 　竹内倫和・竹内規彦（2010）新規参入者の就職活動プロセスに関する実証的研究．日本労働研究雑誌．Vol. 52 No.2 pp.85-98.

5、チェックアウト

さまざまな社会人との出会いが、自分を成長させる力となることを感じてもらい、下記のようなメッセージと共にワークショップを明るく終える。

●憧れる、共感できる、引っかかる、反面教師となる…さまざまな出会いが就活中にありました。これから働く場にはどんな出会いが待ち受けているでしょうか。さまざまなタイプの人たちが、自身にとっての学びの引き出しとなる可能性を持っています。「出会い」から得られる学びを味わおう！

WORKSHOP MEMO

- ●最後に今日行ったワークと研究知見との繋がりを知らせることで、納得感を増す
- ●自分の仕事観に気づくことの大切さと同時に、これからも人との出会いやさまざまな経験の中で、自分の仕事観が変化しうることに対して肯定する気持ちを持ってもらう

カード de トーク ワークショップ タイムライン

時間	活動項目と内容	参加者の活動
	準備	
当日の受付		
	受付	・名札の作成
1　社会人との出会いを振り返ろう		
3分 (3分)	【イントロダクション】 ・ワークショップの目的、流れの説明	
15分 (18分)	【グループワーク】 ・グループワークの指示（1分） ・自己紹介（一人1分） ・就活を通した社会人との出会いの振り返り（8分） ・全体共有（3分）	・自己紹介 ・就活での社会人との出会いを通した社会人についてのイメージの変化を共有 ・グループワークの中で印象的だった話を全体共有する（各グループを代表して1名）
2　カード de トーク1「一緒に働くのをためらうのは？」		
2分 (20分)	【活動の説明】 ・社会人カードの配布 ・カードを使った活動の準備指示	・机上に社会人カードを見やすく並べる
5分 (25分)	【個人ワーク】 ・個人ワークの指示(1分) ・カードを3枚選んで理由をメモする（4分）	・手元のカードの中から、これから勤める職場をイメージして「一緒に働くことにちょっと抵抗があるな…」というカード3枚選ぶ ・手元のポストイット1色に選んだカードとその理由を簡単に書き留める
15分 (40分)	【グループワーク】 ・グループワークの指示（1分） ・各自が選んだカードをグループで共有（一人3分目安）	・最初に共有する人を決める ・順番に、自分が選んだ「一緒に働くことにちょっと抵抗があるな…」というカード3枚を自分の前に並べる ・それぞれのカードを選んだ理由をグループ内で共有する ・3枚全ての共有を終えたら、聴き手から発表者に対して質問・コメントを行う
3　カード de トーク2「一緒に働きたいのは？」		
5分 (45分)	【個人ワーク】 ・個人ワークの指示(1分) ・カードを3枚選んで理由をメモする（4分）	・手元のカードの中から、これから勤める職場をイメージして「一緒に働いてもいいな…」というカード3枚選ぶ ・手元のポストイット（トーク1と別の色）に選んだカードとその理由を簡単に書き留める
15分 (60分)	【グループワーク】 ・グループワークの指示（2分） ・各自が選んだカードをグループで共有（一人3分目安）	・最初に共有する人を決める ・順番に、自分が選んだ「一緒に働いてもいいな…」というカード3枚を自分の前に並べる ・それぞれのカードを選んだ理由をグループ内で共有する ・3枚全ての共有を終えたら、聴き手から発表者に対して質問・コメントを行う
5分 (65分)	【クラス共有】 ・カードへのコメント事例紹介（1分） ・カード de トーク1・2の感想をクラス全体で共有（4分）	・グループワークでの感想の共有（各グループから1名程度） 「自分が選んだカードについて語る中で、あらためて感じたこと、気づいたことは？」 「他の参加者とやり取りをするなかで感じたこと、気づいたことは？」
4　つくってみよう「未来の自分カード」		
10分 (75分)	【説明】 ・未来の自分カード配布・作成指示（2分） 【個人ワーク】 ・未来の自分カード作成（8分）	・トーク1・2で書き留めたポストイット2色を手元に並べ、「自分が選んだカードの共通点はなんだろうか、そこから浮かび上がってくる譲れないポイントは？」を考える ・未来の自分カード表面の吹き出しの中にセリフを、裏面には、そんな自分になるために、自分に念押ししておきたい大切なメッセージを書き入れる
5分 (80分)	【グループワーク】 ・未来の自分カードのグループ共有	・作成した自分のカードをグループに共有する ・見せられた側は、ポジティブな応援コメントを述べる
5分 (85分)	【クラス共有】 ・「未来の自分のカード」全体共有	・ファシリテーターの指名に応じて、カードをクラス全体に共有する
5分 (90分)	【研究知見の紹介・チェックアウト】	・様々なロールモデルのタイプを知る ・様々な人との出会いを振り返ることで、仕事観を見つめ直すことの意義を知る ・今日の場での気づきや気持ちの揺れ動きを肯定する

使用する備品	実施ポイント	参照ページ
・社会人カード（グループ数分） ・未来の自分カード（学生人数分） ・ペン・ポストイット（2色 グループ数分） ・名札・名札用の紙（学生人数分）		
・名札 ・参加者名簿（必要時）		
	・興味を喚起するために、ファシリテータは社会人カードを手に持って示しても良い（ただし、グループにはまだ配布しない）	P.52-53
	・狭い意味での「就職活動」に限定せずに、授業やインターンシップなどを通した社会人との出会いも含めて振り返ってみるよう促す ・時間にゆとりがない場合には、全体共有はファシリテータが取り纏めてもOK	
・社会人カード	・実際にいる社会人の一側面をデフォルメしたカードであること、どれかが「正解のカード」ではないことを強調する ・テンポよく、ワイワイと進められる、良い意味で"遊び"的な雰囲気をつくる	P.53-54
・社会人カード ・ポストイット ・ペン	・選んだカードと理由を記入するポストイットの色は一色に指定する ・指示があるまで、他の人には見せないこと！（共有時のおどろきをつくる、他の人の意見に左右されることを避けるため）	P.55
・社会人カード ・ポストイット ・ペン	・発表者だけが話すのではなく、他のメンバーにも質問やコメントをしてもらうように促す ・例えば「こんな人に出会ったことがある？」(過去の経験)「そう感じるのはなぜ？」(理由) 「どんな場面ならば○○さんと働くのは良さそう／キツそう？」(具体例)など、 発言者が自分の仕事観を知る手助けとなることを意識して質問してみよう！	
・社会人カード ・ポストイット ・ペン	・選んだカードと理由を記入するポストイットの色は「カード de トーク1」と異なる色を指定する ・指示があるまで、他の人には見せない	
・社会人カード ・ポストイット ・ペン	（カード de トーク1と同様）	P.56
	・カードへのコメント事例紹介は、クラス内で十分にばらつきがあった場合には割愛してOK	
	・カードを選び、選んだカードについて語り、他の参加者とやり取りをする中で考えたこと・感じたことを振り返って、 自分が大切にしたい要素の キーワードが見えてくるとよい ・共通点は無理にきれいな言葉でまとめなくてよい	
	・ダメ出し、あげ足とりでなく、カードの作り手への「応援モード」でエールを送るよう促す！	P.57
	・全体共有の際には、今日の活動を通じて自分自身の仕事観をクッキリと見出した人、仕事観に変化が見られた人を選ぶと良い	
	・今の自分の仕事観に気づくと同時に、これからも人との出会いや様々な経験の中で 自分の仕事観が変化していくだろうことに対して、肯定的な気持ちを持つ	P.58-59

目的と効果

カード de トーク ワークショップがめざすもの

ワークショップのコンセプトと目的

　このワークショップの目的は、就職活動を通じた「さまざまな社会人との出会い」を振り返ることで、これから働く上で大切にしたい職業観・就業観に気づき、職業生活に向けて前向きな一歩を踏み出すヒントを学ぶことです。対象者は就職活動を終えた大学生です。

　就職活動を文字通り狭義に捉えれば、「就職先（内定先）を得るための活動」に他なりませんが、これから続く職業生活の最初の社会活動として広義に捉えれば、「社会人として成長するための重要な学習機会」という見方もできるのではないでしょうか。

　先行研究では、就職活動を通じて、自己理解を深めたり、課題を遂行するスキルを身につける学習の効果が明らかになっており、就職活動が学生の成長を促す上で重要な経験であることが分かっています。とはいえ、人は経験をすれば自動的に学習するのではなく、経験を振り返り、自分自身の教訓にする機会があって、はじめて成長が促されます。

　しかし、就職活動を終えた内定者が、自分自身の就職活動経験を振り返る機会はそう多くありません。学生の立場からすれば、卒業に向けた準備や内定先企業の課題に追われ、就職活動を振り返る機会を確保しにくい時期でもあります。大学側が学生に対して提供する就職活動支援に目を向けても、就職活動中の学生、あるいは就職活動を控えた学生に向けられたものが大半で、就職活動を終えた内定者に対する振り返りの支援はほとんど行われていないのが現状です。

　そこで、このワークショップでは、就職活動を終えた内定者に対して、自分自身の就職活動を内定者同士で対話しながら振り返る機会を提供することで、これから始まる職業生活に繋がる学びを得られるようにデザインしました。

ワークショップ活動デザインの意図
なぜ、「社会人カード」なのか？

　就職活動と一言で括られたイベントの中には実に多様な経験が含まれていますが、その中でも、このワークショップでは「社会人との出会い」に着目しました。就職活動は多くの学生にとって、これまで経験したことが無いほど数多くの社会人と短期間に出会うという意味で極めてユニークなライフイベントです。人との出会いがその後の人生を大きく左右したり、成長を促す重要な経験となることはよく知られているところですが、本調査分析の結果からも、就職活動による学びの要素として「人とのつながり（人脈形成）」が入社後の能力向上にプラスの影響を与えていることが分かっています。そこで、就職活動を通じた「社会人との出会い」をテーマに、自分自身の職業観・就業観を振り返るワークショップをデザインしました。

　このワークショップデザインのコア活動は、「社会人カード」をツールとした参加者間の対話にあります。「社会人カード」の作成にあたっては、まず事前に内定者3名に対して就職活動を通じて出会った印象的な社会人のモデルに関するヒアリング調査を実施し、社会人の要素を抽出しました。抽出された社会人の要素から「社会人カード」のモデルを生成する過程では、学生にとって肯定・否定の見方が偏らないようネーミングの工夫を施しました。また、プレ調査の実施を通じて、参加者間に回答の偏りが見られないことを確認しています。

　このワークショップでは、学生が就職活動中に強く影響を受けるであろう華々しく活躍する"ロールモデル"ではなく、日常的に出会う可能性の高いごく一般的な社会人を題材としました。あえてロールモデルを取り上げない理由は、ロールモデルの存在が入社後にもたらす影響が必ずしもプラスなも

のばかりではないと考えているためです。例えば、ロールモデルに対して過剰に同化しようとすることで、自己を相対化できなくなるというジレンマを引き起こす可能性などが考えられます。変化の激しい時代にあって、今後もますます長期化するであろう「不安定な職業人生」を歩む上では、先行する他者に「正解」を求めるのではなく、むしろ他者と自己の境界線を相対化する態度こそが重要ではないかと考えます。

ワークショップ活動デザインと研究知見

このワークショップの目的は、就職活動を通じた人との出会いを振り返ることで、自分自身が大切にしたい職業観・就業観に「気づく」ことです。ここでいう気づきには、2つの意味が込められています。一つは、抽象的な職業観・就業観を自分の言葉に言語化することで得られる気づきです。参加者は「社会人カード」を見て、その職業観・就業観を自分なりに解釈する中で、自分の持っていた価値観に気づきます。もう一つは、言語化された価値観を相対化することで得られる気づきです。参加者は「社会人カード」を通して気づいた自分の価値観を言葉にし、それを多様な価値観を持つ参加者たちとの対話を通して、自分の価値観を相対化することができるのです。

研究調査の結果、就職活動を通じて得た「職業・就業に関する視野の拡がり」は、入社後の能力向上と有意な関連がないということが分かりました。（詳細は03 研究論文編 田中章を参照）この結果から、就職活動を通じて身につけた社会・企業・自己に関する知識は、企業の採用活動に対する過剰適応によって歪められた結果であり、入社後の実態を正しく反映していないという可能性が示唆されます。

そこで、「内定時期に、就職活動を通じて一度形成された職業・就業に関する見方・考え方を振り返り、相対化する機会が重要である」との考えに基づいて、このワークショップを設計しました。具体的には、「社会人カード」を媒介として、多様な価値観を持つ内定者同士で対話する時間を設けています。対話の場では、他者からの思いがけない問いかけによってこれまで自明視していた価値観に違和感を抱いたり、自分と異なる考えに触れることで自分自身の価値観を再認識するなどの効果が期待されます。

プレ調査の協力者（内定者）に対して実施したアンケート結果から、「人との対話によって気づきが増え、内省が深まった」や「色々な人と同じモデルについて話すことで、自分の考え方や他の人たちの価値観などを比べることができ、改めて自分を知ることができた」など、価値観の異なる他者との対話が本人の気づきを促す上で重要であることが確認されました。

Workshop Tools

社会人カード

社会人のナマの声をもとに作成した仕事への価値観を象徴的に表したカードです。

本紙を200%に拡大しハガキサイズにコピーしてご使用ください。

記入例

未来の自分カード

ワークショップの最後に、社会人3年目の自分を想像し、未来の自分に語らせたい特徴的なセリフをカードに書き入れるための白紙カード↓

Workshop カード de トーク　いるかも!?こんな社会人　65

column2

ワークショップツールを
デザインする

文　三宅由莉　いわた花奈　(デザイナー)

**ツールがつくりだす
アクティブラーニング**

　教育の現場において、ツールはさまざまな役割を担っており、一言でその意義を述べることは難しいのですが、昨今のワークショップにはじまるアクティブラーニングとよばれる能動的な学びの場においては、メインコンセプトと切り離せないものとなっています。言葉だけで学び手の姿勢を能動的に変えることは難しくても、ツールは学び手に思考の自由を与え、学び手をたちまちアクティブにする可能性をもっているからです。

　けれども、ツールデザインは学びの場を考える中では、補足的なもの、なくても成り立つものとして扱われていることが多いように感じます。

ツールの役割

　ワークショップは、主に学び手が「アウトプット(表現)」することによって「インプット(理解)」を促すことを目的にしていることが多く、ツールの役割はこの思考の「インプット(理解)」と「アウトプット(表現)」の循環を促し、スムーズにすることにあります。

　その活動をさらに、時系列でおってみて、それぞれの活動の中でのツールの役割をみていきたいと思います。ここではわたしたちが通常行っているデザイン思考プロセス「共感」「分解」「構築」「提案」「省察」の5つの活動に沿って紹介します。

①	かまえ	→	共感ツール
②	こねる	→	分解ツール
③	えがく	→	構築ツール
④	みせる	→	提案ツール
⑤	つづく	→	省察ツール

　①「かまえ(共感)」のワークでは、学び手にワークに取りかかる前に心構えを整えてもらいます。ここで必要となってくるのは、課題への理解と共感を促し自分事として捉え直してもらう「共感ツール」。ただ理解するのではなく、これからはじまるワークへの期待感を膨らませ、自らが積極的に学ぶためのスイッチの役割を担います。
例)招待状、ウェルカムボード、コスチュームなど

　②「こねる(分解)」のワークでは、自分のここまでの経験を思い出したり、分解しながら、こねくり回すような思考モードに入ります。ここで必要なものは、「考えてください」と指示することではなく、思考停止していた"あたりまえ"の事象に違和感を与え、自然と"考えたくなる"ための「分解ツール」。

　思考を抽出することで素材化し、考えを構築するための材料を掘り出します。
例)マインドマップ、ワークシートなど

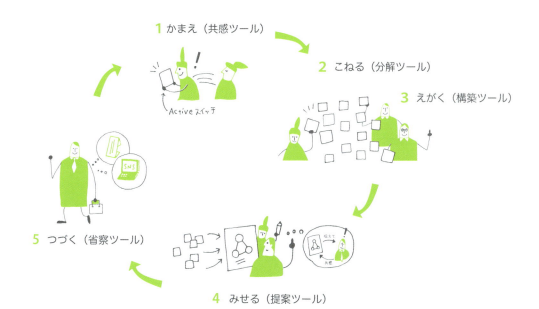

1 かまえ（共感ツール）
2 こねる（分解ツール）
3 えがく（構築ツール）
4 みせる（提案ツール）
5 つづく（省察ツール）

　③「えがく（構築）」のワークは、2つ目の「こねる」のワークと一体化しながら進められることが多いのですが、分解された経験の素材に刺激されながら、不確かながらに少しずつ形に落としていく行程です。一人の考えだけでなく数人の考えを表出させることで学びの視点を広げ、建設的な思考の構築を促すために、「こねる（分解）」と「えがく（構築）」を繰り返します。ここで必要なのは、躊躇せず、どんどん試してみること。まだぼんやりとした不完全なアイデアや思考が顕在化されることへの抵抗感や恥ずかしさを取り除くため、ここで必要なツールは意識的に粗野な素材を選んだり、修正可能なものを選びます。いくつか簡単な見本を用意することも最初の第一歩を出しやすくします。ただし、見本に思考を引っ張られすぎて、その枠を越えられない場合もあるので注意が必要です。
例）ポストイット、段ボールの切れ端、粗野な素材など

　④「みせる（提案）」のワークでは、③「えがく」のワークの中から顕在化されて出てきたものを、さらにブラッシュアップさせ、第三者からの理解と共感を得るように整えます。ここで必要なのは、「魅せる」ことを意識した「提案ツール」。前ワークとは反対に、自分やチームなど身近な人とのやり取りではなく、その場にいない人たちの目を意識し、表現するものへの責任感をもたせ、緊張感を高めることが大切です。構築した考えを整理し、俯瞰的に捉えるためにも、ここで「どう伝えるか」を考えることは、重要なポイントです。
例）プレゼンボード、展示キャプション、発表ステージなど

　⑤「つづく（省察）」のワークでは、一連の経験を意味付け、次への期待を膨らませます。ここで必要なのは、経験を振り返る中から、新たな可能性を見出すための「省察ツール」。ワークショップ後に経験を引き継ぎ、継続的な活動への欲求を駆り立てます。
例）虎の巻、栞、お土産、リフレクションビデオ、SNSのグループ頁など

column2

ツールは1つの要素

次に、ワークショップツールは、どのように考案され、どのようにつくられているのかを説明します。

まずはじめに、ワークショップをはじめとする学習環境のデザインは、「人」「空間」「活動」「ツール」の4つの要素が関連しあいながらつくられています。

ツールデザインは、この4つのうちの一要素であり、それ単独で切り離して考えることはありません。教育の目的に照らし合わせ、最良の方法を思考錯誤する中でアイデアは生まれてきます。

学習環境デザインの4要素

ツールデザインのメソッド

ワークショップにおけるツールデザインの手法は、人によってさまざまですが、ここでは、わたしたちのワークショップデザイン実践の中から生み出されたアンデザインメソッド※を紹介します。

通常よくやる方法として、デザイナーは何かをデザインする際にまず一人でラフスケッチを描き、ある程度のプランができた段階でプロトタイプをつくります。しかしアンデザインメソッドの場合は、最初から机上でプランをたてることはありません。企画メンバーが集まり、ワークショップのプランを練りながら、人、活動、場の雰囲気を想定し、実際にインプロしてみます。その際、即座に必要なものをプロトタイプとして試せるように、なるべく多くの素材をまわりに用意しておきます。初期段階では、紙切れに手書きしたものや、イメージする形状に近いものを身の回りから探し出し代替えとして使ってみます。身の回りの素材を探したり、素材そのものから触発されながら、

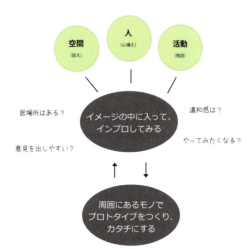

アンデザインメソッド

企画メンバーと一緒に創発的にツールをブラッシュアップさせていきます。

アンデザインメソッドではスケッチの技術に左右されないため、誰もが容易にアイデア出しに参加でき、ツールによって生み出されるさまざまな「間」や身体感覚を、一緒に開発するメンバーと共有しながら進めることができます。また、アイデアスケッチで考えた一人の思考の偏りや思い込みをなくし、修正すること、捨てることへの抵抗感を少なくするのも大きなメリットです。

※アンデザインメソッド：このデザイン手法は、三宅由莉、いわた花奈、同志社女子大学の上田信行教授、(株) bit design studio. によって、ワークショップデザインの過程において開発されたもの。

　開発の過程がそうであるように、ワークショップツールに最終的な完成はなく、どこまでもプロトタイプであるという認識にたつことも重要です。ワークショップツールは、状況に併せた改訂の容易さもデザインの一部だと捉えてください。つまり、主催者がその時々の状況に併せて追加、修正するための「余地」を常に念頭にいれておくことが大切です。

困った時のツール頼み

　ツールと聞くと、しっかりとつくり込まれたものを連想するかもしれませんが、身の回りにある既製品や既製品＋αで利用するというのも立派なツールです。学び手に長々と説明したり、強制したりするよりも、もっと雄弁に語ってくれるツールがあります。音楽や飲み物、道ばたに生えている雑草や、カトラリーやアメニティグッズやおもちゃなど、ワークショップをデザインするときには、使えそうなものがないか、あるだけで楽しくなるものはないか、などアンテナをたてて周りを見渡してみるとよいでしょう。

　私たちは周囲の環境に多分に影響を受けて生きています。気づかないうちに動かされていることもしばしば。私たちをとりまくモノたちに心を傾けてみることで、思わぬ発見があり、新たな動きを導いてくれることもあります。

　人生においてトランジションはこの就職活動時期だけでなく何度も訪れるものです。努力だけでは上手くいかないことにも度々向き合うことになるでしょう。そんな時、私たちは自分の不甲斐なさに落ち込んだりするのですが、自分にむかってみてもなかなか解決の糸口は見つけられないものです。これは教育の現場づくりでも同じこと。教える技術の低さや学び手のやる気のなさを嘆くより、まずは「ツールに頼ってみる」と言うことを実践してみることで、光明を見出すことができるはずです。

WORKSHOP 03
大学1-2年生編

晴れの日もあれば雨の日もある
社会人の日常を知れば
同じ道の上にいることがわかるよ

社会人のOB・OGを招いての講演会。檀上の先輩たちはみんな、それぞれのフィールドで活躍する様子を語り、きらきらと輝いて見えます。学生にとって、そんな社会人の先輩は憧れの的ですが、自分とは遠くかけ離れた存在のように感じられることもあります。ネガポジダイアログは、ポジティブな気持ちで頑張っている時もあれば、ネガティブな気分になる時もある、社会人の日常を知ることで、リアルな社会人生活をイメージしてもらうワークショップです。

写真で社会人生活をイメージしよう

ネガポジダイアログ

ネガポジダイアログ

このワークショップでは、ゲストとなる社会人に、予め伝えたいくつかのテーマに沿って仕事現場での写真を撮ってきてもらいます。学生たちはそれぞれのテーマに沿って撮影された写真がどのようなものかを予想し、その後、実際の写真を見ながら、社会人生活や仕事について学生と語り合います。学生たちがリアルな社会人生活や仕事のイメージを持てるようになることが目的です。学生のイメージする社会人生活と現実とのギャップを楽しめるよう、楽しい工夫が施されたワークショップとなっています。

1

どんな仕事をしているでしょう？

ゲストの社会人が社名、部署名などごく簡単に自己紹介。学生たちはその情報を元にゲストの仕事内容を予想します

2

共通点を探そう

グループに分かれ、学生が1人1人自己紹介し、「楽しかったこと」を写した写真を紹介。その後、社会人ゲストとの共通点を探すワークを行います

3 どんな写真かな？想像してみよう

SNS風にコメントが入った「ネガポジフレーム」を見ながら、社会人ゲストがどんな写真を撮ってきたのか、学生たちが予想します

4 写真で知る社会人の日常

社会人がそれぞれの「ネガポジフレーム」に当てはまる写真を披露。学生の予想と近かったか、そうでないかを判定します。その後、写真の解説をしつつ、仕事や社会人生活について社会人と学生がざっくばらんに語り合います

5 そうだったのか！社会人生活

ここまでのワークを通して予想通りだったもの、外れていたもの、意外だったことなどを振り返ってまとめます

ネガポジフレーム

ネガポジフレームは写真を共有するSNSをイメージして作った5枚の写真台紙です。
タイムラインのコメント欄には予め、他の人からの「楽しそう〜」「へーそういう仕事もしているんですね」「大丈夫ですか？」といったさまざまなコメントが入っています。学生たちはそれらのコメント内容を見ながら、それぞれの枠にどんな写真がくるのかを予想します。
その後、社会人から写真と共に現実の社会人生活のエピソードを話してもらうことで、ポジティブな気持ちになれる時もあれば、ネガティブな気分になることもある、社会人のリアルな日常が浮かび上がる、という仕掛けです。下記はネガポジフレームに写真を貼った1例です。

（某メーカー営業部勤務のAさんのネガポジダイアログ例）

おめでとう

営業チームの12月の成績がトップだったので、会社からお祝いのケーキをもらいました。チームのみんなと仕事が終わってからクリスマスパーティをしました。12月は休みがなくて、すごく忙しかったけど、報われるとうれしいですね。

意外

キャンペーン企画のイベントでお世話になったアーティストさんに頼まれてうちの会社のイメージソングのコーラスをすることになったんです！！写真はレコーディングの時のものです。なれないことをして緊張して汗びっしょりでした。

※ネガポジフレームの企画、コピー等は、舘野、保田の研究に基づき『ネガポジダイアログ』ワークショップ企画チームにより考案されたものです。

新入社員の研修を頼まれて、人材育成関係の書籍で勉強中です。昼は営業に出ないといけないから、夜に戻ってからコツコツと本を読んでプログラムを考えています。社会人になっても勉強はなくならないですね…

コツコツ

コーヒーを飲みながら、書類に目を通していたら、うっかり書類にこぼしてしまいました。この書類1枚しかないものだったので、この後、上司にこっぴどく叱られてつくりなおしました。

ドンマイ

1日に10カ所も営業にまわるから移動だけでも足がクタクタ。でも営業にまわるついでにおいしいお店も教えてもらえます。写真は最近オープンした〇〇コーヒー。営業の合間に一休みです。

一休み

Workshop ネガポジダイアログ　75

1 どんな仕事をしているでしょう？

ゲストの社会人に簡単な自己紹介をしてもらい、学生たちはその情報を元にゲストの仕事内容や日常生活を予想します。学生たちに社会人生活を想像してもらい、実際の社会人生活とのギャップを知る次のワークへのウォーミングアップをします。

> **準備**
> - 印刷した写真…社会人ゲスト１人につき６枚、学生１人につき１枚（印刷した写真を使用しない場合には不要、スマートフォンなどで代用する場合には持参を忘れないように）
> - ネガポジフレーム…１グループにつき１セット（５種類のネガポジフレーム）を印刷しておく
> - ポストイット…グループ内で誰が書いたのかわかるように色や形の異なるものを準備、なお、異なる色のポストイットを準備できない場合にはグループの人数分の色ペンを準備することでも可
> - ペン ・学生用振り返りワークシート（学生の人数分）、社会人ゲスト用振り返りワークシート（社会人ゲストの人数分）、
> - 名札・名札用の紙（社会人ゲスト＋学生の人数分）・ホワイトボード（黒板または模造紙）・参加者名簿（必要に応じて）

1、イントロダクション

はじめに、ワークショップの目的と進め方について案内する。このワークショップの目的を、「『写真』を使って社会人と『対話』をすることで、社会人生活の具体的なイメージを持つこと」であると説明。
次に、本ワークショップの流れを下記のように伝える。
①社会人に準備してきてもらった仕事に関する５枚の写真に「どんなシーンが写っているのか？」を学生のみなさんが予想
②社会人は持ってきた写真を見せて、状況の説明をしながら学生と対話する
③学生は予想が当たっていたか、はずれたかをもとに、社会人生活に対するイメージを振り返る
④社会人は学生との対話を受けて、改めて自身の社会人生活を振り返る

社会人の人から大まかな自己紹介を聞いて、どんな仕事を日々行っているのか、自由に想像します。

2、「自己紹介で勝手にイメージ」ワーク

ゲスト全員に前に立ってもらい、まずは１人１人簡単に自己紹介（氏名、勤務先や仕事内容、何年目か、などを大まかに説明）。その後、「学生時代の思い出の写真」を見せてその写真についての説明をしてもらう。
学生には「自己紹介を聞きながら、日々どんな仕事をしていそうか、具体的な状況を想像してみてください」と指示しておき、ポストイットに書き出してもらうようにする。

> **WORKSHOP MEMO**
> - 社会人ゲストの自己紹介では、学生時代にやっていたことや所属していた学部やゼミ、クラブ、サークルなどについて話してもらうと、学生との共通点が見つかりやすく、打ち解けやすい
> - 社会人ゲストの自己紹介を聞きながら、随時「どんな仕事をしていそうだと思いますか？」「普段どんな生活をしていそうなイメージですか？」などと、学生１〜２人に尋ねてみても良い

2
共通点を探そう

各グループに1人ずつ、社会人ゲストが加わり、メンバーが1人1人自己紹介を行った後、持ち寄った自分の写真を紹介します。社会人ゲストも自らの学生生活を振り返って語る中で、学生と社会人がお互いの共通点を探ります。

1、グループ自己紹介

グループ内で1人1人、簡単に自己紹介をします。名前、学部と共に、自分の学生生活を象徴するような写真を1枚紹介し、どのような学生生活を送っているかを話します。それと共に、同じグループの社会人ゲストの自己紹介を聞いて抱いた社会人生活のイメージを一言ずつ発表します。

2、共通点探しワーク

グループの社会人ゲストの学生時代の生活と、学生たちの生活の共通点を探し、ポストイットに書き出していき、3個以上見つかるまで続ける。

WORKSHOP MEMO

● 共通点探しワークでは、サークル、ゼミ、アルバイト、1人暮らし、趣味などが、グループ内の誰か1人と合えば1つにカウントできる。「兄がいる」「男性、女性」といった、学生時代の生活とは関係のない共通点はカウントできない

1枚の写真を見せながら、自分の学生生活を紹介。

共通点探しワークでゲスト社会人の学生時代と今の自分たちとの共通点を探します。

Workshop ネガポジダイアログ　77

3 どんな写真かな？想像してみよう

学生たちが、SNS風にコメントが入った5枚のネガポジフレームを見ながら、それぞれ社会人ゲストのどんなシーンの写真が当てはまりそうかを予想します。社会人生活についてのイメージが持てず、上手く言葉にできなかったり、ありきたりの表現になってしまうこともありますが、できる限りイメージをふくらませて予想してもらうようにします。

1、ネガポジフレームの紹介

各グループに写真の貼っていないネガポジフレームを5枚ずつ配布し、ネガポジフレームについて説明する。学生たちはタイムラインのコメント欄の内容を見ながら、その社会人ゲストのどんな場面の写真なのかを予想する。写真の予想に入る前に、学生たちが想像しやすいよう、少しだけ仕事内容についての補足説明を加える。

2、予想しよう！この写真はどんな瞬間？

5枚のネガポジフレームそれぞれに対して、「どんなシーンの写真だろうか？」と考え、「こんなシーンではないか」「こういうことではないか」と想像した内容、キーワードや絵などをなるべく具体的にポストイットに記入してもらい、写真の貼っていないネガポジフレームに貼っていく。

ゲスト社会人の仕事を想像して、勝手にネガポジカードに貼られる写真のシーンをポストイットに記入します。

3、予想内容を共有しよう！

それぞれが予想した内容について、「なぜそう考えたのか」その理由をグループ内で共有する。

WORKSHOP MEMO

- ポストイット紙の色、またはペンの色を「1人1色」にして個人がわかるようにしておく
- 学生たちが予想している間、社会人には学生がどのように考えるのか、聞き耳を立て、なにか発見があればメモをしておいてもらう

4
写真で知る社会人の日常

社会人がそれぞれのネガポジフレームに当てはまる写真を披露し、学生の予想と近かったか、そうでないかを判定します。社会人ゲストが写真の解説をする中で、仕事内容や職場の様子、どのような日々を送っているのかなど、リアルな社会人生活を知ることができます。

1、ネガポジフレームの写真を披露

社会人がネガポジフレームに当てはまる写真を1枚ずつ披露し、その写真についての説明をする。学生は予想と近かったか、そうでなかったかを○△×で、判定する。
○：大正解！（誰か1人でも正解なら○）
△：おしい！
×：はずれ！

2、ネガポジフレーム写真で語ろう

学生はそれぞれの写真について、疑問に思ったこと、聞いてみたいことを質問。下記のように「状況、背景」について質問をしてもらい、よりリアルな仕事の現場の話を引き出す。
（質問例）
「こういうことっていつもあるんですか？」
「そのときどんな気持ちでしたか？」
「なぜそうしようと思ったんですか？」

学生たちによる写真の予想が書かれたポスイットが貼られたネガポジカードの上に、実際の写真を貼っていきます。

営業先で自分ではわからないことを聞かれたらどうするんですか？

仕事はどうやって頼まれるんですか？

同僚との関係ってどうですか？友だちとは違いますか？

5
そうだったのか！社会人生活

ここまでのワークを通して予想通りだったもの、外れていたもの、意外だったことなどを振り返ってまとめます。最後は社会人とのつながりを持つこと、社会人生活への「現実的な期待」を持つことが、学生生活を充実させ、就職活動を成功させることにもつながる、という知見を紹介して終わります。

1、他のグループを見に行こう

他のグループではどんな写真があったのかを共有するため、テーブル上にネガポジフレームの台紙、学生の予想したポストイットと、写真を並べ、学生は他のテーブルを見て回る。各テーブルに社会人ゲストだけが残り、見に来た他グループの学生に対して簡単な写真の説明をする。

2、全体の結果発表

各グループで写真が予想通りだったか、外れたのかを○△×で報告し、ホワイトボード上に表にしてまとめる。それと共に、当たったもの、外れたものについて、「こんな予想をしたら、こうだった」「予想外な写真で驚いた」など、各班で一番印象に残っているものを発表する。

3、振り返りシートの記入

各自で振り返りシートに、
- 元々持っていた社会人のイメージはどうでしたか？どのように変わりましたか？
- 大学生活・社会人生活についてどのように過ごそうと思いますか？

といったことを振り返って記入してもらう。

社会人ゲストにも、
- 学生との対話の中で印象深かったことは？
- 自分が大学時代に持っていたイメージと実際はどうですか？
- 大学生のうちにできる準備は？
- 今後どんな社会人生活を送りたいですか？

といったことを振り返って記入してもらう。

振り返りシートの記入後、グループ内で各自が一言ずつ、気づいたこと、意外だったことなど、感想を述べる。

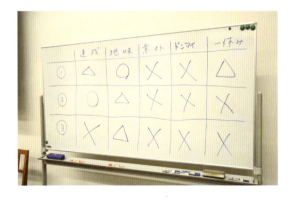

4、ゲストから一言

社会人ゲストから一言ずつ、
・このワークショップを振り返って印象に残ったこと
・大学生へのメッセージ
を述べてもらう。

5、レクチャー

さまざまなトランジション研究からの知見を紹介し、本ワークショップに対する納得感を深めてもらう。

①相談できる先輩を持つことの意義
「(年齢や所属が異なる)異質な他者」とのつながりのある学生は、企業に入ってからもうまく組織に適応しやすい、という研究知見があるが、一般的な学生にとって、「自分の成長に影響を与えてくれる先輩」や「相談できる大人」と関わる機会はそれほど多くない。

②具体的なイメージを持つことの意義
学生から社会人になる際に、「期待(予測)」と「現実」のギャップ(Reality shock)が少ないほど組織への適応がスムーズになるという研究知見がある。逆に社会人生活への「期待」と「現実」が離れれば離れるほど「離職」などにつながってしまう。
この「期待」と「現実」のギャップを少なくするうえで効果的なのが、「良いこと」も「悪いこと」も同時に提示しておくこと(Realistic Job Preview：現実的職務予告)だ。入社後の仕事に対して、ある程度具体的なイメージを持っていれば、失望につながる「過大な期待」ではなく、「現実的な期待」を持って前向きに仕事に臨むことができる。

③仕事経験を語ることの意義
社会人ゲストにとっても、自分の経験を「社外」などの利害関係のない場で語ることは、自分の仕事の振り返り(内省)につながる。特に、利害関係がなく「話をしたい」と思える学生に対して自分の仕事を語ることで、仕事の棚卸しをすることができる。

6、まとめ

今回のワークショップでは、写真を介して社会人ゲストと対話し、社会人生活の具体的なイメージが得ることができた。今回のワークショップをきっかけに、多様な人と対話を通じて、学生生活をさらに充実させていってほしい、と結ぶ。

WORKSHOP MEMO

- 最後に今日行ったワークと研究知見との繋がりを知らせることで、納得感を増す
- 学生だけでなく、社会人にも、社会人生活の振り返りの機会としての効果を感じてもらえるよう、必ず③のメッセージも伝える
- 学生がゲストの社会人と継続的に関係性を持てるような工夫も考えられるとなお良い

ネガポジダイアログ ワークショップタイムライン

時間	活動項目と内容	参加者の活動
	準備	
当日の受付		
	受付	・写真の準備 ・名札の作成
1 どんな仕事をしているでしょう？		
3分 (3分) 4分 (7分)	【イントロダクション】 ・ワークショップの目的、進め方を説明（3分） 【社会人ゲスト自己紹介】 ・社会人ゲストの全体への自己紹介（4分） ・社会人生活の予想	【社】・自己紹介（氏名、勤務先や仕事内容、社会人何年目かなど） 【社】・学生時代の思い出の写真を見せながら、エピソードを紹介 【学】・自己紹介を聞きながら、予想される社会人生活を付箋にメモ
2 共通点を探そう		
8分 (15分)	【グループ内自己紹介】 ・グループごとで学生の自己紹介（6分） ・共通点探し（2分）	【社】・ファシリテーターから指示のあった担当グループに移動 【学】・名前、学部とともに、自分の写真を見せながらエピソードを紹介 【学】・社会人ゲストの自己紹介に対して抱いたイメージを一言ずつ発表 【社・学】・グループの社会人ゲストの学生時代と、学生たちの生活の共通点をグループ全員（社会人ゲスト+学生）で探し、付箋に書きだし（3個以上）
3 どんな写真かな？想像してみよう		
2分 (17分)	【社会人ゲストから仕事内容についての補足情報の提供】 ・社会人ゲストから仕事内容に関する情報の補足（2分）	【社】・学生が自己紹介の中で話していた社会人ゲストに対するイメージを参考に、学生が写真を予想しやすいように仕事の内容などについて補足の情報を提供 【学】・気になったことを適宜付箋にメモ
2分 (19分)	【ネガポジフレームの説明】 ・ネガポジフレームについての説明（2分）	
4分 (23分)	【個人での写真の予想】 ・個人ワークの説明（1分） ・個人での写真の予想（3分）	【社】・学生の予想を見ながら、写真を披露する順番を思案 【学】・1人ずつ異なる色の付箋（もしくはペン）を準備 【学】・それぞれのネガポジフレームにどんなシーンの写真が入るか具体的に予想し、キーワードや絵を付箋に記入
9分 (32分)	【個人で予想した写真についてグループ全体での共有】 ・グループでの共有方法の説明（1分） ・グループでの共有（8分）	【社】・学生の予想を聞きながら、気になったことがあれば付箋にメモ 【学】・順番に1人ずつ、予想した付箋を該当する設定のネガポジフレームに貼りながら、「なぜそう考えたのか」その理由をグループメンバーと共有
4 写真で知る社会人の日常		
26分 (58分)	【社会人ゲストからの写真の披露と写真を通した対話】 ・グループでの対話方法の説明（1分） ・社会人ゲストからの写真の披露（5分）写真を通した対話（20分）	【社】・それぞれのネガポジフレームに当てはまる写真を1枚ずつ披露し、写真についてのエピソードを紹介（1枚1分） 【社】・学生からの質問に回答（1枚4分） 【学】・自分が写真予想の判定 【学】・付箋のあいているスペースに結果を記入 【学】・それぞれの写真について、社会人に質問
5 そうだったのか！社会人生活		
6分 (64分)	【グループの予想や写真を全体で共有】 ・全体での共有方法の説明（1分） ・全体での共有（5分）	【社】・各テーブルに残り、学生に簡単に写真の説明・対話 【学】・ネガポジフレームの台紙、予想が記入してある付箋、写真を整列 【学】・並べ終わったら、ほかのテーブルを巡回 【学】・テーブルに残っている社会人ゲストと対話
5分 (69分)	【点取り表を使用した結果のまとめ】 ・点取り表の作成（1分） ・グループ発表（4分）	【社】・学生の発表を傾聴 【学】・写真予想の結果を代表者が報告 【学】・代表者は一番印象に残っている写真やエピソードについて発表
9分 (78分)	【振り返りワークシートの記入】 ・振り返りワークシートの記入方法の説明と記入	【社】・社会人ゲスト用振り返りワークシートを記入 【学】・学生用振り返りワークシートを記入
6分 (84分)	【振り返りの共有】 ・グループでの共有方法の説明と共有	【社・学】1人ずつ、振り返りワークシートの内容を発表し、メンバーと共有
4分 (88分)	【社会人ゲストから一言】 ・社会人からの感想、メッセージ（4分）	【社】1人ずつ、感想とメッセージを伝達 【学】社会人ゲストの話を傾聴
2分 (90分)	【研究知見の紹介・チェックアウト】 ・研究知見の紹介・チェックアウト（2分）	

使用する備品	実施ポイント	参照ページ
・印刷した写真　・ネガポジフレーム　・付箋紙 ・ペン　・学生用振り返りワークシート ・社会人ゲスト用振り返りワークシート ・名札・名札用の紙（社会人ゲスト＋学生 人数分） ・ホワイトボード（黒板でも可）または模造紙1枚	・ワークショップの開催にあたり、OB・OGなど社会人数名（参加学生3〜4名に1人を目安に）に参加依頼 ・社会人ゲスト決定後、事前に写真データ準備と送付を依頼。依頼状を送付（P90-91依頼状サンプル参照） ・参加学生の決定後、事前に写真データ準備と送付を依頼。 （スマートフォンでの写真表示、印刷写真の現物の当日持参でも可） ・企画者は当日までに送付された写真データを印刷しておく	
・印刷した写真、名札、参加者名簿（必要時）	・社会人ゲストに準備した写真が学生の目に触れないように伝えておくよう注意が必要	
・社会人ゲストの「学生時代の思い出」についての写真	・進め方を説明する際は、興味喚起のため、ファシリテーターはネガポジフレームを手にもって示したり、机上のネガポジフレームをみてもらうよう促したりするとより効果的 ・社会人ゲストから事前に送付された「学生時代の思い出の写真」のデータをスライド内に取り込んでおくと写真が全体に見えてgood！	P.76
・学生の「最近、楽しかったときの写真」 ・ポストイット ・ペン	・共通点が3つ以上見つからなくても時間でワークを終了する（目的はあくまでアイスブレイク！） ・共通点はなるべくグループならではのものにするとより会話がはずむ	P.77
	・補足情報＝業種や仕事の大まかな内容など ・補足情報を細かく伝えすぎて写真の予想が容易になりすぎてしまうことには注意が必要！	
・ネガポジフレーム	・机上にあるネガポジフレームを手に取りながら説明を聞くよう学生に促すとよりワークにつながりやすい！	
・ネガポジフレーム ・社会人ゲストの各設定で準備した写真 ・ポストイット ・ペン	・ポストイット（もしくはペン）の色は1人ずつ異なるようにする ・学生にはできるだけ具体的にイメージするようことを強調して伝える ・社会人生活や仕事についてのイメージがわからず、うまく言葉にできなかったり、ありきたりな表現になってしまうときにも、できる限りイメージをふくらませて予想してもらうようにする ・どうしてもイメージが明示化できない学生がいた場合は、ありきたりなものでも書いてもらうことが重要！	P.78
・ネガポジフレーム ・ポストイット	・「なぜそう考えたのか」を問うことは、自分がなぜそのようなイメージを持っていたのかを自覚するために重要！ ・時間が許せば、グループ内で「なぜ」の部分を質問しあうことも有効	
・ネガポジフレーム ・社会人ゲストの各設定で準備した写真 ・ポストイット ・ペン	・このワークで重要なのは「対話」！写真の説明に時間がかかりすぎないように各グループをモニターし、適宜、対話を促すような介入をすることも必要 ・1枚の写真につき、社会人ゲストからの説明が1分、その後その写真について4分対話 ・写真の裏にある「状況」や「背景」について質問をしてもらうことで、よりリアルな社会人生活や仕事についての話を引き出すことが可能 ・具体的には、「こういうのっていつもあるのですか」や「そのときどのような気持ちでしたか」、「なぜそうしようと思ったのですか」などの質問を学生にするよう促す	P.79
・ネガポジフレーム ・社会人ゲストの各設定で準備した写真	・学生が積極的に質問をしたり、のぞき見できるようサポートを！	
・点取り表		P.80
社会人ゲスト用振り返りワークシート 学生用振り返りワークシート		
社会人ゲスト用振り返りワークシート 学生用振り返りワークシート		
	・参加してくれた社会人ゲストにもメッセージがあることも特徴の1つ！ ・社会人ゲストが今後も継続的なよき相談相手になれるように促しておく	P.81

目的と効果

ネガポジダイアログ・ワークショップがめざすもの

ワークショップのコンセプトと目的

　このワークショップの目的は「写真を使って社会人と対話をすることで、社会人生活の具体的なイメージを持つこと」です。対象者は、主に就職活動前の大学1・2年生です。就職活動前の大学生にとって、社会人が実際にどのような社会人生活をおくっているかをイメージすることは難しく、過度な期待や不安をもってしまうケースも多いと考えられます。

　なぜ社会人生活の具体的なイメージを持つことが大切なのでしょうか。入社後の組織適応に関する研究では、入社後の仕事に対する期待と現実とのギャップが大きいと、離職につながることが明らかになっています。このギャップを埋める方法として「現実的職務予告（Realistic Job Preview、以下RJPとする）[1]」があります。この方法は実際の仕事内容を正確に伝えることで、期待をコントロールしようとするものです。このワークショップでは、リアルな社会人生活を知ることで、過度な期待や不安ではない、適切なイメージを持つことを目的としています。

　大学のOBやOGが講演会などで訪れるケースでは、華々しい活躍をしたなど、どうしても社会人生活のポジティブな側面の話が多く、場合によっては自分とは遠い世界のように思えてしまうこともあります。また、本調査においても、「就職活動中に助けになった人はいますか？」という質問に対して「いない」と答えた人が28.7％も存在しており、講演会などの機会以外で社会人の話を聞く機会も少ないと考えられます。このように、学生がリアルな社会人生活について知りたくても、その機会が少ないという問題があります。

　そこで、本ワークショップは、写真を使って対話をすることで、学生が等身大の社会人生活について学べるようにデザインしました。学生が社会人生活を予想した後、実際の写真をみながら社会人と対話をすることで、自分が元々持っていたイメージと実際のギャップを知ることを期待しています。

[1] 現実的職務予告とは「個人が組織に参入する前に、現実の職務・組織に関するネガティブ情報を含む生々しい情報を与え、新規参入者が有する過大な期待を抑制し、ひいては組織社会化を円滑にすすめる情報提供のあり方のこと」である。具体的な研究としてはジョン・ワナスの研究がよく知られている（Wanous 1973,1992）。
Wanous, J. P. (1973) Effects of a realistic job preview on job acceptance, job attitude and job survival. *Journal of applied psychology*. Vol. 58 No. 3 pp. 327-332.
Wanous, J. P. (1992) Organizational Entry：Recruitment, Selection, *Orientation and Socialization of new comer*. Addison-Wesley.

ワークショップ活動デザインの意図：なぜネガポジフレームを使って語るのか？

　本ワークショップでは、社会人がそれぞれのテーマに沿って撮影した写真がどのようなものかを学生たちが予想し、その後、実際の写真を見ながら、社会人生活や仕事について学生と社会人が語りあう、というものです。

　本ワークショップの特長は以下の3つにまとめられます。

1. **写真を使うことで、社会人生活の具体的なイメージを持ってもらうことができる**

2. **写真選びのテーマを設定することで、社会人生活の多様な側面に気づくことができる**

3. **写真を予想してから対話することで、自分の元々持っていたイメージに気づくことができる**

　つまり、写真を予想した後に、実際の写真を見ながら社会人と対話をすることで、自分の元々持っていた社会人生活のイメージに気づき、そのイメージをより現実的なものに更新することが本ワークショップのねらいです。

1. **写真を使うことで、社会人生活の具体的なイメージを持ってもらうことができる**

　業種や職種、仕事内容などについて話をしても、具体的な職場のイメージが伝わりにくく、そもそも職場のイメージ自体がわいていない可能性があります。写真を使うことで、リアルな社会人生活のイメージを持つことができるようになります。

2. **写真選びのテーマを設定することで、社会人生活の多様な側面に気づくことができる**

　SNS風にコメントのついた「ネガポジフレーム」には、テーマによって異なるコメント内容が入っています。このワーク

ショップでは「達成」「地味」「意外」「ミス」「一休み」という5つのテーマを設定しました。社会人生活で「売上目標を達成した」など、なにかを「達成」した事実などは想像しやすく、OB・OGの講演会などで話されそうなものですが、他の4つは、社会人の日常によくありそうなシーンでありながら、学生にとってイメージしにくいテーマに設定しました。

「地味」な仕事とは、語られることがほとんどない日常的なルーティン作業のようなイメージですが、社会人生活においては最も重要な仕事であることも多いものです。

「意外」な仕事とは、業種や職種を聞いただけではイメージできないような仕事です。社会人生活には、学生時代には想像もしていなかった仕事を行うこともしばしばあることです。

「ミス」についての話を社会人から語られることはまずありません。しかし、致命的なミスは少ないとしても、仕事上の多少のミスは誰にもあるもの。仕事上でのミスについての話をすることで、華々しく活躍する社会人も失敗から学び成長していることが分かります。

「一休み」社会人といっても、朝から晩まで休むことなく働いているわけではなく、仕事の効率を高めるためのコミュニケーションの時間や休息の時間もあります。忙しい社会人生活にも、ほっとするひとときがあることを知ってもらう意図です。このようなテーマ設定はまだ他にも考えられるかもしれません。

3. 写真を予想してから対話することで、自分の元々持っていたイメージに気づくことができる

学生たちは、具体的な社会人生活のイメージを持っていないだけでなく、そもそも自分がどんなイメージを持っているかすらも把握していない学生もいるようです。まず、そのことに気がつき、その上で、イメージをより現実的なものに更新していくことが大切です。また、本ワークショップを行った際には、「仕事に対して暗いイメージばかりを抱いていた」と話す学生もおり、リアルな社会人生活について知ることで、就職や社会人生活に対するネガティブな印象を覆す効果も期待できるかもしれません。

ワークショップ活動デザインと研究知見

1. 相談できる先輩を持つことの意義

「(年齢や所属が異なる)異質な他者」とのつながりのある学生は、企業に入ってからもうまく組織に適応しやすい、という研究知見があります[2]。しかしながら、一般的な学生にとって、「自分の成長に影響を与えてくれる先輩」や「相談できる大人」と関わる機会はそれほど多くはありません。本ワークショップをきっかけに、年齢や所属が異なる人たちとの接点を積極的につくり、そうした人たちと対話をする機会を意識して持ってほしいものです。

2 舘野泰一(2014)入社・初期キャリア形成期の探究:「大学時代の人間関係」と「企業への組織適応」を中心に. 中原淳・溝上慎一(編)活躍する組織人の探究:大学から企業へのトランジション. 東京大学出版会. pp.117-138.

2. 具体的なイメージを持つことの意義

学生から社会人になる際に、「期待(予測)」と「現実」のギャップ(Reality shock)が少ないほど組織への適応がスムーズになるという研究知見があります。

それは、学生時代から入社後の仕事に対する具体的なイメージを持つことにより、「過大な期待」ではなく、「現実的な期待」をもって仕事に臨むことができる、というものです。逆に社会人生活への「期待」と「現実」が離れれば離れるほど「離職」などにつながってしまうという傾向も出ています。

本ワークショップでは「良いこと」も「悪いこと」も同時に提示しておくこと(RJP)で、ギャップが少なくなるため、落ち着いて働けるようになる効果を期待しています。

3. 仕事経験を語ることの意義

社会人ゲストにとっても、自分の経験を「社外」などの利害関係のない場で語ることは、自分の仕事の振り返り(内省)につながります。特に、利害関係がなく「話をしたい」と思える学生に対して自分の仕事を語ることで、仕事の棚卸しをすることができます。また、社会人のOB・OGに対し、「檀上で社会人生活について語ってほしい」などと「講演者としての依頼」をするよりも、「職場の写真を撮って、それをきっかけに学生と話をしてほしい」と依頼する方がハードルが下がり、協力者を集めやすいという効果も期待できます。

ネガポジフレーム

写真を共有する SNS をイメージした写真台紙。
本紙を 200％拡大し A4 の紙にコピーしてご使用ください。
写真を貼るスペースが 4 つ切りサイズになります。

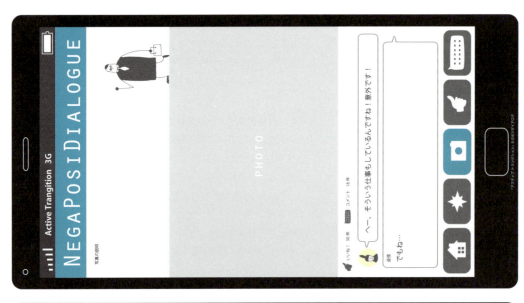

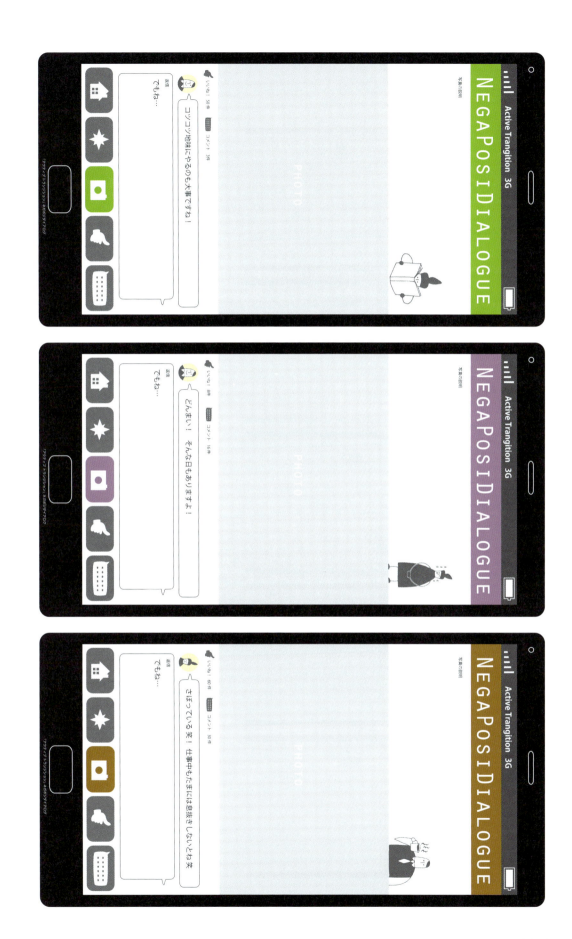

ワークシート（学生用）

本紙を180％拡大しA3用紙にコピーしてご使用ください。

『NegaPosiDialogue』を振り返ってみよう！

お名前 _____

［おめでとう］　大正解　・　おしい！　・　はずれ

［コツコツ］　大正解　・　おしい！　・　はずれ

［意外］　大正解　・　おしい！　・　はずれ

［どんまい］　大正解　・　おしい！　・　はずれ

［一休み］　大正解　・　おしい！　・　はずれ

◇ 社会人生活に対するイメージはどのように変わりましたか？ ◇
_____
_____

◇ これからの大学生活をどのように過ごそうと思いますか？ ◇
_____
_____

88　Workshop　ネガポジダイアログ

ワークシート（社会人用）

本紙を140%拡大しA4用紙にコピーしてご使用ください。

『NegaPosiDialogue』を振り返ってみましょう！

お名前＿＿＿＿＿＿＿＿＿＿＿＿＿＿＿

◇　学生との対話の中で、印象深かったことはどのようなことでしょうか？

◇　ご自身のお写真を改めて見直してみて、大学時代に持っていた仕事のイメージと実際の仕事では、どのような部分がイメージ通りで、どのような部分がイメージと異なりましたか？

◇　社会人生活に向けて、大学時代に準備できることはどのようなことでしょうか？

◇　今後はどのような社会人生活を送りたいですか？

ワークショップの依頼状（2頁）

本紙を140％拡大しA4用紙にコピーしてご使用ください。

平成○○年○月○日

○○○○様

○○大学
○○○○○○○

ワークショップ当日に向けた準備へのご協力のお願い

時下ますますご清祥の段、お慶び申し上げます。

　さて、このたびは突然のお願いにもかかわらず、大学1、2年生を対象といたしました『ネガポジダイアログ〜写真で社会人生活をイメージしよう〜』ワークショップへのご協力をご快諾いただきましたこと心より感謝申し上げます。開催要領は下記のとおりとなります。今一度ご確認いただけますようお願い申し上げます。

　本ワークショップは、社会人との接点をほとんど持っていない大学1、2年生がOB・OGの皆さんと「写真」を通して対話することで、社会人のリアルな生活を理解し、就職活動や就職の準備をすること、大学生が社会人と話す機会を持つことを目的としております。ご協力いただきます社会人の皆さまにとりましても、久しぶりに母校の門をくぐり、後輩たちと対話いただくことで、大学生活や社会人生活の振り返りの機会になればと思っております。

　つきましては、ワークショップの開催に向けまして○○様にご準備いただきたいことが数点ございます。ご一読いただき、ご準備を進めていただきますようお願い申し上げます。ご不明な点などございましたら、お問合せいただければ幸いです。

記

■開催日時：平成○○年○月○日（○）　00：00〜00：00（集合時間 00：00）
■会場：○○大学　○号館　○○教室
■当日までにご準備いただきたいこと

※「下記の①〜⑤のコメントにあう仕事に関するお写真各1枚」
　および「⑥大学時代の思い出のお写真1枚」（計6枚のお写真）をご準備ください。

①「おめでとうございます！」「すばらしい！」「いいね100 コメント15」
②「コツコツ大事ですね！」「仕事の日常の写真は意外と新鮮です！」「いいね50 コメント2」
③「へーそういう仕事もしているんですね！」「意外です！」「いいね30 コメント18」
④「どんまい！」「そんな日もありますよ！」「いいね8 コメント16」
⑤「さぼってる笑！」「たまには息抜きしないとね笑」「いいね60 コメント30」
⑥大学時代のお写真（大学時代の思い出のお写真ならなんでも構いません）

イメージ

ご持参いただきました写真を、このように「SNS」画面風のイメージが印刷された紙の上に置いていただき、なぜ下のコメントにその写真をあてはめたのかを大学生にお話ししていただきます。

ここに上記の①〜⑤にあるコメントが入っています

左記は『④「どんまい！」「そんな日もありますよ！」「いいね8 コメント16」』をテーマに大事な書類にコーヒーをこぼしてしまい、上司に怒られたという状況を話した例になります。

※ご準備いただきました6枚のお写真は、
【○月○日（○）】までに下記のアドレスにメールでご送付ください。
ご送付先：xxxx@xxxx.ac.jp

●当日のお願い
自己紹介といたしまして、上記の⑥のお写真を使いながら、大学生活の思い出を1分ほどで語っていただきます。内容につきまして整理いただければ幸いです。
現在のお仕事内容を、大学1、2年生が理解しやすい形で2分ほどでご紹介いただきます。
ご用意いただきました上記の①〜⑤の「写真」をSNSをイメージして作成した写真台紙と組み合わせ、ご自身のリアルな社会人生活を語っていただきます。

●そのほか
ご送付いただきますお写真につきましては、本学の「個人情報の保護に関する規約」に則りお取り扱いさせていただきます。なお、ご送付いただきますお写真を本ワークショップ以外の目的で使用することはございません。また、ワークショップ終了後はデータ、現像写真ともに速やかに削除、裁断廃棄いたします。
ご不明な点などございましたら、○○○○○○までお問い合わせください。

お問い合わせ先（名前）
電話：○○-○○○○-○○○○
e-mail：xxxx@xxxx.ac.jp

column3

ワークショップの写真を撮る

文　三宅由莉（デザイナー）

　書籍や冊子とまではいかなくても、ワークショップの様子を写真に撮影し、報告書やウェブサイトやブログなどに使用する機会が増えてきています。ここでは、ワークショップの写真撮影についてお話します。

　ワークショップの写真は、その場にいなかった人たちにワークショップの臨場感や内容を伝えることはもちろんですが、スタッフや参加者のリフレクション（振り返り）に利用したり、研究調査やレポート原稿の作成に利用することも考えられます。写真撮影は、これらの目的を踏まえ、必要なシーンや資料を忘れないように行う必要があります。

　私自身はプロのカメラマンではありませんが、ワークショップのレポート冊子や本をつくる機会が多く、経験上から紙面をつくる際に押さえておきたい「カット」というものがわかってきました。自分で撮影する際に気をつけている点、またカメラマンにお願いしているポイントをここではお伝えします。

　押さえておきたい写真のカットは大きく分けて①活動　②空間　③ツール　④参加者　⑤作品、資料の5つです。本書籍のワークショップ写真も以下のカットを中心に撮影を行っています。

①活動シーン
・活動内容がわかる象徴的なカット
・作業手元のアップ
・参加者の表情
・活動様子の俯瞰

② 空間
・活動場所
・会場建物
・サイン（看板など）
・風景（特にワークショップに関連しなくても押さえておく）

③ ツール
・名札やワークシート、小物、ツール類

④ 参加者
・集合写真
・各人（作品があれば一緒に）

⑤ 作品、資料
・ワークシートや模造紙など、途中のアウトプット資料
・最終的な作品（作品のみ、時間があれば作品と作者を一緒に押さえておく）

　この他にも、ワークショップのメイキングを伝える場合は準備のシーンから撮影しておく必要があります。

　これだけの写真を撮るとなるとワークショップ中は神経をあちこちに張り巡らせておかなければなりません。また、ワークショップの性質上、その時々によって予測できない事柄が立ち顕われてきます。撮影しても、使用しないものも多くありますが、後で欲しいと思っても撮り直すことはできませんので、カットは多すぎるぐらいに押さえておくようにします。特にワークショップの主催者でない場合は、参加者の活動の大切なシーンを撮り逃さないように、はじまる前に大まかに活動内容を共有しておきましょう。以上の点に注意して、ワークショップの中で生まれるすばらしい経験のベストショットを撮影してみてください。

SPI総合検査を受ける
ために勉強する
2つ進む

企業説明会に参加して、
就職活動先を決める。
偶数が出たら（←）へ
奇数が出たら（↓）へ進む

キャリアセンターで
採用情報を調べてみる
1つ進む

就活ヒッチハイク
ワークショップに参加する
3つ進む

リクルートスーツを
買って1つ進む

「ネガポジダイアログ」
で知り合った先輩に
連絡をとって相談する
3つ進む

リクルートスーツを
買って1つ進む

志望動機が
うまく書けない
3つ戻る

エントリーする

一次試験と面接

面接の日が重なる。

偶数が出たら（→）へ
奇数が出たら（↓）へ進む

就活虎の巻を見返す
1つ進む

面接官に一目惚れ
1回休み

採用通知がくる

卒業旅行に行って
就職ブルーになる
3つ戻る

カード de トーク
ワークショップに参加する
3つ進む

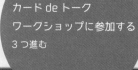
入社後の
リアリティ・ショック
1回休み

Mr.Transition

そして人生は
つづく…

未来の自分カードを
見て奮起する

初のプレゼンで
上司に褒められる
1つ進む

未来の自分カードを
見て奮起する

そして人生は
つづく…

SUGOROKU ACTIVE TRANSITION

スタート

大学の授業を
さぼって1回休み

インターンに
参加する
2つ進む

ネガポジダイアログ
ワークショップに参加する
3つ進む

学内の就活
イベントに参加する

「ネガポジダイアログ」
で知り合った先輩に
連絡をとって相談する
3つ進む

実際の就活での教訓を
就活虎の巻に追加する
1つ進む

面接で緊張して、
うまく話せない
3つ戻る

靴擦れで
1回休み

道に迷って遅刻する
3つ戻る

最終面接で落ちる
ショックで1回休み

気晴らしに
友だちと
カラオケにいく
1回休み

最終面接まで進む

不採用になる
夢にうなされる
1回休み

友だちの採用が
決まって焦る
1回休み

就活虎の巻を見返す
1つ進む

採用通知がくる

採用、不採用の別れ道

偶数が出たら海外留学
（←）に進む
奇数が出たら就職
（↘）に進む

カード de トーク
ワークショップに参加する
3つ進む

新入社員歓迎会で
飲み過ぎる
1回休み

そして人生は
つづく…

世界をめざす

そして人生は
つづく…

研究論文
Active transition Monograph

Monograph1	木村 充	大学生活と社会人生活の実態
Monograph2	舘野 泰一	職場で主体的に行動できる人は、どのような大学生活を過ごしてきたか 〜大学での学び・生活が入社後のプロアクティブ行動に与える影響〜
Monograph3	浜屋 祐子	大学時代の「仕事と余暇のあり方に関する希望」は 初期キャリアへの適応にどのような影響を与えるか
Monograph4	吉村 春美	大学生の就職活動における他者からの支援は入社後の 組織コミットメントにどのような影響を与えるか 〜リアリティ・ショックの媒介効果に着目して〜
Monograph5	高崎 美佐	就職活動は早期離職に影響するのか 〜3つの就職活動タイプと大学生活、入社後の組織適応の関連〜
Monograph6	田中 聡	入社後に成長する人は、就職活動から何を学んでいるのか 〜就職活動を通じた学びと初期キャリアにおける能力向上との関連に着目して〜
Monograph7	保田 江美	内定者フォロー施策は入社後の組織適応を促すのか

大学生活と社会人生活の実態

文　木村 充

monograph1

　本章から、研究論文編へと入っていきます。前半はワークショップ編として、3つのワークショップを紹介しました。ワークショップ編で重視したのは、読者のみなさまに、実際にワークショップを実施してもらえるようにすることでした。そのため、ワークショップの背景となる研究知見よりも、具体的なワークショップの進め方や tips を中心に記述してきました。

　後半の研究論文編では、ワークショップのもととなった調査論文について紹介していきます。前半紹介した3つのワークショップが、「なぜ必要なのか」「なぜ有効なのか」という理由や背景となるものです。本調査で示す「大学生の現状」や「どのような大学生が、どのような就職活動を行い、どのように組織で活躍していくのか？」に関するデータは、新たな教育実践を行うための有効な素材となりえます。

　研究論文編は「基本データパート」「大学生活パート」「就活パート」「内定パート」の4つからなります。

　本章は「基本データパート」です。本書は、京都大学溝上慎一研究室、東京大学中原淳研究室、財団法人電通育英会の3者が、大学時代の学習・生活経験が大学卒業後の仕事に与える影響を把握するために、共同研究として実施した縦断調査のデータに基づいて執筆されています。この調査の概要と、記述統計について説明するのが本章です。

　以降の「大学生活パート」は「どのような大学生活を過ごしたのか」と「入社後の行動」との関係について、次の「就活パート」では、「どのような就職活動を行ったのか」と「入社後の行動」との関係について分析結果を示します。最後の「内定パート」では、視点を大学から「企業」にかえて、内定時期にどのような施策を行うことが組織への定着に効果的なのかを探究します。

　前半とテイストは一気に変わりますが、前半のワークショップの設計意図の理解、そして、新たな教育実践を行うための素材として楽しんでいただけますと幸いです。

1．本書で用いるデータ

本章では、後半の論文編で用いるデータについて概説する。第1節では、本書で用いるデータについて説明する。本書は縦断調査のデータに基づいており、実施した調査は第一次調査と第二次調査にわかれている。

第一次調査は、京都大学高等教育研究開発推進センターと財団法人電通育英会が、「大学生のキャリア意識調査2010」として、大学1年生及び3年生を対象に、民間のインターネット調査会社を通じて2010年11月に実施したものである。回答者は2,652名であった。第二次調査は、東京大学中原淳研究室、京都大学溝上慎一研究室と財団法人電通育英会が、「大学生のキャリア意識調査2010」の回答者のうち大学3年生である1,324名を対象に、彼らが通常入社2年目となると考えられる3年後の2014年3月に、「大学生のキャリア意識調査2013（追跡）」として追跡調査を実施したものである。まず、退会者を除く927名を対象に、2014年3月時点で仕事に就いている者（学生や無職等を除く）を抽出するためのスクリーニング調査を行った。そして、回答が得られた266名のうち、本調査の条件に該当する158名を対象に調査を行い、最終的に117名の有効回答を得た。本書では、そのうち正社員・契約社員に該当する101名のデータを分析に用いた。

分析に用いたデータにおける回答者の属性は、以下の通りである。表1～表7は、本調査における回答者の属性について、性別、社会人年数、会社規模、業種、年収見込み、出身大学の種類、大学時代の文理を集計したものである。本調査では、性別について、女性の占める割合がやや大きくなっていた[1]。社会人になってからの年数については、事前に想定されたように2年目がほとんどを占めていた。また、従事する業種については、医療・福祉、製造業、公務、卸売業・小売業の割合が大きかった。国勢調査による20

表1 回答者の性別

性別	度数	パーセント
男性	39	38.6
女性	62	61.4
合計	101	100.0

表2 回答者の社会人年数

社会人年数	度数	パーセント
1年目	15	14.9
2年目	77	76.2
3年目以上	9	8.9
合計	101	100.0

表3 回答者が所属する企業の規模別

社会人年数	度数	パーセント
～299人	46	45.5
300～999人	14	13.9
1000～2999人	16	15.8
3000～4999人	8	7.9
5000～9999人	7	6.9
10000人～	10	9.9
合計	101	100.0

表4 回答者の業種

業種	度数	パーセント
建設業	2	2.0
製造業	15	14.9
情報通信業	5	5.0
運輸業・郵便業	2	2.0
卸売業・小売業	10	9.9
金融保険業	7	6.9
不動産業・物品賃貸業	2	2.0
飲食宿泊業	2	2.0
医療・福祉	16	15.8
教育・学習支援	7	6.9
学術研究・専門技術・サービス業	4	4.0
その他サービス業	7	6.9
公務	13	12.9
その他	9	8.9
合計	101	100.0

表5 回答者の年収見込み

年収見込み	度数	パーセント
100万円未満	4	4.2
100万円以上200万円未満	14	14.7
200万円以上300万円未満	43	45.3
300万円以上400万円未満	28	29.5
400万円以上500万円未満	6	6.3
合計	95	100.0

表6 回答者の出身大学の種類

大学の種別	度数	パーセント
国立	23	22.8
公立	11	10.9
私立	67	66.3
合計	101	100.0

表7 回答者の大学時代の文理

文理	度数	パーセント
文科系	71	70.3
理科系	23	22.8
その他	7	6.9
合計	101	100.0

---

1 田辺（2012）の「東大社研・若年壮年パネル調査」の標本脱落に関する分析においても、年齢の若い層ほど、また男性ほど脱落が多いことが示されている。

〜24歳の産業別就業者数の上位3つは卸売業・小売業、製造業、医療・福祉であり、これらの結果は我が国の産業構造から大きくかけ離れたものではない。年収は、「200万円以上300万円未満」の者が45.3％と、一般的な20歳代前半の平均年収と同様であった。回答者の大学時代の文理では、文科系を専攻していた者の割合が多くなっている。これは、理科系を専攻していた者は大学院に進学する者も多く、本調査の対象となっていないためだと考えられる。

学校から仕事へのトランジション研究は、所属する社会階層や進学した大学と就職の関係性などの「地位・属性」に関する研究が主であった（竹内 1995, 小杉 2007 など）。一方、大学での生活や学習経験が企業に入ってからの意識や行動とどのような関連があるかという「意識・行動」を扱った研究は、あまりなされてこなかった。近年、「意識・行動」に関する研究も増加傾向にあるものの（平尾・梅崎・松繁 2013, 中原・溝上 2014 など）、いまだに数多くなく、「大学で何を学び、大学生活をどのように過ごした学生が、企業に入ってどのような意識や行動をするのか」という「意識・行動」に関する研究は、大学教育の意義について考える際に重要な示唆を与えるものであろう。

本調査における縦断調査とは、同一対象を継続的に調査し、その実態や意識の変化を時系列で捉えることにより、調査対象の意識や態度、行動の変化の因果関係を分析する調査のことを指す。これまでの学校から仕事へのトランジション研究は、ビジネスパーソンに横断調査を行い、彼らに大学時代を振り返るかたちで回答してもらうという、回想法によるデータによるものであった（小杉 2007, 中原・溝上 2014 など）。しかし、これらのデータでは、大学に在籍した時から調査に回答する時に至るまでに長い時間が経過しているため、現在の状況から過去を振り返る際に、現在の状況に応じて過去の回答が影響を受けてしまうことが推測される。一方、縦断調査では、同じ対象を繰り返し調査するため、個々の対象の時間を通じた変化を捉えることができるという、横断調査にはない利点がある。また、複数の調査対象を追跡することから、横断調査に基づくデータと比較して、時点間の変化の仕方について、特定の状況に至った被調査者の過去の状況を把握するなど、さまざまな角度から比較することが可能となる。

縦断調査には、横断調査にはないさまざまな利点がある。一方で、学校から仕事へのトランジション研究において、縦断調査はこれまでほとんどなされてこなかった。その理由として、縦断調査は調査の結果が出るまでに長い期間と多額の費用を要するという難点が挙げられる。また、複数回に渡る調査は、被調査者の負担が大きいため、回数を重ねるごとに脱落が生じやすく、特定の層に脱落が生じやすい場合にはサンプルに偏りが生じることになる[2]。

本調査でも、第一次調査の回答者が1,324人であったのに対して、第二次調査の回答者は117名と、大きな脱落が見られる。脱落の要因としては、調査会社の退会、病気や死亡、非就業、未読、拒否などが考えられる。調査の段階別での脱落率は、調査会社の退会（30.0％）、スクリーニング調査への非回答（71.3％）、条件不適合（40.6％）、本調査への非回答（25.9％）であった。一般的なインターネット調査と比較した場合、スクリーニング調査への回答率が（28.7％）とやや低い。これは、通常報告されるスクリーニング調査の回答率は、短期調査により「1年以内に他の調査に回答したことがある者」の回答率であるためと考えられ、3年という調査間隔が脱落を生じさせる要因である可能性がある。

以上のように、縦断調査ではサンプル数を維持し続けることが難しく、本調査でも最終的な有効回答者数は117名であった。そのため、データの解釈の際には、分析の限界を加味されたい。将来的には、各章で掲げられた仮説について、調査結果の信頼性の向上に向け、より大規模な縦断データを用いて再検討されることが望ましいだろう。

しかし、一方で、本調査は、縦断調査

---

2 縦断調査のメリットやデメリットについては、樋口・新保・太田（2006）, 北村（2005）, 山口（2003, 2004）, 島崎（2004）などの議論を参考にされたい。

によるトランジション調査としては前例のあまりない調査であるだけに、このような調査を実施できたこと、そこから多くの新しい知見を見出せたことは、一定の価値をもつといえる。

本調査の調査内容は、大きく「大学生活」に関する項目、「就職活動」に関する項目、「社会人生活」に関する項目の3つにわけられる。次節から、これら3つの項目について、各変数の記述統計を概観する。

2. 大学生活について

第2節では、第一次調査における大学生活に関する項目について、記述統計を示しながら結果を概観する。

大学生活の充実度を尋ねた項目の結果を見る。この項目では、「あなたの大学生活は充実しているか」を尋ねた。その結果、「充実している」（14.9％）、「まあまあ充実している」（55.4％）、「どちらとも言えない」（12.9％）、「あまり充実していない」（10.9％）、「充実していない」（5.9％）であった。（図1）

大学生活で何に重点を置いていたかを尋ねた項目の結果を見る。この項目は、全国大学生活協同組合連合会（2012）の「学生の消費生活に関する実態調査」の「大学生の重点」という項目である。

図1　大学生活の充実度

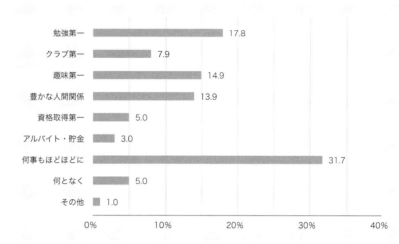

図2　大学生活の重点

「勉強第一」「クラブ第一」「趣味第一」「豊かな人間関係」「資格取得第一」「アルバイト・貯金」「何事もほどほどに」「何となく」「その他」という9つの選択肢のうち、自分の大学生活がどれに近いものであったかを選んでもらった。その結果、「何事もほどほどに」（31.7％）が最も多く、次いで「勉強第一」（17.8％）、「趣味第一」（14.9％）、「豊かな人間関係第一」（13.9％）が続いた。（図2）

アクティブラーニングを取り入れた授業（参加型授業）に参加したかどうかを尋ねた項目の結果を見る。この項目では、「ある問題を考えたり、発表したり、ディスカッションをしたりする参加型の授業や演習にどの程度参加してきたか」を尋ねた。その結果、「よく参加してきた」（14.9％）、「まあまあ参加してきた」

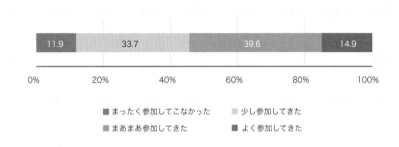

図3　参加型授業への参加

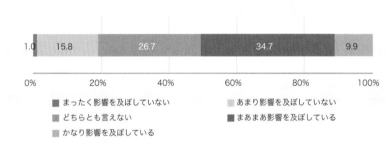

図4　参加型授業への参加の影響度

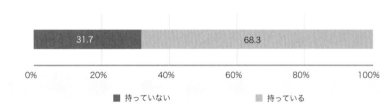

図5　授業外コミュニティの有無

(39.6%)、「少し参加してきた」(33.7%)、「まったく参加してこなかった」(11.9%)であった。(図3)

また、参加型授業に参加しての影響度を尋ねた項目の結果を見る。この項目では、「参加型授業や演習への参加は今のあなたにどの程度影響を及ぼしているか」を尋ねた。その結果、「かなり影響を及ぼしている」(9.9%)、「まあまあ影響を及ぼしている」(34.7%)、「どちらとも言えない」(26.7%)、「あまり影響を及ぼしていない」(15.8.%)、「まったく影響を及ぼしていない」(1.0%)であった。(図4)

授業外コミュニティの有無を尋ねた項目の結果を見る。この項目では、「あなたはふだん一緒に活動するサークルやアルバイト、授業外活動などの（授業外の）コミュニティを持っているか」を尋ねた。その結果、「持っている」(68.3%)、「持っていない」(31.7%)であった。(図5)

3．就職活動について

第3節では、第二次調査における就職活動に関する項目について、その記述統計や分析に用いた変数の作成過程を示しながら、結果を概観する。

就職活動の開始時期を尋ねた項目の結果を見る。この項目では、「就職に関する具体的な行動（就職情報サイトに登録する、ガイダンスに参加するなど）を開始したのはいつ頃か」について何年生の何月頃であったかを尋ねた。その回答を、「2年生の間」「3年生の広報解禁月まで(3年4月～3年9月)」「3年生の広報解禁月(3年10月)」「広報解禁後、3年生の間（3年11月～3年3月）」「4年生の間（4年4月～4年3月）」「大学卒業後」「就

図6 就職活動開始時期

図7 就職活動終了時期

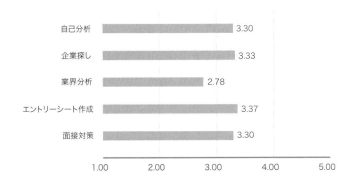

図8 就職活動の熱心度

職活動をまったくしていない」に分類した結果、図6の結果が得られた。(図6)

就職活動の終了時期を尋ねた項目の結果を見る。この項目では、「あなたが最終的に入社を決めた企業について、その企業への入社を決めた(就職活動を終えた)のはいつ頃か」について何年生の何月頃であったかを尋ねた。その回答を、「3年生の間」「4年4月～4年8月」「4年9月～4年1月」「4年2月～4年3月」「大学卒業後」に分類した結果、図7の結果が得られた。(図7)

就職活動にどの程度熱心に取り組んだかを尋ねた項目の結果を見る。この項目では、「就職活動中、あなたは以下の活動にどの程度熱心に取り組んだか」について、「5. とても熱心に取り組んだ」「4. 多少は熱心に取り組んだ」「3. どちらともいえない」「2. あまり熱心に取り組んでいない」「1. まったく熱心に取り組んでいない」から1つ選ぶ単一選択であった。項目の平均値を求めたところ、図8の結果が得られた。(図8)

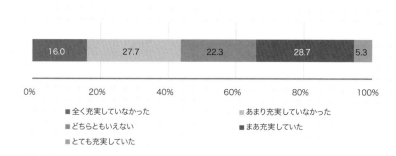

図9 就職活動充実度

就職活動が充実していたかを尋ねた項目の結果を見る。この項目では、「あなたの就職活動は、全体的にどの程度充実していたか」を尋ねた。その結果、「とても充実していた」（5.3％）、「まあ充実していた」（28.7％）、「どちらともいえない」（22.3％）、「あまり充実していなかった」（27.7.％）、「全く充実していなかった」（16.0％）であった。（図9）

就職活動において、応募した企業の数、面接に進んだ企業の数、内定をもらった企業の数について尋ねた項目の結果を見る。まず、表8は応募企業数と面接企業数の関係を示したものである。応募した企業の数は9社以下の者が41名と最も多く、次いで30社以上の者が26名と多い。面接に進んだ企業の数は9社以下の者が60名と最も多く、10～19社の者が22名と続いた。（表8）

面接企業数と内定企業数の関係を表9に示した。内定した企業の数は1社の者が54名と最も多く、次いで2社の者が19名と続いた。面接企業数と内定企業数の間に関連はほとんど見られなかった。（表9）

就職活動時に助けになってくれた人について尋ねた項目の結果を見る。この項目では、「大学時代、あなたの就職活動のもっとも助けになってくれた人は、あなたとどのような関係の人か」を尋ねた。その結果、「大学の先生・教授」（16.0％）、「大学のキャリアセンター等の職員」（10.6％）、「就職先の会社の人」（2.1％）、「家族（両親や兄弟姉妹）」（17.0％）、「大学の先輩」（4.3％）、「大学の友人（同期）」（13.8％）、「大学外の友人（同期）」（3.2％）、「その他」（4.3％）、「助けになってくれた人はいない」（28.7％）であった。（図10）

最終的に入社した企業が第一志望であったかどうかを尋ねた項目の結果を見る。この項目では、「あなたが最終的に

表8 就職活動における応募企業数と面接企業数

応募企業数	面接企業数				合 計
	～9社	10～19社	20～29社	30社以上	
～9社	41	0	0	0	41
10～19社	14	1	0	0	15
20～29社	1	8	1	0	10
30社以上	4	13	6	3	26
合 計	60	22	7	3	92

表9 就職活動における面接企業数と内定企業数

面接企業数	内定企業数					合 計
	0社	1社	2社	3社	4社以上	
～9社	4	41	13	2	0	60
10～19社	0	8	3	9	2	22
20～29社	0	4	1	2	0	7
30社以上	0	1	2	0	0	3
合 計	4	54	19	13	2	92

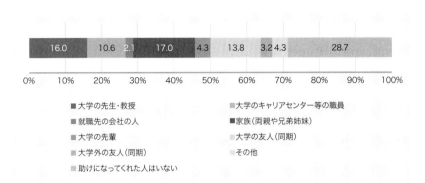

図10 就職活動で助けになってくれた人

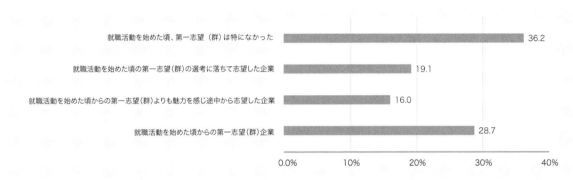

図11 入社した企業への志望

　入社することに決めた企業は、選択肢のうちどれにあてはまるか」を尋ねた。その結果、「就職活動を始めた頃、第一志望（群）は特になかった」（36.2％）、「就職活動を始めた頃の第一志望（群）の選考に落ちて志望した企業」（19.1％）、「就職活動を始めた頃からの第一志望（群）よりも魅力を感じ途中から志望した企業」（16.0％）、「就職活動を始めた頃からの第一志望（群）企業」（28.7％）であった。（図11）

　就職が決まった企業で、内定から入社するまでの期間中に受けた内定者フォロー施策について尋ねた項目の結果を見る。その結果、「内定式」（36.6％）が最も多く、「懇親会（飲み会）」（26.7％）、「人事からの状況確認連絡（電話・メールなど）」（20.8％）、「宿泊を伴わない集合研修」（19.8％）、「人事との面談」（18.8％）と続いた。（図12）

　就職予定先への満足度について尋ねた項目の結果を見る。この項目では、「就職活動を終えた当時のあなたの気持ちと

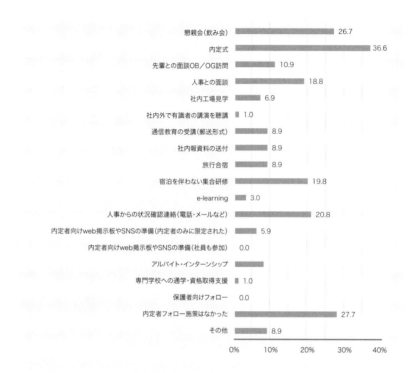

図12 内定者フォロー施策

図13 就職予定先の満足度

して、自分の就職予定先には満足していたか」を尋ねた。その結果、「あてはまる」（26.7％）、「ややあてはまる」（27.7％）、「どちらともいえない」（23.8％）、「あまりあてはまらない」（7.9％）、「あてはまらない」（13.9％）であった。（図13）

就職活動を通じての学びについて尋ねた項目の結果を見る。この項目は、本調査で独自に作成した。回答は、「5. あてはまる」「4. ややあてはまる」「3. どちらともいえない」「2. あまりあてはまらない」「1. あてはまらない」から1つ選ぶ単一選択であった。探索的因子分析の結果に基づき、2つの潜在因子を仮定し、確認的因子分析を行った。適合度は χ^2 (29)=30.65, n.s.、GFI=.94、AGFI=.88、CFI=1.00、RMSEA=.03 であった。信頼性係数は、職業・就業に関する視野の広がり α =.91、不確実性に対する構えの獲得 α =.88 であった。下位尺度ごとに加算平均を算出し、尺度得点とした。因子およびそれらを構成する項目の平均値を求めたところ、図14の結果が得られた。（図14）

4．社会人生活について

第4節では、第二次調査における就業後の社会人生活に関する項目について、その記述統計や分析に用いた変数の作成過程を示しながら、結果を概観する。

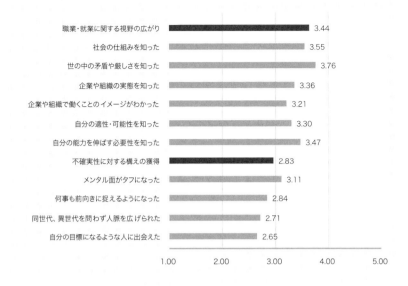

図14 就職活動を通じての学び

た。因子負荷量の小さい2項目を削除して再度因子分析を行った結果、適合度は $\chi^2 (31)=57.41$, n.s.、GFI=.90、AGFI=.82、CFI=.95、RMSEA=.09 であった。高次因子の信頼性係数は $\alpha=.87$ であった。10項目の加算平均を算出し、尺度得点とした。因子およびそれらを構成する項目の平均値を求めたところ、図15の結果が得られた。(図15)

　職場におけるプロアクティブ行動について尋ねた項目の結果を見る。プロアクティブ行動とは、「組織内の役割を引き受けるのに必要な社会的知識や技術を獲得しようとする個人の主体的な行動全般（小川 2012）」である。小川（2012）のプロアクティブ行動尺度から一部抜粋して使用した。これは、Ashford & Black（1996）の尺度を日本語訳したものであり、部門内コミュニケーション、意味形成、部門外とのコミュニケーション、社交行事への参加の4つの下位尺度からなる。12項目からなる。回答は、「5. ひんぱんに行っている」「4. ときどき行っている」「3. どちらともいえない」「2. あまり行っていない」「1. ぜんぜん行っていない」から1つ選ぶ単一選択であった。下位尺度に対応する4つの潜在因子に、「プロアクティブ行動」という高次因子を仮定し、確認的因子分析を行っ

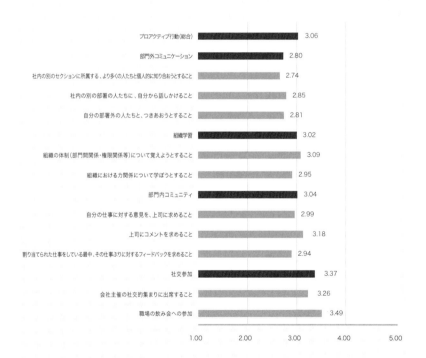

図15 プロアクティブ行動

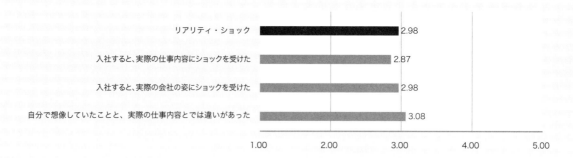

図16 リアリティ・ショック

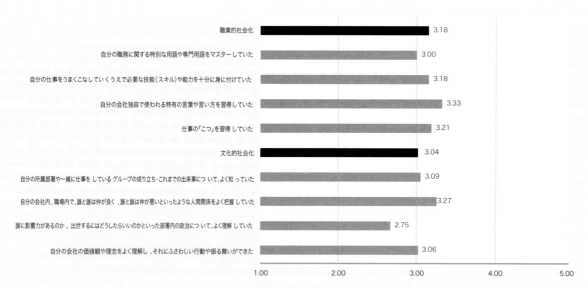

図17 組織社会化

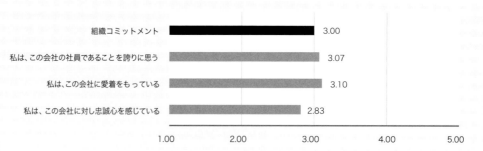

図18 組織コミットメント

入社後に生じるリアリティ・ショックについて尋ねた項目の結果を見る。リアリティ・ショックとは、「自分の期待や夢と、組織での仕事や組織への所属の実際とのギャップに初めて出会うことから生じるショック（小川 2005）」である。小川（2005）の組織適応課題の尺度を参考に、一部修正した項目を使用した。5項目からなる。回答は、「5. あてはまる」「4. ややあてはまる」「3. どちらともいえない」「2. あまりあてはまらない」「1. あてはまらない」から1つ選ぶ単一選択であった。確認的因子分析の結果に基づき、2項目を削除した。信頼性係数は α =.86 であった。3項目の加算平均を算出し、尺度得点とした。因子およびそれらを構成する項目の平均値を求めたところ、図16の結果が得られた。（図16）

職場における組織社会化について尋ねた項目の結果を見る。組織社会化とは、「組織への参入者が組織の一員になるために、組織の規範・価値・行動様式を受け入れ、職務遂行に必要な技能を習得し、組織に適応していく過程（高橋 1993）」を指す。小川（2013）の尺度を参考に、一部修正した項目を使用した。8項目からなる。回答は、「5. あてはまる」「4. ややあてはまる」「3. どちらともいえない」「2. あまりあてはまらない」「1. あてはまらない」から1つ選ぶ単一選択であった。下位尺度に対応する2つの潜在因子を仮定し、確認的因子分析を行った。その結果、適合度は χ^2(31)=24.71, $n.s.$、GFI=.95、AGFI=.90、CFI=.97、RMSEA=.06 であった。8項目の加算平均を算出し、尺度得点とした。因子およびそれらを構成する項目の平均値を求めたところ、図17の結果が得られた。（図17）

職場における組織コミットメントについて尋ねた項目の結果を見る。組織コミットメントとは、「組織と従業員の関係を特徴付け、組織におけるメンバーシップを継続、もしくは中止する決定と関連を持つ心理状態（Meyer & Allen 1997）」である。鈴木（2002）の尺度から情緒的コミットメントの下位尺度のみ抽出して使用した。3項目からなる。回答は、「5. あてはまる」「4. ややあてはまる」「3. どちらともいえない」「2. あまりあてはまらない」「1. あてはまらない」から1つ選ぶ単一選択であった。信頼性係数は α =.94 であった。3項目の加算平均を算出し、尺度得点とした。因子およびそれらを構成する項目の平均値を求めたところ、図18の結果が得られた。（図18）

職場における業務能力の向上について尋ねた項目の結果を見る。業務能力向上とは、「仕事をしていく上で必要な一般的なコツ、ノウハウをつかみ、自己の判断で業務遂行が可能となっている（中原 2010）」ことを指す。中原（2010）の尺度を、一部修正して使用した。14項目からなる。回答は、「5. あてはまる」「4. ややあてはまる」「3. どちらともいえない」「2. あまりあてはまらない」「1. あてはまらない」から1つ選ぶ単一選択であった。下位尺度に対応する6つの潜在因子に、「能力向上」という高次因子を仮定し、確認的因子分析を行った。適合度は χ^2(31)=87.41, $n.s.$、GFI=.90、AGFI=.83、CFI=.97、RMSEA=.06 であった。信頼性係数は、業務能力向上 α =.80、他部門理解促進 α =.90、部門間調整能力向上 α =.78、視野拡大 α =.86、自己理解促進 α =.79、タフネス向上 α =.92 であった。下位尺度ごとに加算平均を算出したものと、14項目の加算平均を算出したものを尺度得点とした。因子およびそれらを構成する項目の平均値を求めたところ、図19の結果が得られた。（図19）

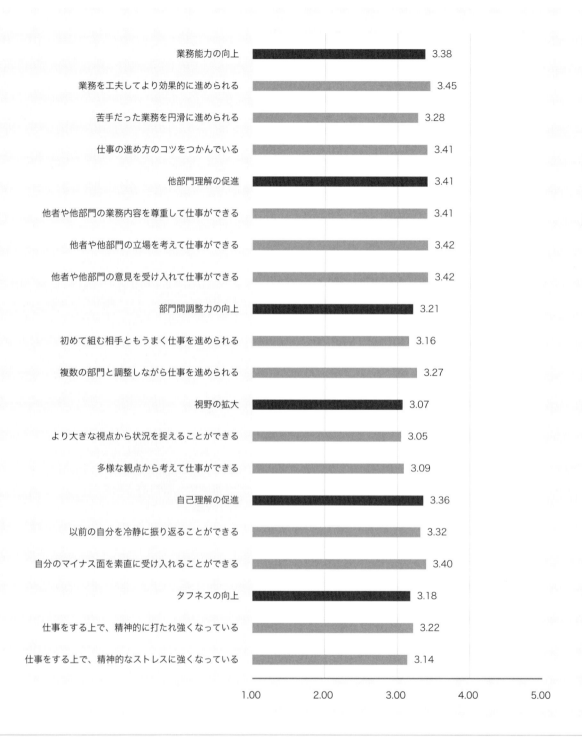

図19　能力向上

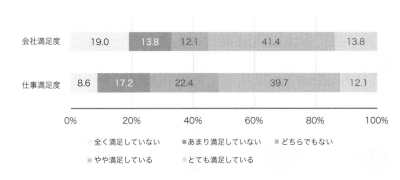

図20 会社・仕事への満足度

図21 転職経験の有無

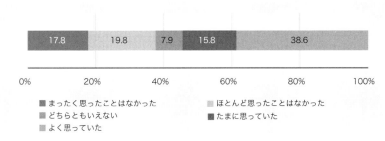

図22 離職意思

　会社への満足度や仕事への満足度について尋ねた項目の結果を見る。「あなたは現在の会社に満足しているか」を尋ねたところ、「全く満足していない」（19.0％）、「あまり満足していない」（13.8％）、「どちらでもない」（12.1％）、「やや満足している」（41.4％）、「とても満足している」（13.8％）であった。

　また、「あなたは現在の仕事に満足しているか」を尋ねたところ、「とても満足している」（12.1％）、「やや満足している」（39.7％）、「どちらでもない」（22.4％）、「あまり満足していない」（17.2％）、「全く満足していない」（8.6％）であった。（図20）

　最後に、転職経験の有無と初年度の離職意思について尋ねた項目の結果を見る。転職の有無について、転職経験がある人は42.6％、転職経験がない人は57.4％であった。また、初年度の離職意思については、「あなたは入社して1年目までに、会社を辞めたいと思ったことはあったか」を尋ねた。その結果、「まったく思ったことはなかった」（17.8％）、「ほとんど思ったことはなかった」（19.8％）、「どちらともいえない」（7.9％）、「たまに思っていた」（15.8％）、「よく思っていた」（38.6％）であった。（図21、図22）

5．まとめ

本章では、本書の論文編で用いるデータについて、データの特徴を確認し、各変数の記述統計を参照しながら回答者の特徴について概観した。

まず、本調査で用いたデータは縦断調査によって得られたものであることを確認した。縦断調査は、横断調査にはない多くの利点を備えている一方で、調査を実施する上でいくつかの難点があり、過去の学校から仕事のトランジション研究は縦断調査によるものが少ない。それゆえ、本調査は、先行研究にはない独自の知見を導きうる可能性のある、意義ある調査であると考えられる。

続いて、本調査の回答者の特徴について、各変数の記述統計を確認した。その結果、これまでの研究とは、回答の割合や平均値などにやや異なる傾向が見られた[3]。本調査は、2010年11月に実施した第一次調査への回答者に対し、3年後の2014年3月に就職していた者に対して第二次調査を実施したものである。そのため、本調査の回答者は、第2節でも確認したように20歳代前半がほとんどで、文科系学部出身者が多くなっている。そのような回答者の分布が、先行研究との分布の相違を示す要因となっている可能性がある。

本章で概観した回答者の特徴について整理したい。本調査の回答者は、大学生活において約3割の者が「何事もほどほどに」と考えて過ごしていたが、約7割は大学生活を充実したものと捉えていた。約9割の回答者が大学時代に参加型授業を受講した経験をもち、そのうち半数は現在の自分に影響を及ぼしていると捉えていた。授業外のコミュニティにも約7割が参加しており、大学生活をポジティブに捉えている者が多い。

就職活動については、半数以上が3年生の間に就職活動を開始し、約6割は4年生の後半になっても就職活動を継続していた。就職活動への熱心さは「どちらともいえない」から「多少は熱心に取り組んだ」までの辺りに留まり、就職活動を始めた頃は第一志望は特にない者が多く、就職活動への満足度も半々程度であるが、就職予定先には半数以上が満足しており、就職活動を通して社会や企業への理解など、就職活動を通じての学びもあった様子が伺えた。

就職後は、会社や仕事には半数以上が満足しているものの、約4割は入社初年度に会社を辞めたいと頻繁に感じており、実際に4割以上の者が転職を経験していた。

全体を通して、何か1つのことに熱心に取り組むのではなく、何事にもほどほどにとバランスを取りながら生活する現代の若者の姿勢がうかがえる結果となった。このような大学生活の過ごし方をした若者たちが、どのように学校から仕事へのトランジションを果たしたのか―どのような変化を体験し、周囲との関わりの中で、どのように意識や行動を変えていったのか―以降の章では、本章で示したデータを踏まえて、分析結果をお読みいただきたい。

3　例えば、「大学生活の重点」では、中原・溝上（2014）や竹内（2003）とは傾向が異なっている。

参考文献

Ashford, S. J. & Black, J. S. (1996) Proactivity during organizational entry: the role of desire for control. *Journal of Applied Psychology.* Vol. 81 pp. 199–214.

北村行伸 (2005) パネルデータ分析 (一橋大学経済研究叢書). 岩波書店.

小杉礼子 (2007) 大学生の就職とキャリア：「普通」の就活・個別の支援. 勁草書房.

小杉礼子 (2010) 若者と初期キャリア：「非典型」からの出発のために. 勁草書房.

樋口美雄・新保一成・太田清 (2006) 入門パネルデータによる経済分析. 日本評論社.

平尾智隆・梅崎修・松繁寿和 (2013) 教育効果の実証：キャリア形成における有効性. 日本評論社.

Meyer, J. P. & Allen, N. J. (1997) *Commitment in the workplace.* Sage Publications.

中原淳 (2010) 職場学習論：仕事の学びを科学する. 東京大学出版会.

中原淳・溝上慎一 (2014) 活躍する組織人の探求：大学から企業へのトランジション. 東京大学出版会.

小川憲彦 (2005) リアリティ・ショックが若年者の就業意識に及ぼす影響. 経営行動科学. Vol. 18 No. 1 pp. 31-44.

小川憲彦 (2012) 組織社会化戦術とプロアクティブ行動の相対的影響力：入社 1 年目従業員の縦断的データからドミナンス分析を用いて. Working paper series. No. 121.

小川憲彦 (2013) 人材育成方針がもたらす若手従業員への影響. (金井壽宏・鈴木竜太 (編) 日本のキャリア研究：組織人のキャリアダイナミクス. 白桃書房.)

島崎尚子 (2004) 社会調査データと分析：基礎編. 早稲田大学文学部.

鈴木竜太 (2002) 組織と個人：キャリアの発達と組織コミットメントの変化. 白桃書房.

高橋弘司 (1993) 組織社会化研究をめぐる諸問題：研究レビュー. 経営行動科学. Vol. 8 No. 1 pp. 1-22.

竹内洋 (1995) 日本のメリトクラシー：構造と心性. 東京大学出版会.

武内清 (2003) キャンパスライフの今. 玉川大学出版部.

田辺俊介 (2012)「東大社研・若年壮年パネル調査」の 標本脱落に関する分析：脱落前年の情報を用いた要因分析. 東京大学社会科学研究所パネル調査プロジェクト ディスカッションペーパーシリーズ. No. 56.

山口一男 (2003) 米国より見た社会調査の困難. 社会学評論. Vol. 53 No. 4 pp. 552-565.

山口一男 (2004) パネルデータの長所とその分析方法：常識の誤りについて. 家計経済研究. No. 62 pp. 50-58.

全国大学生活協同組合連合会 (2012) バブル崩壊後の学生の変容と現代学生像：「学生生活実態調査をはじめとした調査分析」報告書. 全国大学生活協同組合連合会.

職場で主体的に行動できる人は、どのような大学生活を過ごしてきたか
～大学での学び・生活が入社後のプロアクティブ行動に与える影響～

文　舘野　泰一

本章は、「職場で主体的に行動できる人」は、どのような大学生活を過ごしてきたのかを探究するものです。ここで職場での主体的な行動と呼ぶのは、「組織に入っていく個人が組織に適応していくために自らが働きかけを行うような行動のこと」です。具体的には「職場の集まりに自ら参加する」、「自分の上司にフィードバックをもらいにいく」といった行動のことを指します。企業の中にも教育システムはありますが、学校の環境とは異なり、個人が、自ら主体的に職場の人々や仕組みに働きかけていくことが求められます。こうした組織適応における個人の主体的な行動は「プロアクティブ行動」と呼ばれ、組織適応に関する研究領域の中でも注目されています。

本章では「プロアクティブ行動」ができる人は、どのような大学生活を過ごしていたのかについて検討するものです。職場の中でプロアクティブ行動ができることは重要であるものの、これまで大学生活の過ごし方との関係は検討されていませんでした。大学生活とプロアクティブ行動がどのように関係するかについては、大学教育の実践を考える上でも重要な問いです。なぜなら、近年の大学教育では、「プロアクティブ行動」に関連する「自ら主体的に環境に働きかける力」の育成が目指され、そのためにアクティブラーニングを取り入れた授業が増えてきているからです（詳細は後述します）。

そこで本章では、「アクティブラーニングを取り入れた授業[1]に参加した学生は、職場で主体的な行動をできるようになるのか？」など複数の仮説を立て、職場で主体的に行動できる人は、どのような大学生活を過ごしてきたのかについて検討を行いました[2]。分析の結果、職場で主体的に行動できている人は、1）参加型授業にただ参加するだけでなく、それが自分の成長に影響を与えていたと感じていた人である、2）授業外のさまざまなコミュニティに参加していた人である、という特徴がありました。

この結果は、ワークショップ編で書かれた3つのワークショップ全てと関連するものとなっています。プロアクティブ行動ができるためには、参加型授業にただ参加するような状況をつくるのではなく、その中でも能動的に行動できるような「デザインの余地」が必要となります。さらに、授業外コミュニティを持っている学生がプロアクティブ行動をしていることから、自分と文脈を共有しない他者とのコミュニケーションの機会をつくることが重要である可能性が示唆されました。これらの要素が、特に入れられているのがヒッチハイクワークショップです。事前に準備したルールの中で対話するだけでなく、見知らぬ人に自ら声をかけることを活動の中に取り入れました。

このように、本章では「不確実な環境の中でも自ら主体的に動ける人はどのような人なのか？」、「そのような人を育成するためには教育実践をどのようにデザインする必要があるのか？」について探究を行います。

[1] 本章ではこれを「参加型授業」と呼ぶ。
[2] 本章は、舘野ほか（2015）及び、舘野ほか（2016）の結果を、本書の文脈にあわせて、加筆・修正したものである。

1. はじめに

近年、大学教育において「学校から仕事への移行（以下、トランジション）」に関する研究が注目されている。大学教育においてトランジションに関する研究が注目される背景には、大学教育のユニバーサル化に伴って、大学卒業後とともにトランジションを行う者が増えてきた一方、労働市場の変化により大学卒業者であってもトランジションが困難という状況が生まれたからである（溝上 2014a）。このような状況を打開するために、近年大学教育においてトランジションに関する研究が盛んに行われるようになった。

近年行われている大学教育におけるトランジション研究の特徴として「大学での経験」と「企業におけるキャリア・組織行動」をよりミクロに捉えようとする点が挙げられる。具体的には「地位や属性」に関するデータだけではなく、「意識や行動」に関するデータを取り扱うようになってきた。その理由として、1. トランジションに関する研究の成果を具体的な大学教育の改善につなげるため、2. 大学教育研究において学生の成長に寄与するとされている要因が卒業後に影響を与えているかを検討するため、といったことが挙げられる（溝上 2014a）。

本研究はこうした動向を踏まえ、大学・企業双方において「意識・行動」に関するデータに着目して分析を行った。本研究がこれまでの研究と異なる特徴は2点ある。1点目は、縦断調査のデータを使用している点である。これまで行われてきた研究の多くは、振り返り調査という限界があった。2点目は、プロアクティブ行動に着目しているという点である。プロアクティブ行動の詳細は次節で述べるが、プロアクティブ行動は、入社後の組織適応を促す重要な要因であることがわかっている。

これに加え、プロアクティブ行動は大学教育の成果を測る指標としても意義のある概念だからである。プロアクティブ行動で求められる、個人の主体的な行動と、大学教育で育成しようとする能力は一致する点が多い。例えば、経済産業省の示す「社会人基礎力」においては、「前に踏み出す力」の要素として「主体性」というキーワードが挙げられており、物事に進んで取り組んだり、他人に働きかけたりするといった力の育成が求められている。さらに、中央教育審議会（2012）では『予測困難な時代において生涯学び続け、主体的に考える力を育成する大学へ』の中で、与えられた環境が不確実であっても、主体性を発揮できる学生の育成を掲げている。このように、大学教育においても、不確実な環境の中でも、自ら動けることの学生の育成が重要なテーマとなりつつある。

大学教育では、こうした個人の主体性を育成する方法としてアクティブラーニングに関する議論を行ってきた。アクティブラーニングの定義は「一方向的な知識伝達型講義を聴くという（受動的）学習を乗り越える意味での、あらゆる能動的な学習のこと。能動的な学習には、書く・話す・発表するなどの活動への関与と、そこで生じる認知プロセスの外化を伴う」（溝上 2015）である。アクティブラーニングを取り入れた具体的な授業形態としては、問題を考えたり、発表したり、ディスカッションをしたりするものが挙げられる。本章ではこれらを「参加型授業」と呼ぶ。こうした手法を取り入れることで、学習者の主体性を育成することが目指されてきた。

このように、大学教育においては、主体的な行動ができる学生の育成を掲げ、参加型授業の導入などを行ってきた。しかし、これまでの研究では、参加型授業を含む、大学での学び・生活と、入社後のプロアクティブ行動の関係について検証した研究は見られない。トランジションに関する研究成果を具体的な大学教育の改善につなげるためにも（溝上 2014a）、大学での学び・生活がどのように入社後の行動に影響するかを検証することは重要である。

以上のような背景から、本章では、入社後のプロアクティブ行動に影響を与える、大学での学び・生活に関する要因について探究した。本研究においては、大

学での学び・生活に関する具体的な指標として、1．大学生活の充実、2．参加型授業への参加、3．授業外コミュニティ、の3つを取り上げた。この3つを取り上げた理由については2節にて述べる。

本章では、分析の結果を示した上で、大学教育及び企業への採用・育成に関する示唆について述べる。また、本章で実施したワークショップの設計にどのような示唆を与えているかについて述べる。次に、本章で取り扱う概念の先行研究について述べる。

2．理論的背景と仮説の提示

本節では、入社後のプロアクティブ行動に関する研究と、大学での学び・生活に関する研究について整理を行い、仮説の提示を行う。

プロアクティブ行動に関する研究は、経営学における組織社会化研究の中で議論されてきた概念である。つまり、本節では、経営学における組織社会化研究と、大学教育研究における大学での学び・成長に関する研究という、二つの研究領域の概念を整理し架橋させることで、仮説の提示を行う。

2.1 組織社会化研究における
　　プロアクティブ行動

最初に、組織社会化に関する研究について述べる。組織社会化とは、企業における組織適応を捉える概念として知られ、具体的には「組織への参入者が組織の一員になるために、組織の規範・価値・行動様式を受け入れ、職務遂行に必要な技能を習得し、組織に適応していく過程」のことを指す（高橋1993）。この概念は、これまで行われてきたトランジションに関する研究においても、大学での経験が組織適応にどのような影響を与えているかを検証する概念として使用されている（溝上ほか2012, 保田・溝上2014など）。

トランジションに関する研究において、組織社会化が注目されるのは、離転職に関する問題があるからである。大学卒業後にフルタイムの職に就いても、組織への適応がうまくいかない等の問題によって、継続的に就労を続けられるとは限らない状況が生まれている（溝上2014b）。こうした背景から、トランジションに関する研究において、就職活動の成否だけに注目するのではなく、組織への適応にも注目する必要性が高まったといえる。

次に、組織社会化研究におけるプロアクティブ行動の位置づけについて説明する。これまでの組織社会化研究では、組織が個人に対してどのような働きかけをすれば組織社会化を促すことができるのかという視点で研究が行われてきた。これはいわば、「組織側」の視点から、「いかに個人を組織に染めるか」を検討してきたといえる。一方、プロアクティブ行動で着目するのは、組織に対する個人の主体的な役割である。個人は組織に一方的に染められるだけでなく、組織へ適応するために、職場内で人間関係を構築し、必要な情報を収集、解釈する主体的な役割を担っている（小川2012）。こうした個人の主体的な役割を包括する概念として、プロアクティブ行動が注目されるようになった。

プロアクティブ行動の具体的な内容としては「意味形成（情報探索行動）」「関係の構築（社会的支援関係を構築すること）」「仕事変更の交渉（組織の環境を変えること）」「肯定的認知枠組みの創造（状況のとらえ方の変化）」という4つが挙げられている（Ashford & Black 1996）。プロアクティブ行動が組織社会化を促す理由は、不確実性を減少させるからである（Miller & Jablin 1991）。組織社会化の過程では、個人は必要な情報を得られるとは限らないため、不確実性を感じる。この不確実性を解消するために、自ら能動的に、情報探索や出来事の解釈を行い、組織に適応していくのである（中原2014）。

以上示した通り、プロアクティブ行動は組織に対する個人の主体的な役割を示したものであり、組織社会化において重要な役割を担っている。こうした個人の主体的な役割は、近年の大学教育における方向性と一致すると考えられる。そこ

で、本研究では、職場でのプロアクティブ行動を取り上げ、分析を行った。

2.2 大学での学び・生活について

次に、入社後のプロアクティブ行動を促す要因となる、大学での学び・生活について説明する。本章では、1．大学生活の充実、2．参加型授業への参加、3．授業外コミュニティ、という３つを取り上げた。以下では、それぞれの概念について説明を行い、本研究における仮説を提示する。

最初に、大学生活の充実について述べる。「大学生活の充実度」は、大学生活に対する自らの主体的な参加の度合いに関する評価を内包した総合的な指標であり、学生生活の質を判断するのに適している（本田 2002）。大学生活の充実は、保田・溝上（2014）においても、分析指標として取り上げられており、入社後の組織社会化に正の影響を与えていたことが報告されている。その理由として、大学生活へ主体的に参加している学生であれば、就職活動及び入社後においても前向きかつ主体的な行動が期待できるからだとしている。しかし、保田・溝上（2014）においては、大学生活の充実がプロアクティブ行動に与える影響については検証していない。そこで本研究では、大学生活の充実が、入社後のプロアクティブ行動に正の影響を与えるという仮説を立てた。

次に、大学での学びがプロアクティブ行動にどのような影響を与えているかを検討するために、「大学の授業内・外の実践」についての指標を取り上げた。

1つ目の指標として取り入れたのは、大学の授業内における学びに関するものである。本研究では特に、参加型授業に焦点を当てた。前述した通り、近年の大学教育ではアクティブラーニングの重要性が高まっている。参加型授業では、能動的な学習を行うことが求められており、ここでの学びの姿勢は大学卒業後においても維持することが期待されている。よって、参加型授業に参加することが、プロアクティブ行動にどのような影響を与えているかを検討することは重要な課題である。そこで、本研究では、参加型授業に参加することが、プロアクティブ行動に正の影響を与えるという仮説を立てた。

参加型授業においては、活動そのものがアクティブなだけではなく、認知プロセスを含めた活動への関与が重要になる（溝上 2015）。つまり、参加型授業であっても「ただ授業に参加しているだけ」では期待された効果は得られない可能性がある。そこで本研究では、「参加型授業への参加の影響度」（参加型授業に参加したことが自分にどの程度影響しているか）に関する項目を取り上げ、プロアクティブ行動との影響を検討した。具体的には、参加型授業の参加による影響度が、プロアクティブ行動に正の影響を与えるという仮説を立てた。

2つ目の指標として取り入れたのは、大学の授業外における学びの効果の検証である。具体的には、授業外コミュニティに関する指標を取り入れた。授業外コミュニティに関する研究は、「これまでの大学生調査研究では、学生が授業外活動等の大学生活の中で仲間や教職員はじめさまざまな他者と関わりながら学習していく側面が十分に考慮されていない」という問題提起から近年大学教育研究の中で注目されてきている（河井・溝上 2011, 河井・溝上 2012, 河井 2014）。しかし、溝上ほか（2012）や保田・溝上（2014）といった、これまで行われたトランジションに関する先行研究では、その効果が検証されていない。

授業外という環境は、参加型授業などと比べると、活動が構造化されていない。また、参加し続ける必要があるものではない。よって、授業外コミュニティの中では、自らさまざまな人に声をかけるといった関係構築の経験や、自らイベントに参加するといった自発的な行動が必要になると考えられる。そこで本研究では、授業外コミュニティを持っていることが、プロアクティブ行動に正の影響を与えるという仮説を立てた。これが支持された場合、大学教育への示唆を得るために、どのような授業外コミュニティを持

つことがプロアクティブ行動に影響を与えるかについても考察する。

これまで述べてきた仮説は、1.大学生活の充実、2.参加型授業への参加の影響度、3.授業外コミュニティの有無、によるプロアクティブ行動への直接効果についてである．次に、間接効果に関する仮説について述べる．

「大学生活の充実」は大学生活における総合的な指標であり、先行研究において「授業への主体的な参加」や「課外活動・対人関係」によって高まることがわかっている（本田 2002, 保田・溝上 2014）。さらに、保田・溝上（2014）においては、効果が小さいものの、主体的な学修態度が大学生活の充実を媒介して組織社会化に影響があったことを示している。以上の点を踏まえると、「参加型授業への参加の影響度」、「授業外コミュニティの有無」においても、「大学生活の充実」を媒介して、プロアクティブ行動への間接効果を与える可能性が考えられる。

これらの仮説について、以下で分析を行った。

3. 研究方法

3.1 本研究で検証する仮説

仮説についてまとめる。本研究で検証する仮説は以下の6つである。仮説1〜4が直接効果に関する仮説、仮説5〜6が間接効果に関する仮説である。

仮説1：大学生活が充実している学生ほど、入社後においてプロアクティブ行動を積極的に行う

仮説2：参加型授業へ参加している学生ほど、入社後においてプロアクティブ行動を積極的に行う。

仮説3：参加型授業への参加による影響度が高い学生ほど、入社後においてプロアクティブ行動を積極的に行う。

仮説4：授業外コミュニティに参加している学生ほど、入社後においてプロアクティブ行動を積極的に行う。

仮説5：参加型授業への参加による影響度が高い学生ほど、大学生活の充実度が高まり、入社後においてプロアクティブ行動を積極的に行う。

仮説6：授業外コミュニティに参加している学生ほど、大学生活の充実が高まり、

表1　変数の記述統計・α係数・相関係数

変数	度数	平均値	標準偏差	α	相関係数 1	2	3	4
1 授業外コミュニティの有無	101	0.68	0.47	-	-			
2 大学生活充実度	101	3.62	1.06	-	.34**	-		
3 大学時参加型授業への参加の影響度	89	3.42	0.47	-	.04	.30**	-	
4 プロアクティブ行動	101	3.06	0.73	.89	.30**	.38**	.05	-

*$p < .05$ ** $p < .01$

表2　授業外コミュニティとプロアクティブ行動

変数	度数	平均値	標準偏差
体育会系サークル	20	3.28	0.77
文科系サークル	23	3.37	0.48
理科系サークル	0	-	-
アルバイト	40	3.17	0.70
小中高時代の友人の集まり	21	3.33	0.81
市民活動、社会活動、NPO	4	3.47	0.45
インターンシップ	5	3.64	0.37
学生ビジネス	0	-	-
授業で知り合った友人の集まり	11	2.97	0.76
学部・学科の友人の集まり	34	3.22	0.75
共通の趣味・興味による友人の集まり	12	3.58	0.54
インターネットを通じて知り合った友人の集まり	4	2.46	1.05
その他	3	2.13	0.76

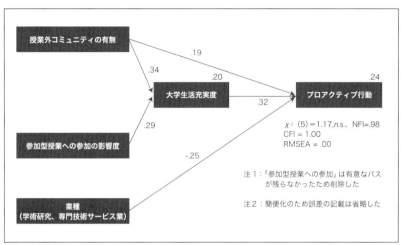

図1 共分散構造分析の結果

入社後においてプロアクティブ行動を積極的に行う。

3.2 使用した項目

本研究では、以下の項目を使用した。表1に各項目の記述統計を示した。
1) 大学生活の充実 大学時代の学生生活の充実度を尋ねた
2) 参加型授業への参加 参加型授業への参加の程度を尋ねた
3) 参加型授業への参加の影響度 参加型授業に参加したことのある学生に対して、授業の影響度を尋ねた
4) 授業外コミュニティの有無 大学時代の授業外実践コミュニティへの参加（河井 2012）について、「普段一緒に活動するサークルやアルバイト、授業外活動などの（授業外の）コミュニティを持っているか」を尋ねた
5) プロアクティブ行動 プロアクティブ行動尺度（小川 2012）から一部抜粋して使用し、入社後のプロアクティブ行動の程度を尋ねた。Ashford & Black (1996) を日本語訳したものであり、部門内コミュニケーション、意味形成、部門外とのコミュニケーション、社交行事への参加の4つの下位尺度からなる。計10項目の加算平均を算出し、尺度得点とした
6) その他の変数 統制変数として、年齢、業種、所属する会社の規模を用いた

4．結果と考察

4.1 分析結果

分析結果について報告する。1.大学生活の充実、2.参加型授業への参加、3.授業外コミュニティ、によるプロアクティブ行動への直接効果、及び、大学生活の充実を媒介したプロアクティブ行動への間接効果について検証した。分析の結果は図1に示した。5％水準で有意でないパスを削除した結果、$\chi^2(5) = 1.17, n.s.$、NFI=.98、CFI=1.00、RMSEA=.00と十分な適合度が得られた。最初に直接効果に関する仮説を検証する。分析の結果、「仮説1：大学生活が充実している学生ほど、入社後におい

てプロアクティブ行動を積極的に行う」（.32）、「仮説4：授業外コミュニティに参加している学生は、入社後においてプロアクティブ行動を積極的に行う」（.19）については仮説が支持された。

一方、「仮説2：参加型授業へ参加している学生ほど、入社後においてプロアクティブ行動を積極的に行う」、「仮説3：参加型授業への参加による影響度が高い学生ほど、入社後においてプロアクティブ行動を積極的に行う」については、直接効果は見られなかった。特に「仮説2：参加型授業へ参加」については、プロアクティブ行動だけでなく、大学生活の充実に対しても有意なパスが残らなかった。

次に、間接効果に関する仮説を検証する。分析の結果、「仮説5：参加型授業への参加による影響度が高い学生ほど、大学生活の充実度が高まり、入社後においてプロアクティブ行動を積極的に行う」（.07, p <.05）、「仮説6：授業外コミュニティに参加している学生は、大学生活の充実が高まり、入社後においてプロアクティブ行動を積極的に行う」（.17, p <.05）、において仮説が支持された。

授業外コミュニティの種類とプロアクティブ行動の関係について表2に示した。表2は「どのような授業外コミュニティに属していたか（河井・溝上 2012）」に対する回答と、プロアクティブ行動の平均値と標準偏差を示したものである。所属していた授業外コミュニティについては、複数回答しているため、それぞれの項目を0（持っていない）、1（持っている）とし、1と回答した人の平均値と標準偏差を示した。プロアクティブ行動の平均値が高いものとしては、「インターンシップ」「共通の趣味・興味による友人の集まり」「市民活動、社会活動、NPO」などであった。一方、平均値が低いのは、「インターネットを通じて知り合った友人の集まり」「授業で知り合った友人の集まり」などであった。

最後に、統制変数について述べる。統制変数については、業種（学術研究、専門技術サービス業）において、マイナスの効果があった（-.25）。

4.2 結果の考察

結果の考察を行う。分析の結果、大学生活が充実している学生は、入社後にプロアクティブ行動を行っていることが明らかになった。この結果から、大学生活そのものへ主体的に参加している学生は、入社後においても主体的に行動できる可能性が示唆されたといえる。

先行研究である保田・溝上（2014）では、大学生活の充実が組織社会化に正の影響を与えることを示していた。プロアクティブ行動は組織社会化を促す行動であることを考えると、大学生活の充実がプロアクティブ行動を促し、その結果として組織社会化を促すという新たな仮説が示されたといえる。

次に「大学の授業内・外の実践」の効果について考察する。大学の授業内における学びの効果として、参加型授業への参加・影響度に関する分析を行ったが、直接的な効果は見られなかった。一方、大学生活の充実を媒介した間接効果については、参加型授業の影響度のみ、効果が見られることがわかった。授業外コミュニティについては、直接・間接ともにプロアクティブ行動に大きな影響を与えていることがわかった。

この違いを検討する上で、松下（2015）が指摘する「能動的学習をめざす授業のもたらす受動性」の議論が参考になる。松下（2015）は、アクティブラーニングを取り入れた授業では、活動が構造化され、学生を参加させる力が強く働くことで、かえって学生は自らの意思で参加するかどうかを決定することが求められなくなる問題を指摘している。つまり、参加型授業に参加していても、主体的な行動を行うような経験をしないという状態が起こりうる。一方、授業外のコミュニティでは、授業に比べて活動が構造化されておらず、自ら意思を持って参加し続けたり、自ら関係を構築したりする経験をしていることが想定される。

次に、授業外コミュニティの種類に

ついて検討する。今回の分析では、カテゴリが多く、nが少ないため断定的なことを言うことはできない。そのため、今後の研究に向けた仮説の提示を行う。

授業外コミュニティの種類として、「インターンシップ」や「市民活動、社会活動、NPO」のプロアクティブ行動の平均値が高く、同じように社会や仕事に近い環境である「アルバイト」の平均値が低かった。今回の分析では、それぞれがどのような場であるのかの詳細は把握できていないが、この違いについても、松下（2015）の指摘する「活動の構造化」に関する仮説が当てはまる可能性がある。すなわち、「インターンシップ」や「市民活動、社会活動、NPO」よりも「アルバイト」の方が、やるべきことが明確であり、仕事として捉えているため、主体的な行動を経験していないかもしれない。しかし、この点については今回の分析では検証できないため、今後調査が必要になる。

また、「共通の趣味・興味による友人の集まり」の平均値が高い一方で、同じ友人に関する「インターネットを通じて知り合った友人の集まり」「授業で知り合った友人の集まり」の平均値が低かった。これは、浅野（2011）の指摘する「趣味縁」の議論とともに検証していく必要があると考えられる。浅野（2011）は、近年の若者の人間関係が濃密化・緊密化していることを指摘した上で、一見私的な関係に思える「趣味を仲立ちした人間関係（趣味縁）」が、自分とは前提を共有しない他者と協力関係を結ぶ力を養う場になることを示している。その理由として、共通の趣味を持つ人々は必ずしも地位や世代が同じではなく、むしろ違いのある人々が趣味を媒介して、協力関係を結ぶ場であるからだと述べている。このようにどのような人とのコミュニケーションを行う場なのかも違いを生む要因になりうるだろう。

以上示した通り、授業外コミュニティによる違いについては本調査では詳細を検討できていないため仮説の提示にとどまっている。しかし、活動の構造化の程度や、どのような人とコミュニケーションを行うのかという視点は、大学教育の実践に示唆を与えられると考えられ、今後さらなる調査が必要である。

最後に、統制変数の結果について考察する。業種（学術研究、専門技術サービス業）においてマイナスの効果が出たのは、これらの業種は、他の業種に比べて、相対的にプロアクティブ行動（チームとして動くこと、具体的には他部署との交流など）を求められない環境であることが理由として考えられる。しかし、本調査の結果から明確な理由を示すことが難しいため、今後インタビューなどを行うことで補足的なデータを集める必要があると考えられる。

4.3 大学教育への実践的示唆

4.3.1 大学教育全般への示唆

今回の結果が大学教育全般の実践に与える意義について述べる。最初に、大学生活の充実について述べる。大学生活が充実するための要因は、本研究で取り扱った内容に関連する「授業への主体的参加」や「課外活動・対人関係」に加え、「キャリアに対する意識」などが重要であることが、先行研究において明らかになりつつある（本田 2002，保田・溝上 2014）。本研究においても、「大学の授業内・外の実践」が大学生活の充実につながっていたことからも、大学での経験が意義を持つことが示されたといえる。

次に、大学教育の実践として何を行う必要があるかについて検討する。今回の結果から、参加型授業に「学生を参加させるだけ」ではなく、学生に対する影響度を高めていくための仕掛けが必要であることが示唆された。松下（2015）は、「第2回大学生の学習・生活実態調査」（ベネッセ 2013）の結果を引用し、参加型授業が普及する一方で、学習や学生生活に対する学生の受け身の姿勢が高まっている点を危惧している。この点からも、参加型授業の数を増やすだけではなく、授業の質を高めていく必要があると考えられる。

本来参加型授業では、活動そのものの

アクティブさ（外的活動における能動性）だけではなく、認知プロセスも踏まえた関与（内的活動における能動性）が重要となる（溝上2015）。しかし、実際には、松下（2015）が指摘するように、外的活動における能動性を重視するにあたり、内的活動における能動性がなおざりになりがちである。こうした内的・外的両面における能動性に着目することは重要である。

授業外コミュニティにおける、プロアクティブ行動の平均値が高かった「インターンシップ」はすでに大学教育の中で位置づいているものも多く、「市民活動など」もサービス・ラーニング（木村・河井 2012）といったかたちで実践されてきている。これらの実践がプロアクティブ行動を促進する要因になる可能性はあるが、これらについても活動を過度に構造化するのではなく、内的・外的両面における能動性という視点を持つことが重要になると考えられる。また、授業外コミュニティについては、「趣味縁」（浅野 2011）のように、「どのような相手とコミュニケーションを行うか」という仮説も示された。溝上（2014c）は、今後の大学教育におけるアクティブラーニングの方向性として「親密圏の他者とコミュニケーション」ではなく、「公共圏の他者とのコミュニケーション」を育成するべきだと述べており、こうしたアプローチの有効性についても今後実践・検証を行っていく必要があるだろう。

4.3.2 ワークショップの設計への示唆

続いて、本研究の結果が本章で実施したワークショップの設計に与える示唆について述べる。本章の研究成果からわかることは、たとえ参加型の活動であっても、活動を構造化しすぎることは主体性を奪いうるという点である。つまり、ワークショップをデザインする上で、活動を構造化しすぎるのではなく、参加者の自発性を促すようなゆるやかなデザインを行う必要がある。この点については、全てのワークショップをデザインする上で配慮している点である。

本章の結果が、特に意識されているのは「ヒッチハイクワークショップ」である。ヒッチハイクワークショップでは、活動の大きなルールや枠組みは決まっているものの、コミュニケーションを行うのは、ワークショップの参加者ではなく、キャンパス内を歩く人である。話しかける相手は、初対面の人やワークショップという文脈を共有していない人である。そういった人たちに対して、自ら声をかけ、目的を説明して、協力をしてもらう、ということはプロアクティブ行動に関するものだといえる。このように、ワークショップの設計においては、活動をどこまでデザインし、どこまで余白を残すのかという視点が重要となってくる。

また、本章の研究成果で出されたもう一つの視点は「だれと」活動を行うのかという視点である。浅野（2011）の指摘する趣味縁や、溝上（2014c）の指摘する公共圏の他者とのコミュニケーションというアプローチはこれらに関連する視点だといえる。先ほど挙げた「ヒッチハイクワークショップ」ではキャンパス内の見知らぬ他者に対して協力関係を結ぶ必要があった。またヒッチハイクワークショップ以外においても、「ネガポジダイアログ」においては、社会人（3～5年目）のOB・OGと対話する必要があった。このように、同じ大学の同世代とだけでなく、さまざまな他者とコミュニケーションを行うような場を設計することが重要であると考えられる。

以上示した通り、プロアクティブ行動を促すためには、参加者の主体性が発揮できる余白を残しながらも、多様な他者とコミュニケーションを行えるための土台を作るという、一見背反するような二つの条件を結びつけるような必要がある。そのためには「ヒッチハイクワークショップ」のように、「目的を達成するためには、見知らぬ他者の協力が必要となる」という活動のルールを設けるといった方法や、「ネガポジダイアログ」のように、ただ話を聞くだけではなく、「写真を予想する」という活動を取り入れて主体性を担保しつつ、その上で、多様な他者が話をしやすくするようにネガ

ポジフレームといった「共通のメディア」を使用することが重要になってくると思われる。こうした活動やルールの工夫、さらには対話を行うメディアのデザインを行うことで、学生のプロアクティブ行動を促すための授業をデザインすることができると考えられる。

4.3.3 企業への示唆

次に企業への示唆について述べる。今回の分析の結果、大学生活が充実していた学生は、プロアクティブ行動を行っていることが明らかになった。これはつまり、大学での学び・生活が、入社後の行動にポジティブな影響を与えていることを表す結果だったといえる。こうした結果は、企業における採用・育成の両方に影響を及ぼすものであると考えられる。

今回の結果は、大学の授業内外に関する効果も示された。大学の参加型授業に「ただ参加しているだけ」ではもちろん意味がないが、その授業に影響を受けている学生、つまり授業に対して意味を見いだしている学生については、入社後も主体的に行動できる可能性が高いといえる。さらに、「授業内」という枠におさまらず、異質な他者のいる不確実性の高い環境に身を置いて、行動している学生については、よりプロアクティブ行動を行える可能性が示唆されたといえる。

近年は、産学連携型 PBL（Problem Based Learning）やインターンシップなど、授業内外において企業が大学とかかわる場面が増えてきていると考えられる。これらの場は「公共圏の他者とのコミュニケーション」を行う機会であると考えられる。こうした場面において、本書で示したワークショップの枠組みを活かした場などを設計することは、企業・大学共に意義のある場になる可能性が高いと考えられる。

5．まとめと今後の課題

本章では、職場で主体的に行動できる人は、どのような大学生活を過ごしてきたのかについて探究してきた。具体的には、入社後のプロアクティブ行動に対して、1．大学生活の充実、2．参加型授業への参加、3．授業外コミュニティの有無、という3つの影響を検証した。その結果、授業外コミュニティを持っている学生、そして、大学生活が充実している学生ほど、入社後のプロアクティブ行動を行っていることが明らかになった。

大学教育の実践に対する示唆は以下の点である。1点目は、大学生活を充実させる環境を作ることの重要性である。今回の結果では、大学生活を充実させることが入社後のプロアクティブ行動につながっていることが明らかになった。大学生活を充実させるための要因については本研究以外においても知見が蓄積されつつあり、この点においてさらなる支援を行っていく必要性が示唆されたといえる。2点目は、授業の質を意識するという点である。今回の結果では、参加型授業に参加しているだけではプロアクティブ行動を行えていなかった。大学の授業内における「参加型授業の影響度」が、大学生活の充実について間接効果を持っていたことからも、参加型授業を増やすだけではなく、活動の構造化などの視点をもって授業をデザインしていくことが重要だと考えられる。

企業に対する示唆は以下の点である。1点目は、大学での学び・生活が企業内での行動に影響をポジティブな影響を与えるという点である。つまり、大学での学び・生活は意味がないものではなく、企業に入ってからも引き継がれるものがあるということである。これは採用・育成を行う際に重要な視点になると考えられる。2点目は、「公共圏の他者とのコミュニケーション」という視点である。近年、大学と企業の接点は増えてきており、それらは「公共圏の他者とのコミュニケーション」を行う機会になる。こうした場を本書で示したワークショップの枠組みを活用することで、両者にとって意義のあるものにすることができると考えられる。

今後の課題について述べる。本書では、調査の結果をもとにしたワークショップの設計を行ったが、今後さらに具体的な

学習環境の設計に関する知見が蓄積されていくことが重要である。分析においては、今後はプロアクティブ行動と組織社会化の関係など、他の変数との関係を縦断調査のデータをもとに、より包括的に捉えていく必要があると考えられる。

参考文献

浅野智彦 (2011) 若者の気分：趣味縁からはじまる社会参加 -. 岩波書店.

Ashford, S. J. & Black, J. S. (1996) Proactivity during organizational entry:the role of desire for control. *Journal of Applied Psychology*. Vol.81 pp.199–214.

ベネッセ (2013) 第二回大学生の学習・生活実態調査.(http://berd.benesse.jp/koutou/research/detail1.php?id=3159).

濱中淳子 (2013) 検証・学歴の効用. 勁草書房.

本田由紀 (2002) 学生生活が充実していないのは誰か. 全国大学生活協同組合連合会「学生生活実態調査」の再分析（1991年～2000年）SSJ Data Archive Research Paper Series. pp.111-124.

河井亨・溝上慎一 (2011) 実践コミュニティに足場を置いたラーニング・ブリッジング - 実践コミュニティと授業を架橋する学生の学習研究 -. 大学教育学会. Vol.33 No.2 pp.124-131.

河井亨 (2012) 学生の学習と成長に対する授業外実践コミュニティへの参加とラーニング・ブリッジングの役割. 日本教育工学会論文誌. Vol.35 No.4 pp.297-308.

河井亨・溝上慎一 (2012) 授業外学習を行う実践コミュニティ参加する学生はどのような学生か. 大学教育学会. Vol.34 No.1 pp.71-79.

河井亨 (2014) 大学生の学習ダイナミクス—授業内外のラーニング・ブリッジング. 東信堂.

木村充・河井亨 (2012) サービス・ラーニングにおける学生の経験と学習成果に関する研究：立命館大学「地域活性化ボランティア」を事例として. 日本教育工学会論文誌. Vol.36 No.3 pp.227-238.

松下佳代 (2015) ディープ・アクティブラーニングへの誘い. 松下佳代・京都大学高等教育研究開発推進センター（編）ディープ・ラーニング：大学授業を深化させるために，勁草書房, pp.1-27.

Miller,V.N. & Jablin, F.M. (1991) Information seeking during organizational entry: Influences, tactics, and a model of the process, *Academy of Management Review*. Vol.16 No.1 pp.92-120.

溝上慎一・中原淳・舘野泰一・木村充 (2012) 仕事のパフォーマンスと能力業績に及ぼす学習・生活の影響 - 学校から仕事へのトランジション研究に向けて -. 大学教育学会. Vol.34 No.2 pp.139-148.

溝上慎一 (2014a) 大学時代の経験から仕事へつなげる. 中原淳・溝上慎一（編）活躍する組織人の探究 - 大学から企業へのトランジション. 東京大学出版会. pp.49-72.

溝上慎一 (2014b) 学校から仕事へのトランジションとは. 溝上慎一・松下佳代（編）高校・大学から仕事へのトランジション—変容する能力・アイデンティティと教育—. ナカニシヤ出版. pp.1-39.

溝上慎一 (2014c) 自己 - 他者の構造から見た越境の説明 - アクティブラーニングの潮流に位置づけて. 冨田英司・田島充士（編）. 大学教育：越境の説明をはぐくむ. ナカニシヤ出版. pp.221-230.

溝上慎一 (2015) アクティブラーニング論から見たディープ・アクティブラーニング. 松下佳代・京都大学高等教育研究開発推進センター（編）ディープ・ラーニング：大学授業を深化させるために. 勁草書房. pp.31-51.

中原淳 (2014)「経営学習研究」から見た「大学時代」の意味. 中原淳, 溝上慎一（編）活躍する組織人の探究 - 大学から企業へのトランジション. 東京大学出版会. pp.15-48.

小川憲彦 (2012) 組織社会化戦術とプロアクティブ行動の相対的影響力 - 入社1年目従業員の縦断的データからドミナンス分析を用いて -. Working paper series. No.121.

高橋弘司 (1993) 組織社会化研究をめぐる諸問題：研究レビュー. 経営行動科学. Vol.8 No.1 pp.1-22.

舘野泰一・中原淳・木村充・保田江美・吉村春美・田中聡・浜屋祐子・高崎美佐・溝上慎一 (2015) 大学での学びが組織参入後のプロアクティブ行動に与える影響. 日本教育工学会第31回全国大会講演論文集. pp.135-136.

舘野泰一・中原淳・木村充・保田江美・吉村春美・田中聡・浜屋祐子・高崎美佐・溝上慎一 (2016) 大学での学び・生活が入社後のプロアクティブ行動に与える影響. 日本教育工学会論文誌, Vol.40 No.1 pp.1-11.

上西充子・川喜多喬 (2010) 就職活動から一人前の組織人まで—初期キャリアの事例研究—. 同友館.

梅崎修・田澤実（編）(2013) 大学生の学びとキャリア - 入学前から卒業後までの継続調査の分析 -. 法政大学出版局.

山内乾史（編）(2008) 教育から職業へのトランジション - 若者の就労と進路職業選択の教育社会学 -. 東信堂.

矢野眞和 (2009) 教育と労働と社会 - 教育効果の視点から -. 日本労働研究雑誌. Vol.51 No.7 pp.5-15.

保田江美・溝上慎一 (2014) 初期キャリア移行の探究：「大学時代のキャリア見通し」と「企業におけるキャリアとパフォーマンス」を中心に. 中原淳, 溝上慎一（編）活躍する組織人の探究 - 大学から企業へのトランジション. 東京大学出版会. pp.139-173.

大学時代の「仕事と余暇のあり方に関する希望」は初期キャリアへの適応にどのような影響を与えるか

文　浜屋 祐子

monograph3

　本章では、大学時代の「仕事と余暇のあり方に関する希望」が初期キャリアへの適応に与える影響を検証します。仕事と私生活の関連に関しては、近年、ワーク・ライフ・バランスへの社会的関心が高まっており、企業も取り組みを進めているほか、就職を控えた大学生にとっても重要な関心事の一つとなっています。そして、仕事と余暇を含むそれ以外の生活のバランスに関して学生が抱いている志向は、社会人になって以後の働き方に影響をあたえるものと考えられます。

　本章での分析の結果、大学時代に「仕事重視」を志向していたことは、男性においては初期キャリアへの適応に正の影響を与えることが明らかになりました。他方、女性においては、入社直後のリアリティ・ショックの高さと、その後の仕事意欲向上の両方に正の影響を与えるという、より複雑で興味深い結果が得られました。仕事重視群の女性が初期キャリアにおいて示した、このような「柔軟な強さ」は、リアリティ・ショックを単に低減するべきものとしてではなく、学習機会として捉えなおし、それを活用するための備えをしておくことの重要性を示しています。

　本章で明らかになった知見は、大学教育にも示唆を提供するものです。大学教育においては、仕事と自身をマッチングさせることに力点を置いた従来型のキャリア教育に加えて、仕事重視群の女性が初期キャリアにおいて示したようなダイナミックなプロセスを疑似体験できるようなプログラムが求められているのではないでしょうか。また、ワークショップ設計への示唆としては、「自己の仕事観を明らかにする」、「環境との関わりを通して仕事観を相対化する・書き換える」という視点を盛り込み、自身の仕事観の可視化と、その相対化を職場に参入する前に体感することが、学生から職業生活へのスムーズな移行を果たすうえで有効であると考えます。

1. はじめに

本章の目的は、大学在学中に抱いていた「仕事と余暇のあり方に関する希望」が初期キャリアにおける組織適応に与える影響を明らかにすることである。

仕事と仕事以外の生活をどのように調和させるかについては、近年、社会的な関心が高まっている。2007年12月、政府は「仕事と生活の調和（ワーク・ライフ・バランス）憲章」を策定し、誰もが仕事上の責任を果たす一方で、個人の時間を持てるような健康で豊かな生活を出来るよう、社会全体で目指していくことを提唱した[1]。そして、こうした働きかたを実現することは、雇用する側にとっても人口減少時代において、有能な人材の確保・育成・定着の可能性を高めるものであるとし、「憲章」と併せて、経済界の代表も加わるかたちで2020年を目標時期とした「行動指針」が策定された。しかし、現実に目を向けると、目標時期までの折り返し時期における進捗状況は順調とは言い難い[2]。

次に、仕事と生活の調和に関して、本章の対象範囲である若年労働者の状況に目を向けることとする。厚生労働省の2015年調査によれば、若年正社員・職員の職業生活の満足度 D.I. のうち、労働時間・休日等の労働条件に関する満足度 D.I.（33.1％）は、職業生活全体の満足度 D.I.（39.7％）を下回っている（厚生労働省 2014）。また、同調査では、初めて勤務した会社を辞めた理由（複数回答）として、男性においては「労働時間・休日・休暇の条件がよくなかった」との回答が最多であり（22.2％）、女性においても「人間関係がよくなかった」（22.8％）に次いで二番目に多い辞職理由となっている（21.8％）。

以上で見た通り、仕事に大きな比重を置いた働きかたを求める企業が依然として多い中、仕事と余暇のあり方の希望とのギャップは、若年労働者の職業生活の満足度や離職に大きな影響を与える要因の一つとなっていると考えられる。そこで本章では、入社以前、学生時代に抱いていた仕事と余暇のあり方に関する希望が、初期キャリアへの適応にどのような影響を与えるかを探ることとする。

この後、2節では本章の研究に関連する先行研究をふりかえる。続く3節では仮説と研究方法を述べ、4節で分析結果と考察を示す。最後に5節で実践への示唆、および、まとめと今後の課題を提示する。

2. 先行研究

2.1 個人要因と組織適応の関係

組織適応に影響を与える個人要因をめぐっては、社会化戦術やプロアクティブ行動などといった、組織参入後の組織社会化要因を特定する研究が盛んに行われてきた（Ashforth et al. 2007, Bauer et al. 2007）。その一方、組織適応に影響を与える組織参入前の要因の探求については、研究の遅れが指摘されてきた（竹内・竹内 2009）。

組織参入前の個人要因と組織適応との関係を探る数少ない研究のうち、Saks & Ashforth（2002）は、入社前に新規参入者が行った職務探索行動が、個人―環境適合（個人―組織適合と個人―職務適合）を通じて入社後の組織適応に影響を与える過程を明らかにした。さらに、竹内・竹内（2009）は、入社前の自己キャリア探索行動が初期キャリアにおける組織適応に効果を発揮する一方、環境キャリア探索行動は効果を示さなかったとした[3]。このように、入社前の個人要因のうち、職務探索行動と組織適応の関係に着目した研究は行われつつあるが、その対象範囲はまだ限定的であり、入社前に抱いていた働きかたに関する価値観や志向に関する個人要因が組織適応に与える影響については研究が乏しい。

2.2 職業価値観

本章の分析において着目する「仕事と余暇のあり方に関する希望」は、生活全体の中での仕事の位置づけに関して個人が持っている志向の一つである。これを包含しうる概念に職業価値観がある。職

---

[1] 内閣府男女共同参画局 http://wwwa.cao.go.jp/wlb/government/ 参照（2015/9/28閲覧）。

[2] 内閣府（2014）によれば、2020年までに5％をめざすと指針で定めた「① 週労働時間60時間以上の雇用者の割合」は2012年時点で9.1％、同70％をめざすと指針で定めた「年次有給休暇取得率」は2012年時点で47.1％となっている。

業価値観とは、「職業選択や職業生活場面において、何を大切に考えるかということ」を意味する（山中・安達 2009）。

一般に、職業価値観は、職業選択行動に結びつくとされる（森永 1993，安藤ほか 2001，菰田 2006）。たとえば、大学生を対象とした職業価値観に関する四年間の追跡調査を行った安藤ほか（2001）は、卒業後に就職を選択した学生は労働条件を、進学を選択した学生は人間関係および職務条件を、それぞれ他方の学生よりも在学中より重視する傾向があると明らかにした。また、職業価値観の継時的な変化について、職業価値観は大学在学中の四年間を通じて総じて安定していたと示した（安藤ほか 2001）。さらに、菰田（2006）は、職業価値観は入社後にもある程度維持される可能性があるとした。これらより、仕事と余暇のあり方に関する希望を含め、入社前に抱いていた職業価値観は、入社後も一定程度維持される結果、職業選択のみならず、初期キャリアへの適応にも影響を与える可能性があると考えられる。

2.3 働きかたに関する志向の性別による差異

職業価値観や仕事と余暇のあり方に関する希望といった働きかたに関する志向には、性別による差異が存在することが多くの先行研究で明らかになっている。前項で取り上げた職業価値観については、女子学生は男子学生よりも勤務時間や職場環境などの労働条件、あるいは私生活を重視するという結果が示されている（Walker et al. 1982，森永 1993，松本 2015）。こうした傾向について、松本（2015）は、私生活や労働条件の重視は主体的な進路選択の因子と結びついていることを指摘し、女子学生による労働条件を含めたトータルでの仕事と生活の調和への配慮のあらわれであるとして積極的な意味を見出している。

なお、働きかたの志向に関する性別による違いには、妊娠・出産という女性特有のライフイベントに対する予期が影響していると早くから指摘されてきた（森永 1993）。働きかたに関する志向を分析する際には、こうした性別特有の背景に基づく差異の存在を考慮に入れる必要がある。

3．仮説と研究方法

3.1 仮説

1節で見た通り、仕事と余暇のあり方の希望と入社後の現実とのギャップは、若年労働者の職業生活の満足度や離職に影響を与える要因の一つとなっていることが考えられる。しかし、続く2節で見た通り、入社前の個人要因と組織適応の関係を探った研究は、職務探索行動を対象としたいくつかの研究に限定されている。そこで本研究では、入社より以前、学生時代に抱いていた仕事と余暇のあり方に関する希望が、初期キャリアへの適応にどのような影響を与えるかを探ることとする。

仕事に大きな比重を置いた働きかたを求める企業が依然多いことを踏まえると、大学時代に「仕事重視」への希望を抱いていたことは、組織参入後に現実と希望との大きなギャップを感じることなく、スムーズに組織適応することを促すと考えられる。反対に、「余暇重視」への希望は、組織適応の妨げとなることが予想される。そこで、本章では、下記の仮説を設定した。

仮説：大学時代における「仕事重視」の希望は、初期キャリアにおける組織適応を促す

3.2 研究方法

本章の分析にあたって使用する変数の尺度構成については、木村章で既に示してあるため割愛する。以下では、詳細について若干の補足を行う。

本章で因子として用いるのは、調査対象者が大学在学中に回答した「仕事と余暇のあり方に関する希望」である。本調査では、仕事と余暇のあり方について、最も望ましいと考えるものを「1．仕事

3　自己キャリア探索行動は自己理解に基づくキャリア探索行動であり、環境キャリア探索行動は業界研究や会社研究、職業研究に基づくキャリア探索行動を意味するとされる（竹内・竹内 2009）。

よりも、余暇の中に生きがいを求める」「2．仕事はさっさとかたづけて、できるだけ余暇を楽しむ」「3．仕事にも余暇にも、同じくらい力を入れる」「4．余暇も時には楽しむが、仕事のほうに全力を注ぐ」「5．仕事に生きがいを求めて、全力を傾ける」「6．その他」「7．わからない」の7つの選択肢から選ぶよう回答者に求めた。本章では、このうち、「6．その他（1名）」「7．わからない（2名）」を除いた98名を対象として、「仕事重視（選択肢4と5）」「仕事・余暇同等（選択肢3）」「余暇重視（選択肢1と2）」の三つに分類し直し、新たに変数を作成した。そして、「仕事と余暇のあり方に関する希望」を因子、初期キャリアでの組織適応に関する下記項目を従属変数として、一要因分散分析を行った。その際、先行研究の知見を踏まえ、男女に区分して分析を行った。

全対象者：リアリティ・ショック、離職意思、組織社会化、仕事意欲向上
離・転職未経験者のみ：組織コミットメント、会社満足、仕事満足

4．結果と考察

4.1 分析結果

分析結果について報告する。最初に、全対象者に対して、仮説「大学時代における『仕事重視』の希望は、初期キャリアにおける組織適応を促す」の検証を行った（表1）。

一要因分散分析の結果、男性においては、「離職意思」についてのみ1％水準の有意差と大きな効果量が認められた[4]。Turkey法（5％水準）による多重比較を行った結果、余暇重視群の平均値が仕事重視群より有意に高いことが明らかになった。

女性においては、「リアリティ・ショック」において1％水準の有意差が認められた（効果量大）。同様に多重比較を行った結果、仕事重視群の平均値が、仕事余暇同等群、余暇重視群のそれぞれより有意に高いことが明らかになった。また、「仕事意欲向上」においては5％水準の有意差が認められた（効果量中）。多重比較の結果、仕事重視群の平均値が、余暇重視群より有意に高いことが明らかとなった。

以上の通り、仮説は一部支持され、一

表1 一要因分散分析の結果（全対象者）

男性	1. 余暇重視 (n=20)		2. 仕事余暇同等 (n=11)		3. 仕事重視 (n=6)		F値	η^2	多重比較
	平均	SD	平均	SD	平均	SD			
リアリティ・ショック	2.85	1.25	2.91	1.09	2.50	0.84	0.27	0.02	
離職意思	3.80	1.54	2.55	1.29	1.33	0.52	8.52 **	0.33	1>3
組織社会化	2.84	0.89	3.06	0.79	3.23	0.44	0.61	0.04	
仕事意欲向上	2.75	1.16	3.27	0.90	3.00	1.10	0.83	0.05	

$^{**}p=<.01$

女性	1. 余暇重視 (n=20)		2. 仕事余暇同等 (n=36)		3. 仕事重視 (n=5)		F値	η^2	多重比較
	平均	SD	平均	SD	平均	SD			
リアリティ・ショック	3.00	1.26	2.90	0.85	4.40	0.60	5.11 **	0.15	3>2, 1
離職意思	3.40	1.57	3.50	1.52	5.00	0.00	2.49	0.08	
組織社会化	3.04	0.86	3.27	0.82	3.28	1.34	0.45	0.02	
仕事意欲向上	3.35	1.09	2.97	1.13	4.40	0.89	3.90 *	0.12	3>1

$^{*}p=<.05, ^{**}p=<.01$

---

4 効果量とは「効果の大きさ」を指し、サンプルサイズによって変化することのない標準化された指標である。η^2の場合、その値が.14以上であれば効果量大、.06以上であれば効果量中、.01以上であれば効果量小とされる（水本・竹内 2008）。

表2 一要因分散分析の結果（離・転職未経験者のみ）

男性	1. 余暇重視 (n=9)		2. 仕事余暇同等 (n=8)		3. 仕事重視 (n=4)		F値	η^2	多重比較
	平均	SD	平均	SD	平均	SD			
組織コミットメント	2.41	1.42	3.58	0.50	4.00	0.00	4.70*	0.34	3>1
会社満足度	2.89	1.69	3.63	0.74	4.25	0.50	1.84	0.17	
仕事満足度	3.00	1.50	3.75	0.89	4.00	0.00	1.43	0.14	

*p=<.05

女性	1. 余暇重視 (n=14)		2. 仕事余暇同等 (n=19)		3. 仕事重視 (n=3)		F値	η^2	多重比較
	平均	SD	平均	SD	平均	SD			
組織コミットメント	2.62	1.08	3.28	1.01	1.89	1.02	3.20	0.16	
会社満足度	2.86	1.35	3.42	1.39	1.33	0.58	3.34*	0.17	2>3
仕事満足度	3.07	1.14	3.26	1.19	3.33	1.53	0.13	0.01	

*p=<.05

部棄却されるという結果となった。まとめると、男性においては、「離職意思」において、仕事重視群の平均が余暇重視群を下回るという仮説通りの結果が得られた。他方、女性においては、「仕事意欲向上」において、仕事重視群の平均が余暇重視群を有意に上回るという仮説通りの結果が得られた一方で、「リアリティ・ショック」においては、仕事重視群の平均が他の群を上回るという、仮説に反する結果が得られた。

次に、離・転職未経験者のみを対象として、追加的に仮説の検証を行った（表2）。分析には2年目までに離・転職済みの者を除いた57名の回答を用いた。

一要因分散分析の結果、男性においては、「組織コミットメント」において5％水準の有意差が認められた（効果量大）。多重比較を行った結果、仕事重視群の平均値が余暇重視群より有意に高いことが明らかになった。

女性においては、「組織コミットメント」には有意差は見られず、「会社満足度」において5％水準の有意差が認められた（効果量大）。多重比較の結果、仕事余暇同等群の平均値が仕事重視群より有意に高いことが明らかになった。

以上の通り、離・転職未経験者を対象とした追加分析において、仮説は、部分的に支持され、部分的に棄却された。結果をまとめると、男性においては、「組織コミットメント」を変数として、仕事重視群の平均が余暇重視群よりも高いという、仮説に合致する結果が得られた。一方、女性においては、いずれの変数においても、仕事重視群の平均が他の群に比べて有意に高いという、仮説に合致する結果は得られなかった。逆に、「会社満足度」を変数として、仕事余暇同等群の平均が仕事重視群よりも有意に高いという、仮説に反する結果が得られた。

4.2 考察

上記の通り、大学時代における仕事と余暇のあり方に関する希望が初期キャリアにおける組織適応に与える影響を検証した。本研究の分析結果をまとめると、男性においては、有意となった変数は離職意思と組織コミットメントに限定されるものの、仕事重視群が初期キャリアへのスムーズな移行を遂げているという仮説と合致する結果が得られた。他方、女性については、仕事重視群は初期キャリアへの移行に際して、仮説に反して高いリアリティ・ショックを受ける一方、仕事意欲の向上は見られるという、解釈を必要とする結果となった。

本章での分析結果は、限られた回答データ（全98名、うち離・転職未経験者57名）を用いたものであるという点で、一般化には注意が必要である。本項では、こうした制約を念頭に置きつつ、

初期キャリアへの適応において、仮説に合致する部分としない部分が混在するという、より複雑な関係性が見られた女性に着目して考察を行う。

まず、仕事重視群女性は、組織参入直後において他群より大きなリアリティ・ショックを経験している点について考察する。これは、自分自身のキャリアを自律的にデザインしていきたいという志向との関わりがあるものと考えられる。電通総研（2015）が就労中の20代までの男女を対象に実施した調査によれば、女性の特徴として、「自分の働きかたは自分で決めたい」という志向が男子に比べて高い（女性33.2％；男性24.2％）。また、同調査によれば、男女ともに4割は安定した会社で働くことを希望する一方で、一つの会社でずっと働いていたいとする割合は2割弱にとどまっている。加えて、前述の通り、「働きかた」を考える際、女子学生は、私生活や労働条件を含めたトータルでの仕事と生活の調和に目を向ける傾向を有している（松本2015）。

これら組織参入前後の女性を対象とした調査結果からは、生活全体を視野に入れたうえで、自ら主体的に働きかたや職場を選択していこうとする女性の姿が見て取れる。とりわけ、キャリアを継続しようという意欲が大きいであろう「仕事重視」志向の女性ほど、組織参入後の早い段階から仕事に正面から向き合い、仕事における希望と現実を真剣に照らし合

わせていることが予想される。そして向き合ったゆえに、入社後、自身の希望と現実との間に大きなギャップを見出すことが、組織参入直後のリアリティ・ショックの高さに繋がっているものと考えられる。

次に、仕事重視群の女性において、リアリティ・ショックの高さと同時に、仕事意欲向上が見られた背景について考察する。小川（2005）は、リアリティ・ショックは適性理解や職務満足と正の相関が見られるとし、仕事と自分のギャップをバネとした学習を促す機能を持つと指摘している。仕事重視群の女性は、より大きなリアリティ・ショックを知覚したことが職務と自己の理解を深める契機となり、その後の仕事意欲の向上につながっている可能性があると考える。

その一方、仕事重視群の女性において、組織コミットメントが仕事余暇重視群に比べて低いことは、仕事意欲の高まりが、必ずしも組織の枠内に向けられてはいない可能性を示している。女性は、私生活と仕事の両方を含めた全体的な視野の中で職業生活を展望するという前述の傾向を踏まえると、仕事重視群女性における仕事意欲の向上は、勤務先組織の枠を越えて、「自身のキャリア継続に対するコミットメント」に繋がっている可能性がある。

以上の通り、仕事重視群の女性に関する分析結果からは、リアリティ・ショックを正面から受けとめ、それに学習機会として向き合う中で、現在の所属組織の

枠に限定されないかたちでの仕事意欲を高めていく姿が浮かびあがって来る。

5．まとめと今後の課題

5.1 大学教育全般への示唆

本研究の結果が、大学教育の実践に対して与えうる示唆を述べる。今回の分析の結果、大学時代に仕事重視を志向していた女性は、初期キャリアにおいて、大きなリアリティ・ショックを受ける一方で、仕事意欲の向上を示すという「柔軟な強さ」を示した。このことは、リアリティ・ショックを単に低減するべきものとしてではなく、学習機会として捉えなおし、それを活用するために備えをしておくことの重要性を示唆する。

組織への参入前に自己の仕事観を意識することは、参入先組織で能動的に働いていくうえで重要である。ただし、その仕事観は固執すべきものではなく、職務や人との関わりの中で大小さまざまなショックを受ける中で相対化、書き換えされていくものである。そして、こうした環境との関わりは、自己認識を深め、自己成長していく契機となりうるとの認識を予め持っておくことは、入社後の柔軟な学習に向けた備えとなるだろう。大学においては、仕事と自身をマッチングさせることに力点を置いた従来型のキャリア教育に加えて、こうしたダイナミッ

クなプロセスを疑似体験できるようなプログラムが求められていると考える。

5.2 ワークショップ設計への示唆

次に、本研究の結果が、本書で実施したワークショップの設計に与えうる示唆について述べる。前項で示した、「自己の仕事観を明らかにする」「環境との関わりを通して仕事観を相対化する・書き換える」という視点は、本書で実施した3つのワークショップの中では、「カード de トーク いるかもこんな社会人」ワークショップに組み入れられている。同ワークショップは、職場に実際に存在するであろう、さまざまな仕事観を持った社会人の姿を描いた11種類のカードを活動に用いる。

上述の第一の視点「自己の仕事観を明らかにする」は、同ワークショップ中では、11種類のカードの中から自身が「一緒に働いてもよい／一緒に働くのに抵抗がある」カードを選びとる活動に埋め込まれている。選択した3枚のカードをその理由とともにグループに説明することを通じて、自分自身の仕事に対するこだわりが可視化されることとなる。一方、第二の視点「環境との関わりを通して仕事観を相対化する・書き換える」については、他者が選んだカードについて語るのを聴く活動、および、一枚のカードについてさまざまな側面から掘り下げて語る活動の中に埋め込まれている。これら活動の中で、他者との比較の中であらためて自身の仕事観が浮き彫りになるとともに、「自身の仕事観が揺れる」「自分とは異なる捉え方があることを知る」経験を得られる。

就職活動を含む、大学生活の内外の場における社会人との出会いの機会の豊富さは学生によって異なる。しかし、デフォルメされた社会人カードという架空の人物像を用いることで、皆が共通の土俵に立って、自身の仕事観の可視化と、その相対化を職場に参入する前に体感することが出来る。

5.3 企業への示唆

最後に、本研究の結果が企業に対して与える示唆について述べる。今回の分析では、仕事重視群の女性が、リアリティ・ショックの知覚と仕事意欲向上を早回しで経験しつつも、組織コミットメントを高めてはいない傾向がみられた。これは見方を変えると、仕事意欲のある社員・職員が、早期に勤務先組織を「見切ってしまう」可能性を示唆している。したがって、参入直後に得られた仕事意欲を組織内に振り向けられるような機会の提供と、個人のキャリア上の目標と組織の目標のベクトルを合わせる支援が求められるだろう。そのためには、新入社員・職員が安心できる環境で自己の価値観を開示し、支援者は、それを現在の職務や組織と結びつける手伝いを行うような場の設定が有効である。

5.4 まとめと今後の課題

上記の通り、大学時代における仕事と余暇のあり方に関する希望が初期キャリアにおける組織適応に与える影響を検証した。その結果、大学時代に「仕事重視」を志向していることは、男性においては初期キャリアへの適応に正の影響を与える一方、女性においては、仕事重視であるほど、リアリティ・ショックを正面から受けとめ、それに学習機会として向き合う中で仕事意欲を高め、キャリアへのコミットメントを増していく姿が見られた。

最後に今後の課題としては、入社してから辿る経路をより立体的に捉えることが必要であると考える。今回の分析では、大学時代に抱いていた仕事と余暇のあり方に関する希望と、組織適応に関する変数それぞれとの関係について一要因分散分析を行った。しかし、ある志向を持った対象者が、入社直後から組織適応を遂げていくプロセスの詳細については探ることが出来ておらず、今後の課題として残されている。また、今回の分析では、仕事に関する価値観のうち仕事と余暇に関する希望を取り上げたが、対象を職業価値観に広げ、入社後の初期キャリアへの適応を明らかにする研究が今後待たれる。

参考文献

Ashforth, B. E., Sluss, D. M., & Saks, A. M. (2007) Socialization tactics, proactive behavior, and newcomer learning: Integrating socialization models. *Journal of Vocational Behavior.* Vol. 70 No. 3 pp. 447-462.

安藤直樹・廣岡秀一・小川一美・坂本剛・吉田俊和 (2001) 大学生の適応過程に関する縦断的研究 (3)：大学生の職業観に関する 4 年間の追跡調査. 名古屋大学大学院教育発達科学研究科紀要. 心理発達科学. Vol. 48 pp. 45-54.

Walker, J. E., Tausky, C., & Oliver, D. (1982) Men and women at work: Similarities and differences in work values within occupational groupings. *Journal of Vocational Behavior.* Vol. 21 No. 1 pp. 17-36.

小川憲彦 (2005) リアリティ・ショックが若年者の就業意識に及ぼす影響. 経営行動科学. Vol. 18 No. 1 pp. 31-44.

厚生労働省 (2014) 雇用の構造に関する実態調査 (若年者雇用実態調査). (http://www.mhlw.go.jp/toukei/list/4-21c-jyakunenkoyou-h25.html)

菰田孝行 (2006) 大学生における職業価値観と職業選択行動との関連. 青年心理学研究. Vol. 18 pp. 1-17.

Saks, A. M. & Ashforth, B. E. (2002) Is job search related to employment quality? It all depends on the fit. *Journal of applied Psychology.* Vol. 87 No. 4 pp. 646-654.

竹内倫和 (2012) 新規学卒就職者の組織適応プロセス：職務探索行動研究と組織社会化研究の統合の視点から. 学習院大学経済論集. Vol. 49 No. 3 pp. 143-160.

竹内倫和・竹内規彦 (2009) 新規参入者の組織社会化メカニズムに関する実証的検討：入社前・入社後の組織適応要因. 日本経営学会誌. Vol. 23 pp. 37-49.

電通総研 (2015)「『若者×働く』調査」結果. (http://www.dentsu.co.jp/news/release/pdf-cms/2015090-0813.pdf).

内閣府 (2014) ワーク・ライフ・バランスに関する個人・企業調査報告書. (http://wwwa.cao.go.jp/wlb/research/wlb_h2511/9_insatsu.pdf).

松本芳之 (2015) 大学生における職業価値観の類型. 早稲田大学教育・総合科学学術院学術研究 (人文科学・社会科学編). Vol. 63 pp. 103-118.

水本 篤・竹内 理 (2008) 研究論文における効果量の報告のために：基礎的概念と注意点. 英語教育研究. Vol. 31 pp. 57-66.

森永康子 (1993) 男女大学生の仕事に関する価値観. 社会心理学研究. Vol. 9 No. 2 pp. 97-104.

山中洋子・安達智子 (2009) 医療系専攻学生の意識調査：入学動機 教育・生活状況，職業価値観，就業動機からの検討. 大阪教育大学紀要. Vol. 57 No. 2 pp. 115-130.

労働政策研究・研修機構 (2012) 職務構造に関する研究：職業の数値解析と職業移動からの検討―第 2 章職業興味と職業価値観：仕事に関する指向性の検討. 労働政策研究報告書. No. 146 pp. 62-82.

大学生の就職活動における他者からの支援は入社後の組織コミットメントにどのような影響を与えるか

～リアリティ・ショックの媒介効果に着目して～

文　吉村　春美

monograph4

　近年の早期離職者、非正規雇用者・無業者の拡大、新規学卒採用、長期雇用慣行の揺らぎなどを背景に、2011年4月に大学設置基準に第42条の2「社会的・職業的自立を図るために必要な能力を培うための体制と整備」が追加され、いわゆる「キャリア教育」が義務化されることとなりました。しかしながら、新規大学卒業者の入社3年目までの早期離職状況を見ると、キャリア教育義務化の2011年以降の離職状況はほとんど改善の傾向が見られていません[1]。早期離職は、個人にとってはキャリアが未形成のまま転職を余儀なくされ、その結果転職が困難になりワーキングプア化する可能性を含むことが指摘されています（平林 2010）。一方、企業にとって迅速な組織適応は、育成コスト上の課題のみならず、その後の組織内における個人の革新行動を左右することが指摘されており（保田・溝上 2014）、新規大卒者の円滑な組織適応は大学と企業双方にとって大きな課題であるといえます。

　そこで、本章では、早期離職をはじめとする新規大卒者の組織適応という課題に対して、就職活動中の行動が及ぼす影響を明らかにします。特に就職活動中の行動のうち、他者からの支援を得ることが入社直後の組織適応（リアリティ・ショックや組織コミットメント）に及ぼす影響を検討します。分析の結果、就職活動中に支援者を持つことが、組織コミットメントを向上させるだけでなく、就職予定先の満足度を媒介して、リアリティ・ショックの軽減と組織コミットメントの向上に影響を及ぼすことが明らかになりました。大学生の人間関係の希薄化が指摘されるなか（溝上 2014）、就職活動中に他者との関わりを持ち、支援を獲得することが入社後の組織適応にも有効であることが示唆されました。大学にとっては、学生への支援内容を個別多様化し、孤立傾向にある学生に「届く」支援の一層の提供が求められるといえます。

　他者から支援を得ることは精神的負荷のかかることではありますが、一方で慣れやコツに依存する側面もあるでしょう。就職活動が他者との関係性を構築することの連続であることを考えると、大学在学中に他者からの支援獲得の経験値を高めておくことも就職活動や入社後の組織適応にとって有効な方策だと考えられます。これらを背景に、ワークショップ編におけるヒッチハイクワークショップを実施しました。このワークショップでは、他者に支援を求め、獲得することが経験できます。あわせてご参照ください。

[1] 厚生労働省「新規学卒者の離職状況（平成23年3月卒業者の状況）」によると、キャリア教育が義務化された2011年以降の離職状況は、それぞれ1年目では、13.4%、13.1%、12.7%、2年目では、10.1%、10.2%、と推移している。

1. はじめに

早期離職者、非正規雇用者・無業者の拡大、長期雇用慣行の揺らぎなどを背景に、最終の学校教育から就職へ移行するパターンが複雑化・多様化している状況にある。近年ではこの「学校から職業への移行（transition from school to work）」（以下「トランジション」と記述）を円滑にすることに貢献すべく、いわゆるトランジション研究が進展している。トランジション研究では、大学生活と卒業後の仕事についての所得や昇進など、能力や業績との関係を明らかにする研究がほとんどである（溝上ほか 2012）が、早期離職や職業への適応と大学教育の関係を論じた研究は多くはない。数少ない研究の中で、梅崎・田澤 (2013) は、在学中の成績やキャリア意識と初期キャリアにおける内定先満足度や離職の有無の関係を検証しているが、離職の規定要因となる職業への適応との関係については十分明らかにされていない。

本研究は職業への適応の指標として、リアリティ・ショックに着目する。リアリティ・ショックとは、「組織参入前の期待と参入後の認識の間の相違など、応募者から正社員への移行によって生じる認識の変化」と定義され (Dean 1983)、若年就業者の適応課題であるとともに、早期離職の抑制に効果があるとされる（尾形 2006）。このリアリティ・ショックが、組織コミットメントや職場モチベーションの低下、新人の離職や欠勤の増加を引き起こすことはさまざまな研究（尾形 2006, 小川 2005, 鈴木 2002, 竹内 2004 など）によって明らかになっており、リアリティ・ショックを軽減する要因の解明が求められる。また、本研究が着目するもうひとつの職業への適応指標は組織コミットメント[2]である。組織コミットメントとは、「その組織に居続けたいと感じている程度」を示し、期待と現実のギャップによる心理的落ち込みによって入社1年目に急速に低下し、2年目から6〜7年目まで停滞後、昇進あるいは昇格をきっかけに上昇することが明らかになっている（鈴木 2013）。以上のことから、組織への適応を促すためには入社直後のリアリティ・ショックを軽減し、さらに入社後数年の組織コミットメントを高く保つことが重要であると考える。従って、本章は学校から職業への円滑な移行の促進に貢献すべく、新規大卒者の入社後の組織適応を促す要因の探求を就職活動との関係から試みるものである。

2. 理論的背景と仮説の提示

本研究では、新規大卒者の入社後の組織適応を促す要因を探求すること目的とするが、特にトランジションにおける就職前の重要なプロセスである就職活動と近年の大学生にみられる他者との関係性の希薄化という問題に着目する。従って、以下ではトランジションにおける就職活動に関する研究と他者との関係性が入社後の組織適応に及ぼす影響に関する研究について概観し、研究の仮説を提示する。

2.1. トランジションにおける就職活動

大学生活と初期キャリアにおける適応を探求する研究では、大学生活の変数として、大学生活の重点（舘野 2014）や大学時代のキャリア意識や過ごし方、学習への取り組み（保田・溝上 2014）などが用いられている。しかし、これらの研究には就業前の重要なプロセスである就職活動の影響力が分析モデルから捨象されているという問題がある。保田・溝上 (2014) の研究では、初期キャリアに与える大学の説明力がそれほど大きくない（決定係数 .10 〜 .15）ことが指摘されており、就職活動の影響力を含んだトランジションモデルの分析が必要であると考える。

2.2. 他者との関係性が初期キャリアに与える影響

下村・木村 (1994) は、就職活動において私的な情報源の重要性を指摘しているほか、木村 (2014) は大学時代「豊かな人間関係を」を重視していた学生ほど、就職活動 (73.2%) や最初の配属先

---

[2] 組織コミットメントとは組織コミットメント研究で最も引用されるマイヤーとアレンによれば「組織と従業員の関係を特徴づけ、組織におけるメンバーシップの継続あるいは中止する決定に関する心理的状態」と定義され（鈴木 2007）、情緒的コミットメントと功利的コミットメントの2つの次元に分けられる。本研究における組織コミットメントは、「その組織に居続けたいと感じている程度」を示す情緒的コミットメントを示すこととする。

（73.0%）を肯定的に捉えていたことを明らかにしているように、就職活動中の他者からの支援は重要な役割を果たしているといえる。しかし、全国大学生活協同組合連合会の「学生の消費生活に関する実態調査」（1982～2010）では、1980年代まで多数派だった大学の重点における「豊かな人間関係」が減少の一途をたどっている現状にある（溝上2014）。この人間関係の希薄化は、大学生の自己形成や成長を阻害するだけでなく、組織の適応に対しても負の影響を及ぼしている可能性が考えられる。

そこで、本研究は、就職活動における他者の支援が初期キャリアの適応を促すリアリティ・ショックと組織コミットメントに及ぼす影響を明らかにすることを目的とする。既存のトランジション研究では、就職活動中の他者支援とリアリティ・ショックおよび組織コミットメントとの関係を扱った研究は未だ見られておらず、職業への円滑な移行、早期離職の改善に向けて大学にどのような貢献ができるかについての提言を試みるものである。

2.3. 本研究の仮説

下村・堀（2004）は人的つながりによる情報が「企業社会」に対するリアリティの形成に寄与することを示唆している。このことから他者支援により自己理解や職業理解に関する情報を獲得することが、リアリティ・ショックの軽減につながることが推測される

さらに、Stumpf et al.(1984)や竹内・竹内(2009)は、就職活動中のキャリア探索行動が入社時の組織コミットメントに正の影響を及ぼすことを明らかにしている。キャリア探索行動とは、主にキャリアに対する情報収集を意味し、組織適応に影響する重要な概念であると考えられている（Stumpf et al.1984）。他者支援が自己や職業理解を促し、その結果組織コミットメントを強める効果を持つことが考えられる。これらのことから、以下の仮説を設定した。

仮説1：就職活動中に他者の支援を受けることは、入社直後のリアリティ・ショックや入社後数年の組織コミットメントに直接的な影響を及ぼす。

仮説1では他者支援が初期キャリアに及ぼす直接的な効果について述べたが、間接的な効果についてはどうだろうか。苅谷ほか（2006）は、会ったOB・OGの数が就職活動満足度を規定していること、下村・木村(1997)は家族、先輩、友人など身近で私的な情報源から得る就職活動中のソーシャル・サポートが就職活動の満足度と関係していることを明らかにした。このことから、多様な人間関係から情報を含めた支援を得ていた者は就職活動の成果としての「就職予定先の満足度」を肯定的に捉えていたものと予測でき、この満足度が初期キャリアに対する媒介効果を持つものと考えられる。そこで、以下の仮説を設定した。

仮説2：就職活動中に他者の支援を受けることは、就職予定先の満足度を媒介し、リアリティ・ショックを軽減する。

仮説3：就職活動中に他者の支援を受けることは、就職予定先満足度を媒介し、組織コミットメントを高める。

以上を踏まえ、本研究は就職活動において他者の支援を受けていることが就職予定先の満足度を媒介し、リアリティ・ショックと組織コミットメントに直接的・間接的影響を及ぼすというモデルを仮定し、その仮説モデルを共分散構造分析によって検証する。

3. 研究方法

本節では、調査の概要、測定尺度について説明を行う。

3.1. 調査の概要

調査の概要は木村章で述べた通りであるが、本章の重要な問題関心である「就職活動中に他者の支援を受けたことがあるかどうか」について、回答者の属性は

表1 回答者の属性[3]

会社規模	度数	性別		社会人経験年数			支援者の有無	
		男性	女性	1年目 (1か月~12か月)	2年目 (13か月~24か月)	3年目以上 (25か月~)	無	有
~299人	46	14	32	8	33	5	15	26
300~999人	14	5	9	2	10	2	4	10
1000~2999人	16	7	9	1	14	1	3	12
3000~4999人	8	3	5	1	7	0	2	6
5000~9999人	7	5	2	2	5	0	1	5
10000人~	10	5	5	1	8	1	2	8
合計	101	39	62	15	77	9	27	67

表1の通りであり、回答者の28.7%が「就職活動中助けになった人はいない」と回答している。

3.2. 測定尺度

1) 就職活動中の支援者の有無について、「大学時代、あなたの就職活動のもっとも助けになってくれた人」を尋ね、回答者とどのような関係であったかを、(1) 大学の先生・教授、(2) 大学のキャリアセンター等の職員、(3) 就職先の会社の人、(4) 家族（両親や兄弟姉妹）、(5) 大学の先輩、(6) 大学の友人（同期）、(7) 大学外の先輩、(8) 大学外の友人（同期）、(9) その他、(10) 助けになってくれた人はいない、から最もあてはまるものを尋ねた。以下の分析では、(1)~(9)の回答を「就活支援者有=1」、(10)を「就活支援者無=0」のダミー変数を作成し、使用した。

2) 就職予定先に対する満足度は、就職活動を終えた当時の気持ちについて、「自分の就職予定先には満足していた」かを尋ねた。評定は"あてはまる(5)"~あてはまらない(1)"の5段階で求めた。「就職予定先満足度」と命名し、以下の分析では評定を得点化して使用した。

3) リアリティ・ショックについて、小川(2005)の入社後の組織適応課題を測定する尺度5項目の語尾を過去形に修正するなどし、使用した。項目は、「入社すると、実際の仕事内容にショックを受けた」、「入社すると、実際の会社の姿にショックを受けた」などである。小川(2005)と同様1因子構造を想定し、確認的因子分析を行った。係数と修正指数を参照しながら、本研究が着目する大学から職業への移行初期とは若干時制の異なる会社の制度や入職後のキャリアに関する2項目を削除した。残り3項目を「リアリティ・ショック（α=.86）」と命名し、以下の分析では得点を加算平均して使用した。

4) 組織コミットメントについて、本研究では、若年就業者が所属組織に対して定着したいと感じるかを重視するため、情緒的コミットメントに限定した尾形(2013)の尺度3項目を使用した。項目は、「私は、この会社の社員であることを誇りに思う」、「私はこの会社に愛着を持っている」などである。尾形(2013)と同様1因子構造を確認した。「組織コミットメント（α=.94）」と命名し、以下の分析では得点を加算平均して使用した。

5) また、苅谷ほか(2006)では就職活動満足度の規定要因として企業規模（従業員数）が明らかになっているため、統制することとした。

4. 結果と考察

本節では、分析結果を提示し、仮説の検証結果と考察について論じる。

4.1. 分析結果

101名の回答データについて、得られた変数間の相関分析(表2)を行い、その結果と上述の仮説に基づき共分散構造分析を行った。なお、欠損値の処理はFIMLによって推定を行った。パスの推定値及びモデル適合度をもとに、5%水準で有意でないパスを削除しながら最終的にモデルを確定

---

3 支援者の有無についての回答者は94名であり、7名が欠損値となっている。

表2 変数の記述統計および相関係数・α係数

	M	SD	α係数	1	2	3	4	5
1 会社規模（従業員数）	2.47	1.72	-	-				
2 就活支援者の有無	0.71	0.45	-	.15	-			
3 就職予定先満足度	3.46	1.34	-	.30**	.25*	-		
4 リアリティ・ショック	2.98	1.10	.86	-.07	.09	-.31**	-	
5 組織コミットメント	3.00	1.11	.94	.27*	.28*	.47***	-.34**	-

*p< .05 **p< .01 ***p< .001

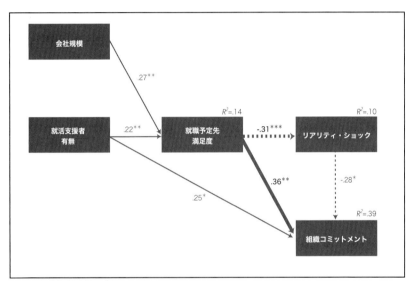

図1　共分散構造分析結果 [4]

した。分析結果は図1の通りである。モデルの適合度は、$\chi^2(3)=5.34, n.s.$、NFI=.90、CFI=.94、RMSEA=.09 であり、いずれも基準を満たしたため適合モデルであると考え、このモデルを採用した。

4.2. 仮説の検証と考察

仮説1「就職活動中に他者の支援を受けることは、入社直後のリアリティ・ショックや入社後数年の組織コミットメントに直接的な影響を及ぼす」について、他者支援は組織コミットメントに対して5%水準で有意な正の直接効果（.25）を持つが、リアリティ・ショックに対しては有意な直接的効果を及ぼさないことが明らかになった。

この他者支援の効果の違いは、支援者から得られる支援内容の差に起因するものと考えられる。支援者の内訳は表3のとおりである。就職活動時に助けになってくれた人がいると回答した人のうち、家族（両親や兄弟姉妹）が16人（23.9%）と一番多いが、次に大学の先生・教授15人（22.4%）、大学の友人（同期）13人（19.4%）、大学のキャリアセンター等の職員10人（14.9%）となっている。支援者からは精神的支援や情報提供などの支援を受けていることが推測できるが、特に支援者の約37%を占める大学関係者からは会社組織や社会で働くことなど組織コミットメントの醸成を促す情報が獲得されたものと考えられる。

このような就職活動の際の情報収集に関する行動には進路（キャリア）探索行動と呼ばれるものがある（矢崎ほか2007）。これは「事前に刺激されていない分野における職業や仕事、組織に関する情報を獲得するための行動および認知活動」と定義され(Stumpf et al.1983)、環境探索行動と自己探索行動の2つの側面を持つ。環境探索行動は役立つ知識の獲得など企業社会に対する情報収集行動として捉えられ（矢崎ほか 2007）、環境探索行動の結果、本研究が扱う組織コ

---

[4] *p< .05 **p< .01 ***p< .001
* 実線は正の直接効果を、点線は負の直接効果を示し、太線、太字は直接効果が .30 以上であることを示す。
* 簡便化のため誤差相関は省略している。

表3 就活支援者の内訳　　　　　　　　　　　　　　　　　　　　　　　　　　　　　　　　　　　　　度数(%)

大学の先生・教授	大学のキャリアセンター等の職員	就職先の会社の人	家族（両親や兄弟姉妹）	大学の先輩	大学の友人（同期）	大学外の友人（同期）	その他	助けになってくれた人はいない	計
15(16.0)	10(10.6)	2(2.1)	16(17.0)	4(4.3)	13(13.8)	3(3.2)	4(4.3)	27(28.7)	94(100.0)

ミットメントの情緒的側面と類似概念といえる組織同一化や退職意思の低減にポジティブな影響があることが明らかになっている（Zikic & Klehe 2006）。支援者を有することが組織コミットメントに正の影響を及ぼすという結果は、上述のZikic & Klehe(2006)や大学の就職部門での相談が「役立たなかった」者より「役立った」者のほうが定着傾向が高いという労働政策研究・研修機構(2007)の研究結果を支持するものであると言える。

さらに、矢崎・斎藤（2010）は、就職活動中に企業特徴および経験・体験に関する情報探索をより行う学生は、職業に対して人間関係を重視する傾向にあることを明らかにしている。この人間関係重視の姿勢が就職活動中だけでなく入社後にも継続されることで、組織に対する好意や愛着、個人と組織の価値の適合など組織コミットメントの構成要素に対して影響を及ぼしている可能性も考えられる。

一方、リアリティ・ショックに対しては、支援者の有無は直接的な効果は持たないことが示されている。この点については以下の仮説2の結果と併せて考察したい。

次に、仮説2「就職活動中に他者の支援を受けることは、就職予定先の満足度を媒介し、リアリティ・ショックを軽減する」について、5%水準で有意な間接効果（$\mu = -.13$）が認められた[5]。リアリティ・ショックの軽減には就職予定先満足度の影響力が大きい(.31;1%水準)が、支援者を持つことによっても間接的にリアリティ・ショックを軽減することが示された。仮説1の結果を踏まえると、支援者を持つことによって、支援者から就職活動に関する情報などを得られる場合でも、直接的にはリアリティ・ショックを軽減しないが、リアリティの形成に資するような職場や仕事などの情報を踏まえ、納得して就職活動を終える場合には、間接的な効果を及ぼすということが言えるだろう。

リアリティ・ショックは入社前の期待と入社後に経験する現実のギャップによって生じる組織への幻滅感とも定義されるが（鈴木 2002）、尾形（2006）は入社後に経験する現実には多様性があることを指摘する。リアリティ・ショックを感じる現実には、職場の雰囲気や組織文化などの「組織の現実」、仕事内容の過酷さなどの「仕事の現実」、自己能力の過信を含む「自己の現実」、人間関係の悪さなどによって生じる「人間関係の現実」の4つの現実があることが実証研究から明らかにされている（尾形 2006）。

このリアリティ・ショックを感じる現実は早期退職の離職理由とも符号する。労働政策研究・研修機構（2007）によれば、前職（正社員）を勤続3年未満で離職し、現在転職して正社員として勤務している者の主な離職理由は、「仕事上のストレスが大きい」「給与に不満」「労働時間が長い」「職場の人間関係がつらい」、「会社の将来性・安定性に期待が持てない」が挙げられている。ここに挙げられるストレス、労働時間、人間関係に関する情報は入社後の影響が強いため見通しを持ちにくいことが指摘されている（梅崎・田澤 2013）。

また、近年の若年層の会社選択の基準は「仕事の内容」、「能力・個性の発揮」、「会社の雰囲気」を重視する傾向も見受けられる（谷内 2005）。

以上を踏まえると、初期キャリアにおいて経験する多様な現実、特に実際の仕事内容や労働時間、人間関係に関する情報は支援者が存在することだけでは入手することが難しい。しかしながら、支援者の存在によってある程度の見通しと納得感を持って就職予定先におけるリアリティを形成することができれば、それが

---

[5] 間接効果の有意検定はRMediation(Tofighi,D.& MacKinnon.D.P. 2011)を使用した。

リアリティ・ショックを軽減することにつながることは推測できる。松田・永作・新井 (2010) は、就職活動の不安が就職活動の満足感を抑制することを明らかにしているが、本研究は支援者の存在によって就職予定先に満足できる、つまり就職に対する不安を払拭できる状態になれることがリアリティ・ショックを軽減したのではないかと推察する。

最後に、仮説3「就職活動中に他者の支援を受けることは、就職予定先満足度を媒介し、組織コミットメントを高める」について、5%水準で有意な間接効果（μ=.20）が認められた[6]。仮説1を踏まえると、就活支援者を持つことは組織コミットメントに対して、直接効果だけでなく間接的な効果も有していることになる。就職予定先満足度を媒介する間接効果が生じるメカニズムは、就職予定先への満足を個人と仕事との適合感によって説明ができるのではないかと考える。Sacks & Ashforth(2002) によれば、就職活動は個人と職務、および個人と仕事環境への適合を媒介し、組織コミットメントに影響を及ぼすことを明らかにしている。つまり、就活者の進路探索行動が仕事内容や仕事環境との適合感の実感を促進し、就職予定先満足度を媒介して組織コミットメントに影響を及ぼしたのではないだろうか。

また、各変数が組織コミットメントに及ぼす効果は、表4のとおりである。

表4 組織コミットメントに対する効果

	総合効果	直接効果	間接効果
就活支援者	.35	.25	.10
就職予定先満足度	.44	.36	.09
リアリティ・ショック	-.28	-.28	.00
会社規模	.12	.00	.12

直接効果については、就職予定先満足度が最も大きい (.36) が、次いでリアリティ・ショック (-.28)、就活支援者 (.25) となっており、就活支援者の影響力はリアリティ・ショックの負の効果と同等に及ぶ。これまで組織コミットメントに関するメタ分析（Wanous et al.1992）では、現実と期待に差がないと感じている人ほど組織コミットメントが高いことが明らかになっているほか、最近の日本の研究（鈴木 2002, 尾形 2006）でも同様の結果が示されている。本研究では、初期の組織コミットメントに対しては、従来の研究と同様にリアリティ・ショックの持つ負の効果が明らかになったことに加え、支援者の持つ正の効果を明らかにすることができたと言える。

5. まとめと今後の課題

本節では、まとめとして、研究の理論的意義、大学教育・ワークショップ設計・企業への実践的示唆を述べ、最後に今後の課題を提示する。

5.1. 理論的意義

本研究は、学校から職業へのトランジションにおいて重要なイベントである就職活動に着目し、就職活動中の支援者の有無が、若年者の初期キャリアの適応課題であるリアリティ・ショックと組織コミットメントに対してどのような影響を及ぼすかを明からにすることを試みた。その結果、就職活動中に支援者を持つことが、初期キャリアの組織コミットメントに直接影響を及ぼすだけでなく、就職予定先の満足度を媒介して、リアリティ・ショックの軽減と組織コミットメントの向上に影響を及ぼすことが明らかになった。これまでのトランジション研究では、就職活動中の他者の支援とリアリティ・ショックや組織コミットメントを扱った研究は管見のところなく、就職活動が初期キャリアの適応に及ぼす効果を明らかにできた点に独自性が認められる。また、従来大学時代の変数が仕事のパフォーマンスに対する説明率があまり高くはなかったこと（保田・溝上 2014）を踏まえると、本研究によって就職活動中の他者の存在の影響を含めた初期キャリア適応モデルを提示できたことには意義があると考える。

特に組織コミットメントの規定要因として既存のリアリティ・ショックの効果 (-.28) だけでなく、就職活動中の他者支援の効果 (.25) およびその影響力の大き

さを示すことができた。

また、支援者の37%を占める大学関係者（大学の教員、キャリアセンター等の職員）の支援が初期キャリアの適応に一定の効果を持っていることが明らかになった。従来の研究では、インターネットによる就職活動が一般的になった現在においても、OB/OGから入手した情報が内定という就職活動結果を左右することが示されている(下村・堀 2004)。本研究において、各支援者の影響力は不明であるものの、大学の先輩からの支援は支援者全体の6%であり、大学関係者の37%と比較すると低くなっている。これは、企業を取り巻く環境や求められる人材の変化や就職協定の廃止を契機に多様化した企業の採用方法が関係している可能性が考えられる。近年ではインターンシップや職種別採用、オープンエントリーを採用する傾向が強まっており（谷内 2005）、このような状況においては業界や業種についての広範囲の情報を保有している大学関係者の情報媒体としての価値が高まっているのではないだろうか。労働政策研究・研修機構(2007)の調査でも、私立の中位以下のランクにおいては、多様な支援、特に大学の支援を利用することが正社員内定に効果があることが明らかになっているとおり、本研究でも就職成果に対する大学の効果が示されたといえる。

5.2. 大学教育への実践的示唆

以上のことから、大学は現在提供している支援を今後も継続していくことが重要であると考える。一方で、本研究において「就職活動中助けになった人はいない」と回答した者が全体の28.7%存在していることを考慮すると、こうした学生の孤立化を防ぐ対策が求められる。身近な存在からサポートを得ることは、内定の獲得や初期キャリアの適応などに効果があるだけでなく、就職活動プロセスの維持（中島・無藤 2007）や精神的な健康にとっても有効であること（浦 1992）も明らかになっている。また、玄田・曲沼 (2004) は、無業者は狭いソーシャルネットワークしか構築できないことを指摘するほか、梅崎・田澤ほか (2013) は若年者のソーシャルネットワークの閉鎖性が就業を妨げ、その結果ソーシャルネットワークの閉鎖性を生むという悪循環を示唆している。実際、小杉 (2007) でも相談相手なしと回答したグループは大学のランクに関わらず正社員内定の確率が低かったことを示している。大学としては、支援内容を個別多様化し、孤立傾向にある学生に「届く」支援の提供を検討する必要がある。近年では高校から大学への移行問題の対策として初年次教育が実施されているが、これとキャリア教育を有機的につなげ、少人数のグループワークやステューデント・アシスタントの配置など、より多様な他者と関わる機会を提供するようなカリキュラム設計を期待したい。

5.3. ワークショップ設計への示唆

本研究の結果が本書で実施したワークショップにどのように反映されているかについて述べる。本研究の目的は就職活動中の支援者の有無が初期キャリアの適応にどのような影響を与えるかを明らかにすることであったが、調査の回答者属性から、「就職活動中助けになった人はいない」と回答した者が全体の28.7%存在していることも明らかになった。助けになる人がいなかったと回答した背景には、周囲に頼れる人が存在しなかった、存在していたが助けられたと回答者が認識しなかった、支援の求め方がわからなかった、などの要因が考えられる。その中でも、現代の大学生活における人間関係の希薄化 (溝上 2014) という現象を考慮すると、他者に支援を求めるために必要な関係性の構築や自我の発達が課題となっているのではないかと考えられた。そこで、ワークショップの設計に際しては、他者との人間関係の構築が必要とされること、他者に支援を求める状況を作ること、実際に支援を獲得すること、その経験を通じて自分自身を成長させる機会を作ることができるような配慮を行った。

これらの点が最も強く反映されているのが、ワークショップ編で紹介した「就活ヒッチハイク・ワークショップ」である。このワークショップでは、あまりよく知らない者同士がひとつのグループとなり、見ず知らずの人に声をかけながらヒッチハイクをし、目的地に到達するというミッションが与えられる。ワークショップ全体を通じて、グループ内での人間関係を構築することが求められると同時に、通りすがりの他者との関係性を構築しなければならないという、参加者が徹底的に他者との関係を作らなければならない状況に置かれるような設計がなされている。これは、就職活動が他者との関係性を構築することの連続であること、さらにその他者を選択することが不可能な状況であることを考慮し、類似の状況がワークショップの中で再現されることを意図している。

また、他者に支援を求める、支援を獲得する状況として、目的達成のために誰かの助けを借りることが必須となるヒッチハイクがワークショップのメインの活動となっている。実際のヒッチハイクを通じて、参加者は支援を得る際にはどのようなことに気をつければよいのか（例：自分が何者なのかを伝える、助けが必要であることを伝える、自己表現の大切さ、など）を理解する。

最後に、支援を得た経験を通じて自分自身を成長させる機会として、ワークショップではヒッチハイクの経験に基づいて就職活動に活かせるヒントを自ら生み出す活動が設計されている。支援を得た経験を単なる経験に止めず、その経験を学びに転換させることが重要である。

5.4. 企業への実践的示唆

本研究では就職活動中に支援者を持つことが初期キャリアの組織コミットメントに直接影響を及ぼすだけでなく、就職予定先の満足度を媒介して、リアリティ・ショックの軽減と組織コミットメントに影響を及ぼすことが明らかになった。しかし、支援者の内訳のうち「就職先の会社の人」から支援を受けたと回答した回答者は支援者全体の3%と非常に少ない。就職先の会社の人間は「選考する立場」とみなされ、学生から支援者と認識される傾向が低いものと考えられる。本研究の予備調査でも「会社の人は選考に携わっていると思うと、いろいろ聞きにくい」という学生の本音も聞かれた。このような現状に対し、予備調査として採用活動についてインタビューを行ったある企業では、特定の選考段階をパスした学生に対しては、相談相手として先輩社員を選任し、学生の兄や姉として現場の仕事を伝えると同時に就職活動の悩みなどに答えられるようにしている事例が紹介された。このように企業と学生との接点を選抜機能に限定せず、相談機能へも緩やかに拡大することが長期的には組織コミットメントの向上やリアリティ・ショックの軽減につながる可能性があると言えるだろう。

5.5. 今後の課題

最後に本研究はいくつかの今後の課題を残している。まず第1に、支援者毎の支援内容とその効果を明らかにすることができなかったことが挙げられる。支援の内容には、励ましや支え、相談相手などの「情緒的サポート」と情報提供やアドバイスなどの「道具的サポート」がある。また、支援の内容や情報には多様であることが想定され、吉田 (1987) は、進路選択の情報を、自分の能力や興味、適性などに関する「決定者個人に関わる内的情報」や、会社の業務内容、給与、会社の雰囲気などの「決定者にとって外的な環境的情報」やどのように選択・決定するかに関する「進路選択・決定の手続きそのものに関する情報」の3つに分類しているほか、下村・木村 (1997) は「家族」は「経済的な援助」、「先輩」は「就職活動の進め方」、「同性の友人」は「就職活動の現在の情報」、「異性の友人」は「自分への励まし」というサポートを提供していることを示している。支援者がどのような支援を提供することが初期キャリアの適応に影響を及ぼすのかは、大学を含む支援者がより適切な援助行動

をとる一助になろう。今後は支援者毎の効果を検討できるようサンプルの獲得を工夫し、多母集団分析などによって効果の違いを検証することが求められる。

第2に、支援をどのように獲得したのかを明らかにできなかった点である。本研究では、支援者が誰かを明らかにすることはできたが、大学の先生とは、指導教員なのかキャリア教育の指導を行う教員なのか、キャリアセンターの職員とは、どのような場面で学生に関わった職員なのかなど、支援獲得のルートは明らかにされていない。どのような支援者がどのようなルートで獲得され、それらにどのような効果があるのかを明らかにすることで大学はより適切で効果的な支援を提供することが可能になると考える。

第3に、本研究では就職活動中の支援の有無に着目しているが、在学中の他者との関係性については分析に含んでいない。今後トランジション研究としては、研究の時間軸を拡張し、在学中の他者との人間関係の持ち方が就職活動や職場のパフォーマンスにどのような影響を及ぼすかという分析枠組みによる研究が求められると考える。

参考文献

Dean,R.A (1983) Reality shock:the link between socialisation and organizational commitment. *Journal of Management Development*. Vol. 2 pp. 55-65.

玄田有史・曲沼美穂 (2004) ニート - フリーターでもなく失業者でもなく. 幻冬社.

苅谷剛彦・平沢和司・本田由紀・中村高康・小山治 (2006) 大学から職業へIIIその1- 就職機会決定のメカニズム -. 東京大学大学院教育学研究科紀要.Vol. 46 pp. 43-74.

木村充 (2014) 就職時の探究. 中原淳・溝上慎一 (編) 活躍する組織人の探究 大学から企業へのトランジション. 東京大学出版会. pp. 91-116.

小杉礼子 (編) (2007) 大学生の就職とキャリア「普通」の就活・個別の支援. 勁草出版.

松田侑子・永作稔・新井邦二郎 (2010) 大学生の就職活動不安が就職活動に及ぼす影響 - コーピングに注目して -. 心理学研究. Vol. 80 No. 6 pp. 512-519.

溝上慎一 (2014) 大学時代の経験から仕事につなげる：学校から仕事へのトランジション. 中原淳・溝上慎一 (編) 活躍する組織人の探究 大学から企業へのトランジション. 東京大学出版会. pp. 49-72.

溝上慎一・中原淳・舘野泰一・木村充 (2012) 仕事のパフォーマンスと能力業績に及ぼす学習・生活の影響－学校から仕事へのトランジション研究に向けて－. 大学教育学会誌. Vol. 34 No. 2 pp. 139-148.

中原淳・溝上慎一 (編) (2014) 活躍する組織人の探究 大学から企業へのトランジション. 東京大学出版会.

中島由佳・無藤隆 (2007) 女子学生における目標達成プロセスとしての就職活動：コントロール方略を媒介としたキャリア志向と就職達成の関係. 教育心理研究. Vol. 55 pp. 403-413.

尾形真実哉 (2006) 新人の組織適応課題 - リアリティ・ショックの多様性と対処行動に関する定性的分析. 人材育成研究. Vol. 2 No. 1 pp. 13-30.

尾形真実哉 (2013) 上司・同僚・同期による組織社会化プロセス. 金井壽宏・鈴木竜太 (編) 日本のキャリア研究―組織人のキャリア・ダイナミクス. 白桃書房. pp. 197-222.

小川憲彦 (2005) リアリティ・ショックが若年者の就業意識に及ぼす影響. 経営行動科学. Vol. 18 No. 1 pp. 31-44.

労働政策研究・研修機構 (2007) 大学生と就職―職業への移行支援と人材育成の視点からの検討―. 労働政策研究報告書. No. 78.

Saks,A.M.,& Ashforth,B.E. (2002) Is job search related to employment quality? It all dependes on the fit. *Journal of Applied Psychology*. Vol. 87 pp. 646-654.

下村英雄・堀洋元 (2004) 大学生の就職活動における情報探索行動：情報源の影響に関する検討. 社会心理学研究. Vol. 20 No. 2 pp. 93-105.

下村英雄・木村周 (1994) 大学生の就職活動における就職関連情報と職業未決定. 進路指導研究：日本進路指導学会研究紀要. No. 15 pp. 11-19.

下村英雄・木村周 (1997) 大学生の就職活動ストレスとソーシャルサポートの検討. 進路指導研究：日本進路指導学会研究紀要. Vol. 18 No. 1 pp. 9-16.

Stumpf,S.A.,Colarelli,S.M,& Hartman,K. (1983) Development of the career exploration survey (CES). *Journal of Vocational Behavior*. Vol. 22 pp. 191-226.

Stumpf,S.A.,Austin, E.J.,& Hartman,K. (1984) The impact of career exploration and interview readiness on interview performance and outcomes. *Journal of Vocational Behavior*. Vol. 24 pp. 221-235.

鈴木竜太 (2002) 組織と個人―キャリアの発達と組織コミットメントの変化. 白桃書房.

鈴木竜太 (2007) 自律する組織人　組織コミットメ

ントとキャリア論からの展望. 生産性出版.

鈴木竜太 (2013) 組織と個人とキャリアの関係 - 日本人の関係性のキャリア論. 金井壽宏・鈴木竜太（編）日本のキャリア研究 - 組織人のキャリア・ダイナミクス. 白桃書房. pp. 43-67.

竹内倫和 (2004) 新規学卒就職者の組織適応と態度変容. 岩内亮一・梶原豊（編）現代の人的資源管理. 学文社. pp. 167-183.

竹内倫和・竹内規彦 (2009) 新規参入者の組織社会化メカニズムに関する実証的検討：入社前・入社後の組織適応要因. 日本経営学会誌. Vol. 23 pp. 37-49.

谷内篤博 (2005) 大学生の職業意識とキャリア教育. 勁草出版.

舘野泰一 (2014) 入社・初期キャリア形成期の探求. 中原淳・溝上慎一（編）活躍する組織人の探求 大学から企業へのトランジション. 東京大学出版会. pp. 117-138.

平林正樹 (2010) 新規学卒者の採用から定着までの企業による支援活動 - 人事・採用担当者の視点から. 上西・川喜田（編）就職活動から一人前の組織人まで 初期キャリアの事例研究. 同友館. pp. 52-81.

梅崎修・田澤実 (2013) 初期キャリアの決定要因―全国の大学4年生の継続調査. 梅崎修・田澤実（編）大学生の学びとキャリア 入学前から卒業後までの継続調査の分析. 法政大学出版局. pp. 59-76.

梅崎修・田澤実・八幡成美・下村英雄 (2013) 人間関係の構築と進路意識 - 高校生に対するキャリア意識. 梅崎修・田澤実（編）大学生の学びとキャリア 入学前から卒業後までの継続調査の分析. 法政大学出版局. pp. 101-116.

浦光博 (1992) 支えあう人と人 - ソーシャル・サポートの社会心理学. サイエンス社.

Wanous,J.P.,Poland,T.D.,Premack S.L., & Davis,K.S. (1992) The effects of met expectations on newcomer attituteds and behavior: A review and meta-analysis. *Journal of Applied Psychology*. Vol. 77 No. 3 pp. 288-297.

保田江美・溝上慎一 (2014) 初期キャリア以降の探求. 中原淳・溝上慎一（編）活躍する組織人の探求 大学から企業へのトランジション. 東京大学出版会. pp. 139-173.

矢崎裕美子・斎藤和志 (2011) 就職に関する情報探索行動と個人特性との関連－内定獲得状況に注目して－. 東海心理学研究. No. 5 pp. 33-41.

矢崎裕美子・斎藤和志・髙井次郎 (2007) 就職に関する情報探索行動尺度の作成. 名古屋大学大学院教育発達科学研究科紀要. 心理発達科学. No.54 pp. 127-134.

吉田明子 (1987) 進路決定における意志決定過程の学習の効果. 進路指導研究：日本進路指導学会研究紀要. No. 8 pp. 1-6.

Zikic,J.& Klehe,U. (2006) Job loss as a blessing in disguise: The role of career exploration and career planning in predicting reemployment quality. *Journal of Vocational Behavior*. Vol.69 pp. 391-409.

就職活動は早期離職に影響するのか
～３つの就職活動タイプと大学生活、入社後の組織適応の関連～

文　高崎　美佐

人口の減少に伴い労働力が不足する時代を迎える中で、大卒者が新卒で入社した企業を早期に離職することは、大きな課題となっています。本章ではこの課題に答えるために、大学生活、就職活動、入社後の組織適応の関連について明らかにします。具体的には、１）「大学生活の充実度」や「大学生活の重点」と就職活動開始時点での「入社志望企業の有無」の関連、２）就職活動開始時点での入社志望企業の有無と「離転職経験」や新卒で入社した企業で勤続しようとする意思との関連を明らかにします。

日本では、新卒一括採用の雇用慣行が広く普及しています。新卒一括採用の仕組み上、大学生は一定の時期に就職活動を始めることが求められています。しかし、この慣習によって、就職活動を始める準備が整っていない学生も、時期が来れば「とりあえず」就職活動をはじめ、「とりあえず」就職する、という事態が起こっています。これまで、この雇用慣行のもとで実施される就職活動の実態はあまり明らかにされておらず、就職活動の結果や入社後の関連についても実証的に明らかにされてこなかったという背景があります。本研究では、１）入社志望企業の有無によって就職活動への取り組み方が異なるのか、２）志望の成就によって就職活動の結果を「本意就職」「不本意就職」「とりあえず就職」の３つに分け、結果によって入社後の組織適応が異なるのかについて検討を行いました。

入社志望企業の有無と就職活動の取り組みに関する検証では、志望企業（目標）があることで就職活動のモチベーションがあがり、就職活動への取り組み方、充実度が高まることがわかりました。就職活動結果と入社後の組織適応に関する検証では、新卒で入社した企業への適応状態が「本意就職」と「不本意就職」で異なるだけでなく、「とりあえず就職」が「不本意就職」と同程度に適応状態が好ましくないことが明らかになりました。

志望企業の有無と大学生活の関連についての検証によって、大学教育に対してのふたつの示唆が得られました。ひとつめは、学生が充実した大学生活を送ることができる仕組みを大学教育として設定することがトランジションへの貢献という意味でも重要であるということです。ふたつめは、就職活動の支援にとどまらず、就職活動の振り返りまで支援をする必要性という大学のキャリア教育に対する示唆でした。本研究で得られた就職活動においての目標の重要性についての知見は「就活ヒッチハイク」に活用されています。

1. 問題意識

本章では、入社した企業を就職活動時に志望していたかどうかと入社後の組織適応の関連性を検討する。さらに、就職活動時の志望の有無と大学生活の関連性についても検討を行う。

大学生が大学卒業後の就職先を決めるための活動は、就職活動ではなく就社活動と言われることがある。これは、在学中の大学生を特定の職種ではなく総合職として採用する日本の雇用慣行に起因している（濱口 2013）。このため、多くの大学生が「この仕事がしたい」というより「この企業に入りたい」というように、企業や業界に焦点をあてて就職活動をすることになる。大学生がどのような企業を就職先として志望しているかは、「大学生の人気企業ランキング[1]」で知ることができる。ランキングの上位は三菱東京UFJ銀行、全日空、サントリーホールディングス、JTBグループなど、大学生にも馴染みがあり従業員規模5000人を超える大企業がほとんどである。しかし、従業員規模1000人〜4999人の企業、5000人以上の企業における新規大卒者の求人倍率推移[2]を確認すると、2015年3月卒までの求人倍率は常に1.0倍を下回っており、最も小さい値が0.38倍（2010年3月卒の企業規模5000人以上）、大きい値でも0.84倍（2015年3月卒の従業員規模1000〜4999人）である。つまり、求人倍率から単純に考えれば、従業員規模5000人以上の企業を志望していた場合、もっとも厳しいときには5人中3人は志望した企業には入れない状況が発生していた。

また、新規大卒者を同時期に入社させ、入社後に育成するという新卒一括採用の仕組みでは、大学生は卒業までに就職先を決めることが望ましい（玄田 1997）。したがって、志望していた企業から内定が得られない場合、卒業後に所属する組織を確保するためには、志望を変更して別の企業に応募し、内定を得なければならない。つまり、就職を優先した結果、自分の希望にあった就職先でなくても入社するという「不本意就職」が起こりやすいと考えることが出来る。

上記のように、大学生の大企業志向と一括採用というふたつの要因が重なることで、本来の志望とは異なる企業に入社する状況が助長されていると考えられる。しかし、「不本意就職」であることの入社後に対する影響についての研究蓄積は少なく、そもそも入社後の組織適応の要因として就職活動を検討した研究は非常に少ない（竹内 2014）。この状況は、1990年代後半以降の就職氷河期に増加した就職に関連する研究群の関心事に起因していると考えられる（高崎 2015）。就職活動研究の関心事は、就職出来ない大卒者の増加に伴い、正規の従業員として就職させる要因であり、新卒者の初期適応に関する研究の関心事は適応を促す「入社後」の組織要因であった。したがって、入社前の要因は、新卒者の組織適応を規定するものとして検討されるに及ばなかったのである。

本研究は、入社前の要因（就職活動）と入社後の組織適応の関連性を明らかにすること以外に、2点の特徴がある。1点目は、先行研究（小林・梅崎・佐藤・田澤 2014, 高崎 2015）では、第一志望に入社できたことの早期離職もしくは組織への定着意思に対する影響が検討されているが、本稿では第一志望に入社できなかったことの影響を検討する点である。2点目は、第一志望に入れたか入れなかったかという二項対立で捉えるのではなく、志望がなかったという観点を検討する点である。

2. 先行研究

2.1 入社志望企業と就職活動の結果

本項では、就職活動の結果を取り扱った先行研究を概観する。就職活動の結果の規定要因に関する研究は、労働経済学や教育社会学分野で多く行われてきた。これらの研究群では、先述の通り正規従業員として就職出来たかどうかが研究の関心事であったことから、大企業や人気企業に正規従業員として就職したことを就職活動の成功と扱っており（永野

---

[1] 就職情報を取り扱う企業マイナビ、朝日学情、文化放送キャリアパートナーズ、みんなの就活日記の4つのサイトを参照した。

[2] リクルートワークス研究所 (2015) を参照した。

[3] 東京大学社会科学研究所データアーカイブで若年雇用関連の調査を検索したところ10件がヒットし、そのうち「就職先が第一希望（志望）か」という項目はどの調査にも見当たらなかった。

2005)、入社した企業が元々志望していた企業であったかどうかという結果の詳細までを検討することは多くなされてこなかった[3]。

第一志望かどうかが検討された場合でも、第一志望に入社できたかを問うことはあっても、第一志望には入社できなかったという「不本意就職」の割合が提示されている研究は多くはない。第一志望に内定した割合が示されているものは、下村・堀(2004)、小林・梅崎・佐藤・田澤(2014)であった。下村・堀(2004)では、第一志望に内定したものは38.8%(19名/49名)であり、小林・梅崎・佐藤・田澤(2014)では、「第一希望の内定先ダミー変数」の平均値が0.56であった。第一志望に入社した以外の者がすべて第一志望ではない企業に内定したとすれば、二つの研究ともに40％程度が「不本意就職」となる。安田(1999)では、労働市場の採用人数制約によって当初の志望業種から強制的に業種を移動させられた割合が示されており、この割合(つまり「不本意就職」割合)が、男女ともに全体のおよそ半数存在していることを明らかにしている。以上から不本意就職の割合は、調査対象や尋ね方によって差があるものの、おおよそ4割～5割程度存在していると考えられる。ただし、この推論は、学生は何らかの希望に基づき志望企業を決めて就職活動を行っているはずであり、第一志望に入社した人以外はすべて第一志望に入社できなかった「不本意就職」であるという前提に立ったものである。

しかし、大学を3月に卒業して4月から就職するためには就職支援サイトや就職マニュアル本に記載されているいつ頃、どのような活動を行うべきなのかにそった「標準的な就職活動」を行う必要があり、これが新卒一括採用の選考を受けるための必要条件となっている(濱中2007)。このため、企業の採用広報の解禁日[4]がきたら就職活動(プレエントリー)を開始しなければ、新卒一括採用のスケジュールに乗り遅れ、選考すら受けられなくなってしまう。よって、入社したい業界(企業群)や企業が特にない場合も、とりあえず就職活動を開始しなければならない。つまり、本格的な応募が始まる前にやっておいた方がよいとされる準備(例えば、自己分析や業界研究など)を十分に行わないまま、就職活動を始めるケースが存在していると考えられ、以下の仮説1を導いた。

仮説1：就職活動開始時点で志望企業がないケースが存在し、そのケースは他のケースと比べて自己分析など応募前の準備に該当する行動が少ない

また、就職活動前に大学卒業後の進路や自分の就職先についての吟味が不足することで適切な企業選択ができず、入社後の組織適応に問題を抱える(例えば、入社後早期に離職したり、定着する意思が弱かったりする)可能性がある。このことから、以下の仮説2を導いた。

仮説2：就職活動開始時点で志望企業がないケースは、早期離職の割合が多い、もしくは、定着意思が弱い

これらの仮説を検討することで、就職活動の結果を成否の二つではなく、より実態に近い形で捉えることができる。また、第一志望に入社した者以外が就職活動及び入社後にどのような課題を持っているのかがわかるであろう。

2.2 不本意就職と入社後の組織適応

本項では、不本意就職と入社後の関連を取り扱った先行研究を概観する。新規大卒者の入社後の組織適応と言えば「七・五・三問題」を想起する人も多いであろう。「七・五・三」とは、中学、高校、大学を卒業して就職した企業を3年以内に辞める割合を示しており、「三」は「大学を卒業して入社した企業を3年以内に辞める割合が3割存在する」という事実を示したものである。新規大卒者の3年以内離職率が社会的な関心となったのは、大卒フリーターや大卒無業者といった存在も注目を集めた1990年代後半、就職氷河期である。厚生労働省(2013)

---

4 2016年3月卒は、大学3年生の3月が広報活動の解禁日であり、選考開始が大学4年生の8月であった。2017年3月卒はこのスケジュールの変更が検討されている

によれば、新規大卒者の3年以内離職率は1990年以前から3割前後で推移しており、就職氷河期に急激に増加したわけではない。しかし、就職氷河期という厳しい就職戦線を乗り越えて得たはずの内定なのに早々に辞めてしまうことに対し「イマドキの若者は我慢が足りない」と、早期離職は若者の志向や態度の問題として扱われていた。この状況に一石を投じたのが、労働経済学の研究である。

労働経済学分野では労働市場の需給バランスを考えるため、離職は雇用機会が多い好況期に上昇する、というのが定説である。しかし、1990年代後半～2000年前半にかけて経済状況が低迷し、雇用機会が少ないにも関わらず離職率は上昇を続け、定説と逆の動きをしていた。この動きを説明しようと労働経済学分野では多くの研究がなされ、新たな発見に至った。その発見とは、不況期に学校を卒業した世代は、採用数が少ないために不本意就職に陥りやすいこと、また、不本意就職によって離転職性向が高まる、というものである[5]。これらの研究では、志望企業に入れないこと(≒不本意就職)によって離転職が増える可能性が示されているが、被説明変数には賃金や就業状態が離転職を代理する変数として、説明変数には労働市場の需給バランス指標（例えば、求人倍率や失業率）が不本意就職を代理する変数として用いた分析が多い（太田 2010）。つまり、労働経済学の研究蓄積によって、入社当時の求人倍率の低さや失業率の高さと離職などによる不安定雇用（数年後の賃金や就業形態）の関連性は明らかになっているが、個人が元々の志望企業に入れなかったという事実と入社後の離職の直接的な関連は明らかになっていない。したがって、この変数を直接用いた実証分析によって「不本意就職」と早期離職の関連性を明らかにすることが求められる。よって、以下の仮説3を設定した。この仮説を検討することで、「不本意就職」という就職活動の結果と入社後の組織適応の関連性を直接明らかにすることが出来るであろう。

仮説3：第一志望の企業に入れない「不本意就職」の場合は、元々志望していた企業に入社できたケースに比べて定着意思が弱く、早期離職の割合が多い

なお、就職活動開始時点で志望企業がないケースが存在することが確認できた場合は、仮説1から3の検証に加えて、就職活動開始時点での志望企業の有無と大学生活との関連性を検証する。

大学と就職活動の関連性に関する研究は、教育社会学分野で多く行われている（平沢 2005, 堀 2007, 濱中 2007, 平沢 2010 など）。これらの研究群では、就職活動のプロセスと結果（堀ほか 2007, 濱中 2007）、大学の選抜制と結果（樋口 1994, 平沢 2010）が多く行われており、大学生活そのものと就職活動結果の関連性についての検討は十分ではない。そこで、ここまでの議論において就職活動の結果と関連が高いと想定される就職活動開始時点での志望企業の有無と大学生活についての検討を行う。この検討によって、就職活動、ひいては入社後に早期離職しない人材を大学においてどのように育成するかについても示唆をえることが出来るであろう。

大学生活の捉え方はさまざまあると考えられるが、本田（2002）は、大学生活の質を判断するためには、大学生活に対する自らの主体的な参加の度合いに関する評価を内包した総合的な指標である大学生活の充実度や大学生活の重点が適していると指摘している。この指摘を踏まえ、本研究では大学生活の充実度や大学生活の重点と就職活動開始時点の志望企業の有無の関連性を明らかにする。また、永野（2005）は、「是が非でも今年中に就職」との強い意志をもっていた場合に就職活動の成功[6]に正の影響を及ぼすことを明らかにしている。これを踏まえ、就業についての希望と就職活動開始時点での志望企業の有無の関連性について検討を行う。この2点を検討することで、大学生活が具体的にどのように就職活動と関連しているのかを明らかにすることが出来ると考える。

---

[5] 労働経済学の分野では「世代効果」として知られている。世代効果とは具体的に、大卒就職率が低かった1990年代末から2000年代初頭に就職活動を行った現在30代後半～40代前半の非正規就業率や賃金水準の低さが学校から社会人に移行する年の求人倍率によって有意に説明される、というものである。世代効果の存在は、太田(1999)、太田(2001)、太田・玄田・近藤(2007)など多くの研究で実証されている。

[6] 永野(2005)においては、本人が自らの就職活動についてより高く評価することを就職活動の成功と定義している。

3. 方法

3.1 使用したデータ

本章の課題設定から、第二次調査回答者101名のうち、就職活動を行っていないもの7名を除いた94名を分析の対象にした。

3.2 使用した変数

以下では、分析に使用した変数について述べる。項目詳細に関しては、木村章で既に示してあるが、以下では、分析のために新たに作成・操作した変数について説明する。

大学生活に関する変数

大学生活の送り方については、第一次調査から大学生活の充実度、大学生活の重点タイプを、就職活動の自己評価を高める「是が非でも就職」の代理変数として、就職時の雇用形態の希望を用いた。

大学生活の充実度については、回答値をそのまま用いた。大学生活の重点タイプについてはそれぞれの回答が少なく分析に適さないため、活動のメンバーの多様性によって再分類を行った。「1.勉強」「3.趣味」「5.資格取得」のいずれかに回答した場合を「多様性が低いこと」、「2.クラブ」「5.アルバイト」のいずれかに回答した場合を「多様性の高いこと」と再分類し、それ以外の回答についてはそのまま用いた。

就職時の雇用形態の希望については、「1.正規雇用の従業員以外全く考えられない」を1、それ以外を0とするダミー変数を作成して分析に用いた。

就職活動に関する変数

就職活動への取り組み状況を把握するために、第二次調査の就職活動開始時期、就職活動熱心度、充実度を、入社した企業が元々の志望企業だったかを把握するために、第二次調査の「入社することに決めた企業は、第一志望（群）企業だったかどうか」をたずねた項目に対する回答データを用いた。

就職活動開始時期は回答から3年生になる前、3年生広報解禁まで（3年生9月まで）、広報解禁月（3年生10月）、それ以降（3年生11月以降）に再分類し、分析に用いた。就職活動熱心度、就職活動の充実度は、回答値をそのまま分析に用いた。

「1.就職活動を始めた頃からの第一志望（群）企業」「2.就職活動を始めた頃からの第一志望（群）よりも魅力を感じ途中から志望した企業」を選択した場合は第一希望（群）に入社したケース、「3.就職活動を始めた頃の第一志望（群）の選考に落ちて志望した企業」を選択した場合は第一志望（群）には入社できなかったケース（以下、不本意就職と記載）、「4.就職活動を始めた頃、第一志望（群）は特になかった」を選択した場合は第一志望（群）が特になかったケースとして分析に用いた。

転職経験の有無と組織への適応状態に関する変数

はじめて入社した企業への組織適応状況を知るために、第二次調査の離転職の経験、入社1年程度時点での離職意思、仕事満足、会社満足を用いた。

4. 結果

4.1 入社予定企業の有無と入社後の組織適応

まず、志望企業がないまま就職活動を始めるケースの存在を確認する。その後仮説の検証を行う。

表1より、第一志望が特にないまま就職活動を開始する割合が、36.2％存在することが明らかになった。このグループは、時期が来たらとりあえず就職活動を開始し、とりあえず就職先を確保しようとするため「とりあえず就職」と定義した。また、就職活動開始当初の第一志望（群）から内定を得て入社したケースと、就職活動を進めるうちに当初の第一志望よりも魅力を感じて第一志望を変更しそこに入社したケースは、自分の意思を実現できたという意味で「本意就職」グループと定義し、分析に用いた。

表1 就職活動開始時の入社志望企業の有無と実際に入社した企業（単位：％　N=94）

就職活動開始時の入社志望企業の有無		入社した企業の詳細		本研究で用いる就職の分類	
あり	63.8	当初の第一志望(群)に入社	28.7	本意就職	44.7
		当初の第一志望より魅力を感じた企業に志望を変更し入社	16.0		
		第一志望の選考に落ちて、志望した企業に入社	19.1	不本意就職	19.1
特になし	36.2	（第一志望とは言えない）	36.2	とりあえず就職	36.2

表2 入社志望企業の有無による就職活動開始時期（単位：％）

	N	2年生まで	広報解禁まで（～3年9月）	広報解禁月（3年10月）	それ以降（3年11月～）	合計
志望企業あり	60	5.0	36.7	28.3	30.0	100.0
とりあえず就職	34	0.0	23.5	23.5	52.9	100.0
全体	94	3.2	31.9	26.6	38.3	100.0

χ^2 (3) = 6.04, p=0.11, Cramer's V =.18

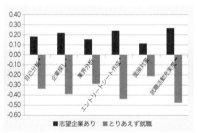

図1 入社志望企業の有無と就職活動の取り組み

表3 入社志望企業の有無と就職活動への取り組みについての平均値の差

	志望企業あり (N=60)		とりあえず就職 (N=34)		F値	t値	効果量
	平均値	標準偏差	平均値	標準偏差			
自己分析	3.48	1.16	2.97	1.22	0.38	2.03 *	0.48
企業探し	3.55	1.31	2.94	1.35	0.22	2.15 *	0.54
業界分析	2.93	1.19	2.50	1.31	1.05	1.64	0.39
エントリーシート作成	3.62	1.28	2.94	1.23	0.12	2.50 *	0.63
面接対策	3.42	1.25	3.09	1.22	0.31	1.23	0.31
就職活動充実度	3.07	1.09	2.32	1.20	0.86	3.07 **	0.70

* p<.05, ** p<.01

4.1.1 入社志望企業の有無と就職活動の結果

就職活動開始時期、熱心度、充実度の3つの観点について、就職活動開始当初に志望企業があったグループと志望企業がなかった「とりあえず就職」グループの2群についてχ^2分析、平均値の差の検定を行うことで、仮説1の検証を行った。入社企業の志望状況と就職活動の開始時期は、「とりあえず就職」グループで採用広報解禁月より遅く開始する割合が多いものの有意な差は認められなかった (表2)。

平均値の差の検定の結果 (表3)、自己分析、企業探し、エントリーシート作成 (p<.05)、就職活動充実度 (p<.01) で有意な差が見られた。また、エントリーシート作成と就職活動充実度は中程度の効果量が見られた。図1は、各グループの平均偏差を算出し、グラフ化したものである。「とりあえず就職」グループは、どの項目も常に平均値を下回っており、志望企業ありグループに比べると就職活動に熱心に取り組んでおらず、就職活動に対する充実度が低い。特に、自己分析、企業探し、エントリーシート作成といった応募段階までに求められる行動で有意差が見られている。

以上の結果から、仮説1(就職活動開始時点で志望企業がないケースが存在し、そのケースは他のケースと比べて自

己分析など応募前の準備に該当する行動が少ない)は、ほぼ支持されたと言える。

4.1.2 就職活動の結果と入社後の組織適応

次に離転職経験、入社1年目時点の離職意思、会社満足、仕事満足の状態について、「本意就職」「不本意就職」「とりあえず就職」の3グループの比較を行うことで、仮説2、仮説3を検証する。

就職分類別に転職経験を比較したところ1%水準で有意な差が見られ、中程度の効果量が見られた(表4)。「とりあえず就職」グループは、離転職経験割合が「不本意就職」グループと同程度で58.8%存在しており、「本意就職」グループの転職経験割合(23.8%)に比べると多い。また、「とりあえず就職」グループと「不本意就職」グループと比較したところ有意な差が見られなかった($\chi^2(1)$=.05, p=.82($n.s.$))。「不本意就職」グループと「本意就職」グループのみを比較した場合、5%水準($\chi^2(1)$=5.17)の有意な差、中程度の効果量(Cramer's V=.31)が見られた。

さらに、3つの就職分類と入社後の適応状態の関連を検証するため、転職経験がないケース(N=54)に限定し、入社後1年程度での適応状態を示す指標について、一元配置分散分析によって比較を行った。

表4 3つの就職分類毎の入社後の転職経験割合

就職の分類	N	転職経験（%） なし	あり
本意就職	34	76.2	23.8
不本意就職	18	44.4	55.6
とりあえず就職	42	41.2	58.8
全体	94	57.5	42.6

$\chi^2(2)$=11.00, p<.01, Cramer's V=.34

表5 入社後の適応状態（転職経験がない場合）

		本意就職	不本意就職	とりあえず就職	F検定	効果量(η^2)
	N	32	8	14		
離職意思	平均値	2.88	4.13	3.36	F= 2.05	0.08
	標準偏差	1.62	1.64	1.55	p= 0.13($n.s.$)	
会社満足	平均値	3.50	2.25	2.79	F= 3.47	0.12
	標準偏差	1.27	1.28	1.48	p< 0.05	
仕事満足	平均値	3.72	2.38	2.79	F= 7.01	0.22
	標準偏差	0.96	1.30	1.19	p< 0.01	

離職意思は有意な差が見られなかったものの、会社満足(p<.05)、仕事満足(p<.01)の有意差が見られた。Scheffe法を用いて多重比較を行ったところ、会社満足と仕事満足について「不本意就職」グループと「本意就職」グループに1%水準の有意な差があり、「不本意就職」グループは転職に至らない場合も離職意思が高く、仕事や会社に対する満足も低い状態であることがわかった。「とりあえず就職」グループは「不本意就職」グループに比べると離職意思は低めで仕事満足・会社満足は高めであるが、この2群間に有意な差は見られなかった。

以上から、仮説2(就職活動開始時点で志望企業がないケースは組織適応が悪い)、仮説3(不本意就職の場合、元々志望していた企業に入社できたケースに比べて組織適応が悪い)は支持されたと言える。

4.1.3 まとめ

ここまでの分析では、従来の調査で「不本意就職」と考えられていたグループの中に、特に希望がないまま就職活動を始め第一志望とは言えない企業に就職していく「とりあえず就職」グループが存在していたという事実が明らかになった。また、「不本意就職」の場合、「本意就職」

表6 大学生活の充実度と入社志望企業の有無との関連

	N	とりあえず就職	志望企業あり
充実していない	16	56.3%	43.8%
どちらとも言えない	13	61.5%	38.5%
充実している	65	26.2%	73.8%
合計	94	63.8%	36.2%

$\chi^2(2)=9.24$ $p<.05$ Cramer's V=.31

※上記の【充実していない】は、大学生活が「充実していない」「あまり充実していない」と回答したもの、
【充実している】は「まあまあ充実している」「充実している」と回答したものの合計

表7 大学生活の重点タイプと入社志望企業の有無との関連

大学生活の重点タイプ	N	とりあえず就職	志望企業あり	合計
多様性低いこと	36	30.6%	69.4%	100.0%
多様性高いこと	10	10.0%	90.0%	100.0%
豊かな人間関係	13	38.5%	61.5%	100.0%
何事もほどほどに	29	37.9%	62.1%	100.0%
何となく	5	100.0%	－	100.0%
その他	1	100.0%	－	100.0%
合計	94	36.2%	63.8%	

$\chi^2(5)=14.12$ $p<.05$ Cramer's V=.39

表8 就業形態についての希望と入社を志望する企業の有無との関連

	N	とりあえず就職	志望企業あり	合計
就業形態にこだわらず	31	51.6%	48.4%	100.0%
正規の従業員以外あり得ない	63	28.6%	71.4%	100.0%
合計	94	38.1%	61.9%	100.0%

$\chi^2(1)=4.78$ $p<.05$ Cramer's V=.23

に比べると入社3年程度で転職経験割合が高いことがわかった。さらに、「とりあえず就職」グループは、就職活動を熱心に行えず、「不本意就職」グループと同等の転職経験があり、組織適応が悪いことがわかった。

4.2 大学生活と就職先についての志望

前項では、就職先についての志望を持たないまま就職活動を開始する大学生が一定数存在することを確認した。本項では大学生活と入社志望企業の有無の関連性を検証する。

はじめに、大学生活と入社志望企業の有無との関連を検証するため、大学生活の充実度、充実ポイントと入社を志望する企業の有無についてχ^2検定を行った[7]。

表6から、大学生活が充実していると感じている場合、志望企業ありの割合が多くなっている。表7からクラブ活動やアルバイトなどメンバーの多様性が高いことに重点的に取り組んでいた場合は志望企業があり、「何となく」「何事もほどほど」という場合に「とりあえず就職」の割合が多くなっている。

χ^2検定の結果、先行研究において就職活動の成功に正の影響を及ぼす「是が非でも今年に就職」(永野 2005)に該当する概念として用いた「正規の従業員以外あり得ない」という意志と入社志望先の有無は5%水準の有意な関連が見られ

---

7 2010年調査では、大学でのキャリア形成や就職を支援するための授業やイベントへの参加回数や参加した内容も尋ねている。しかし、参加回数や参加した内容と就職活動開始頃までに入社志望企業を持つことには関連が見られなかった。

た(表8)。大学3年時点で「正規の従業員以外あり得ない」と考えている場合は入社志望企業がある状態で就職活動にのぞむ割合が有意に多い。

5. 考察と示唆

5.1 考察

5.1.1 3つの就職分類と入社後の組織適応の関連

従来は「第一志望に入社したケース以外は不本意就職」と捉えられてきた傾向があった。本研究では、就職活動を始めた頃の第一志望企業、もしくはそれよりも魅力を感じた企業に就職した「本意就職」、就職活動を始めた頃の第一志望企業の選考に落ちて別の企業に就職した「不本意就職」、就職活動を始めた頃は特に志望がなかった「とりあえず就職」の3つの存在を確認した。以下、それぞれの就職活動と入社後の組織適応についての特徴を述べる。

「とりあえず就職」は、就職活動に熱心に取り組めておらず、就職活動について充実感を持っていないことがわかった。さらに、離転職の経験割合が高く、大学卒業後入社した企業に適応していたとしても仕事満足や会社満足が低かった。「とりあえず就職」の課題は、入社志望企業がないということではなく、就職活動開始時点で入社志望企業がないことで就職活動に取り組むモチベーションに欠けていること、就職先となる企業を選択するための基準がないということである。つまり、入社志望企業があることが重要なのではなく、活動に対するモチベーションと選択基準を持つことが重要と考える。「とりあえず就職」は、就職活動開始前に検討されるような、「どのような企業で働きたいのか」、「働く上で自分にとって大切なことは何か」ということが明確にならずとも就職活動を開始し、なんとなく就職先を決めてしまう。このため、入社後に「何かが違う」という感覚を持ち、離職意思が高まると考えられよう。

「不本意就職」は、「本意就職」に比べると離転職経験者が多かった。大学卒業後入社した企業に適応していたとしても離職意思が高く、仕事満足度や会社満足度が低いなど転職リスクが高いことがわかった。これは、労働経済学分野における「不本意就業」と離転職率の関係性についての研究蓄積を支持する結果である。「不本意就職」グループは、自己分析や企業探しなど何に対しても最も熱心に取り組んでいた。しかし、そういった努力が実らなかったことで就職活動全般に対して否定的に捉えている傾向が見受けられた。就職活動全般、入社企業に対してもネガティブなまま入社し、入社後に追加的な不満が発生すると離職に至るリスクが大きいと考えられる。

「本意就職」は第一志望企業に入社が決定したことで、就職活動に対する充実感は高くなっていたが、「不本意就職」と比べると就職活動に熱心に取り組んではいなかった。就職活動に熱心に取り組むことを通じ「就職活動を通じた学び[8]」のような成長を実感することは、入社後の組織適応や能力発揮にも関わる重要な自己認識である(高崎2015)。「本意就職」をした中には、就職活動に熱心に取り組んでいないケースが含まれることから、「本意就職」の中にも入社後の適応や能力発揮に課題を抱えるケースが存在する可能性があると考えられる。

5.1.2 大学生活と入社志望企業の有無との関連

就職活動開始時点で入社志望企業を持つことと関連がある大学生活に関する項目は、大学生活の充実であった。しかし、大学生活が充実していれば、入社を志望する企業を持ち、就職活動が上手くいくという単純な構造ではないと著者は考えている。本田(2002)は、趣味や資格など個人主義的な側面に重点を置いている者は充実度が劣ることを指摘しており、他者との活動の充実は大学生活の充実度を高めることにつながるであろう。吉村章で指摘されているが、就職活動は他者からのサポートを受けることで就職活動

---

[8] 詳細は田中章を参照のこと

の満足度があがる。これを踏まえると、多様性の高い他者と関わりを持つような大学生活を送ることで、そこで培った人間関係や経験が就職活動の開始までの意識や行動に影響を及ぼし、さらには就職活動自体では活用可能なネットワークとして機能していると考えられる。だからこそ、大学生活を「何となく」送るというように大学から距離を置くことは、就職活動を開始するまでに周囲からの影響を受けづらくし、就職活動中の支援の受けづらさにつながる。その結果、就職活動の満足度が低くなると考えられよう。

入社志望企業の有無と有意な関連があったのは、「正規雇用の従業員以外は考えられない」という意志であった。この結果は、永野（2005）の「是が非でも就職」という思いが就職活動の成功につながるという分析結果を支持していると言える。正規雇用の従業員として就職するには「標準的な就職活動」が必要であることはすでに述べたが、行動するためには目的と意志が必要である。「正規雇用の従業員以外考えられない」という意志を持つことで、就職活動開始前の準備行動が促され、入社志望企業を探索することにつながる。また、入社志望企業を持つことが、就職活動を熱心に行うことで就職活動、さらには入社後にもつながっていくと考えられる。

5.2 示唆

「とりあえず就職」については、就職活動をするモチベーションと企業選択基準の欠如という就職活動開始時点での課題がある。「不本意就職」は、就職活動の取り組みに対して結果が伴わなかったことで就職活動全体を否定的に捉えているという就職活動終了から入社時点での課題を持つ。問題がないと思われる「本意就職」でも、第一志望への入社という成果を努力によらず得るケースもあるという課題がある。それぞれについて、大学教育に対する示唆をまとめる。

5.2.1 大学教育に対する示唆

本研究の結果から、大学から職業への移行において大学教育が貢献できることが2点示唆されていると考える。1点目は、学生が充実した大学生活を送ることができる仕組みを設けることである。単にイベントや行事を設定するのではなく、多様性が高く、異質な他者との関わりを意図的に実現していく必要がある。他者との関わりによって、就職活動前から就職先を探すプロセスが促進され、トランジションの最初の分岐点となる就職活動をするモチベーションと企業選択基準の獲得が期待できると考えられる。また、就職活動にあたって他者からの支援が得られるなどの効果も期待できる。

2点目は就職活動終了後の振り返りを支援することである。入社予定企業が決定した学生に対しては、大学も企業も手を差し伸べないことが多い[9]。「不本意就職」が就職活動に熱心に取り組んでいながらも、第一志望企業に入れなかった結果によって就職活動全体を否定的に捉えがちであること、また「本意就職」がそれほど熱心に就職活動に取り組んでいないことを踏まえれば、就職活動終了後に経験を振り返り、適切な評価をすることが必要である。振り返りにより就職活動での取り組みを客観的に意味づけられれば、「不本意就職」の過度な否定感、「本意就職」の過度な肯定感を適正な状態に調整することが期待できる。これによって、トランジションの第二の分岐点となる志望企業に入社できたかどうかの入社後への影響が緩和されるであろう。

5.2.2 企業に対する示唆

本研究の結果は、採用時の選考基準に対して示唆を与えている。従来、企業の採用においては面接における「熱意・意欲」が最も重視されてきた(永野2005)。しかし、その視点は、新卒で入社した企業に留まり活躍するには不十分であることが明らかにされている（髙崎2015）。「学生時代に力を入れたこと」は現在も採用面接においてよく聞かれる質問であるが、大学生活がどのように充

---

[9] 詳細は保田章を参照のこと

実していたのか、他者との関わりやサポートが得られていたのかという視点も有効である。また、入社志望企業をどの時点でどのようにして決めていったのかという視点も有効となるであろう。

5.2.3 ワークショップに対する示唆

本研究の目的は、大学生活、就職活動、早期離職の関係を明らかにすることであったが、時期が来たからとりあえず就職活動を開始する「とりあえず就職」が36.2%存在していることが明らかになった。「とりあえず就職」の場合、就職活動に対するモチベーションが低いため、就職活動に熱心に取り組まず充実度が低いだけでなく、社会人になっても転職経験が多い、入社後の離職意思が高い、仕事満足・会社満足が低いというように早期離職のリスクが高いことがわかった。これを踏まえ、就職活動を開始するまでに活動するためのモチベーションと企業選択基準を持つことの重要性を指摘した。そこで、ワークショップでは、先行きがわからないことでも目標を持つことで行動のモチベーションがあがり、モチベーションを持って行動することが目標の達成と学びにつながる、という体験を得られるように配慮した。

これらの点は、ワークショップ編で紹介した「就活ヒッチハイク」ワークショップに反映されている。このワークショップでは、決められたゴールにヒッチハイクで到達することがメインの活動となっている。同じ大学であっても知らない人に声をかけながらヒッチハイクをすることは、参加者にとっては不安であり困難な課題である。しかし、ゴールという目標に到着しようというモチベーションがあることで、不安であっても行動し、行動することで不安が解消され、目標の達成につながっていくことが体感できる。ワークショップでは、ゴールは決められているが、決まっているからこそヒッチハイクができた、という意味づけも行なう。さらに、他者との関わりを持つこと、試行錯誤するプロセスなども就職活動を意識したものである。

また、本研究を通じて「不本意就職」の場合は、就職活動に熱心に取り組んだにも関わらず就職活動について否定的な評価をし、「本意就職」の場合は、就職活動に熱心に取り組まない場合も肯定的な評価となっていることがわかった。さらに、就職活動に熱心に取り組んだ結果、就職活動を通じた学びを認知することは、入社後に正の影響を及ぼすことも明らかになっている(田中章)。これを踏まえると、就職活動を終えた頃に就職活動を振り返り、適正な評価をしておくことが求められる。

この示唆を踏まえたのがワークショップ編で紹介した「カード de トーク いるかも!?こんな社会人」ワークショップである。このワークショップは、就職活動終了後に就職活動で出会った人を振り返り、そこからの学びや自身の仕事観を見つめ直す機会となる。他者とのやり取りの中で、自分自身の経験を相対化し、客観的な基準で評価し直すことができるよう意図している。

5.3 課題と展望

本研究の結果だけでは、どのような企業をどのようなプロセスで志望企業と考えるのか、という部分が未解決である。一般的に大企業志向が強いとすれば、第一志望の大企業からの内定獲得には大学偏差値[10]や性別、学部など、個人の大学入学後の行動や意識の持ち方や大学教育だけでは変えづらい要因が影響を及ぼしている。また、就業経験が乏しく将来イメージが描きにくい大学生に対して、将来を見通した上で就職活動開始までに入社志望企業を持つことを強制することは、就職活動に対して心理的な障壁をあげてしまうことになりかねない。これらを鑑みると、まずは「とにかく正社員として就職する」といった簡易な目標を設定することで行動するモチベーションと企業を評価するきっかけを持たせることが現実的なのかもしれない。その上で、就職活動を行いながら、志望と目標の柔軟な変更を自他ともに許容する必要があると考える。このように、単に入社志望

---

10 平沢(2010)によれば、入学難易度が高い大学に在籍しているものは他に比べて大企業に就職出来る可能性が高い。本研究の分析でも大学難易度が高い大学の方が第一志望(群)に入社している割合が高かった

企業を持たせるということではなく、個人とのマッチングを考慮した目標設定について検証を進める必要がある。

「不本意就職」や「とりあえず就職」といった課題を抱えた新規大卒者が多い中、大学や企業がどのようにサポートするかについて、さらなる研究が必要である。

参考文献

安達智子 (2001) 進路選択に関する効力感と就業動機、職業未決定の関連について, 心理學研究. Vol. 72 No. 1 pp. 10-18.

安達智子 (2004) 大学生のキャリア選択 - その心理的背景と支援. 日本労働研究雑誌. No. 449 pp. 2-12.

玄田有史 (1997) チャンスは一度 - 世代と賃金格差, 日本労働研究雑誌 ,449,pp. 2-12

玄田有史 (2006) 格差社会における希望学の意義. 世界の労働. Vol. 56 No. 11 pp. 54-59.

玄田有史 (2010) 希望のつくり方. 岩波書店.

濱口桂一郎 (2013) 若者と労働「入社」の仕組みから解きほぐす. 中央公論新社.

濱中義隆 (2007) 現代大学生の就職活動プロセス. 小杉礼子 (編) 大学生の就職とキャリア. pp. 17-49.

平沢和司 (2005) 大学から職業への移行に関する社会学的研究の今日的課題. 日本労働研究雑誌. No. 542 pp. 29-37.

平沢和司 (2010) 大卒就職機会に関する諸仮説の検討. 苅谷剛彦・本田由紀 (編) 大卒就職の社会学. 東京大学出版会. pp. 61-85.

樋口美雄 (1994) 大学教育と所得分配. 石川経夫 (編) 日本の所得と富の分配. 東京大学出版会. pp. 245-278.

本田由紀 (2002) 学生生活が充実していないのは誰か. 全国大学生活協同組合連合会「学生生活実態調査」の再分析（1991 年〜 2000 年）SSJ Data Archive Research Paper Series. pp. 111-124.

堀健志・濱中義隆・大島真夫・苅谷剛彦 (2007) 大学から職業へ III その 2：就職活動と内定獲得の過程. 東京大学大学院教育学研究科紀要. Vol. 46 pp. 75-98.

河井亨・溝上慎一 (2014) 大学生の学習に関する時間的展望：学生の学習とキャリア形成の関係構造. 大学教育学会誌. Vol. 36 No. 1 pp. 133-142.

小林徹・梅崎修・佐藤一磨・田澤実 (2014) 大卒者の早期離職とその後の転職先－産業・企業規模間の違いに関する雇用システムからの考察. 大原社会問題研究所雑誌. No. 672 pp. 50-70.

児美川孝一郎 (2010)「若者自立・挑戦プラン」以降の若者支援策の動向と課題. 日本労働研究雑誌. No. 602 pp. 17-26.

黒澤昌子・玄田有史 (2001) 学校から職場へ－『七・五・三』転職の背景. 日本労働研究雑誌. No. 490 pp. 4-18.

永野仁 (2005) 就職活動成功要因としての就職意識. 政経論叢. Vol. 73 No. 5 pp. 645-665.

日本生産性本部・日本経済青年協議会 (2015) 平成 27 年度新入社員「働くことの意識調査」報告書. 日本生産性本部生産性労働情報センター.

太田聰一 (1999) 景気循環と転職行動－ 1965 〜 94. 中村二郎・中村恵 (編) 日本経済の構造調整と労働市場. 日本評論社. pp.13-42.

太田聰一 (2001) 若者の失業は本当に『ぜいたく失業』か？. 日本労働研究雑誌. No. 489 pp. 36-37.

太田聰一・玄田有史・近藤絢子 (2007) 溶けない氷河ー世代効果の展望. 日本労働研究雑誌. No. 569 pp. 4-16.

リクルートワークス研究所 (2015) 第 32 回ワークス大卒求人倍率. (http:// www.works-i.com/pdf/150422_kyuujin.pdf).

下村英雄・堀洋元 (2004) 大学生の就職活動における情報探索行動：情報源の影響に関する検討. 社会心理学研究. Vol. 20 No. 2 pp. 93-105.

下山晴彦 (1986) 大学生の職業未決定の研究. 教育心理学研究. Vol. 34 No. 1 pp.20-30.

高崎美佐 (2015) 入社後の仕事への自信に影響を及ぼす就職活動の要因に関する研究：キャリア探索に着目して. キャリアデザイン研究. No. 11 pp. 67-76.

高崎美佐 (2015) 入社後定着し能力発揮する新規大卒人材の入社前の特徴に関する研究. 日本労務学会誌. Vol. 16 No. 2 pp. 4-19.

竹内倫和 (2014) 新規参入者の組織適応過程における予期的・組織内社会化の実証的検討 - 縦断的分析. 日本労務学会第 44 回全国大会研究報告論集. pp. 156-163.

都築学 (2007) 大学生の進路選択と時間的展望―縦断的調査にもとづく検討. ナカニシヤ出版.

安田雪 (1999) 大学生の就職活動. 中央公論新社.

全国大学生活協同組合連合会 (2012) 第 48 回学生生活実態調査.

入社後に成長する人は、就職活動から何を学んでいるのか

～就職活動を通じた学びと初期キャリアにおける能力向上との関連に着目して～

文　田中 聡

　本章の目的は、就職活動を通じた学びが初期キャリアにおける能力向上に与える影響を実証的に明らかにすることです。

　企業経営を取り巻く環境の変化に伴い、ますます高度化・複雑化する経営課題に当面する中、企業は若手人材の早期戦力化を求めています。特に、リーマンショック以降、若年就業者の厳選採用が続いている中、企業は採用した貴重な人材をいかに組織適応させ、業務の遂行に必要な知識・技能を確実に獲得してもらうかが喫緊の課題になっています。「OJTの機能不全」を背景に、若手人材の育成課題が顕在化する中、初期キャリアの成長を左右する重要な学習機会として就職活動に注目が集まっています。

　しかし、先行研究では、就職活動を通じた学びを入社後の組織適応や会社満足度との関連から検討する研究が一部存在するものの、業務能力との関連に着目した研究は管見の限り確認されていません。若手人材の育成課題を解決するためには、組織適応や会社満足度に着目するだけでは不十分であり、業務能力の向上との関連で就職活動を通じた学びを検討する実証研究が必要であると考えられます。そこで、筆者は就職活動を通じた学びが初期キャリアにおける能力向上に対してどのような影響を与えているかについて検証を試みました。

　分析の結果、得られた発見事実は2点あります。第1に、就職活動を通じた「職業・就業に関する視野の拡がり」は、入社後の能力向上と有意な関連がないということです。第2に、就職活動を通じた「不確実性に対する構えの獲得」は、入社後の能力向上と有意な関連があるということです。

　これら2つの発見事実は、ワークショップの設計にも活かされています。第1の結果結果は、就職活動を通じて身につけた社会・企業・自己に関する知識が企業の採用活動に対する過剰適応によって歪められた結果、実態と異なる内容になっている可能性を示唆するものです。そこで、入社前の内定時期に、就職活動を通じて一度形成された「職業・就業に関する視野」を相対化する機会として、「カード de トーク いるかも！？こんな社会人」が設計されました。また、第2の研究結果は、「就活ヒッチハイク」ワークショップの設計に活かされています。「就活ヒッチハイク」ワークショップとは、一連の活動を通じて、能動的に他者と関わること、不確実性を楽しむことの重要性を学ぶワークショップですが、それらは就職活動に臨む姿勢としてだけでなく、入社後の活躍を支える構えとしても重要です。

　また、本研究の知見は、各大学が試行錯誤を重ねる就職支援に対して、実践的な示唆をもたらすものと考えられます。特に、これまで支援の対象外とされていた内定者に対する就職支援の重要性を指摘している点に特徴があります。

1．問題意識と社会的背景

1.1 若手人材の育成をめぐる職場OJTの現状と課題

　経済のグローバル化、知識基盤社会の進展など、企業経営を取り巻く環境が大きく変化する中、企業はますます高度化・複雑化する経営課題に直面している。そうした中、1990年代後半より、「仕事の現場で業務のスピードについていける人材が育たない」という実務上の課題が顕在化するようになった（中原・金井2009）。特に近年、若手人材の早期戦力化が求められている。しかし、若手人材の早期離職率は依然として高い水準を維持している（厚生労働省2015）。リーマンショック以降、若年就業者の厳選採用が続いている中、企業は採用した貴重な人材をいかに組織適応させ、業務の遂行に必要な知識・技能を確実に獲得してもらうかが喫緊の課題になっている（関根2012）。

　若手人材の育成に関する課題は、これまで主に職場の問題として語られてきた。特に近年、「OJTの機能不全」（加登2008）という問題が指摘されている。それは、「学習資源としての良質な経験の減少」（松尾2006）と「学習環境としての職場の崩壊」（中原・金井2009）を意味する。短期成果志向の強まりから失敗のリスクを避けるために、「良質な経験」が「仕事が出来る人」に集中するようになった結果（労働政策研究・研修機構2006）、職務経験の浅い若手人材には成長に資する良質な経験が付与されにくくなっている（松尾2006）。さらに、「良質な経験」と同様、人材育成において重要な要素である「職場における他者との相互作用」が今多くの職場で失われつつある。それが2点目の「学習環境としての職場の崩壊」（中原・金井2009）である。具体的には、組織のスリム化に伴うマネジャーのプレイヤー化や成果主義に伴う職場メンバーの「仕事の私事化」（中原2012）によって、若手人材の育成を支える職場の相互支援行動が見られなくなっているという問題が指摘されている。

1.2 初期キャリアを規定する学習機会としての就職活動

　職場のOJTが機能不全に陥る中、若手人材の育成課題を紐解く新たな手がかりとして、就職活動に注目が集まっている。これまで就職活動に関する研究の多くは、就職活動が学生の精神健康に与える負の影響に着目してきた（髙橋ほか2014）。例えば、北見ほか（2009）や種市（2011）は、就職活動が学生にとって不安や葛藤を引き起こす精神的負荷の高い活動であることを指摘する。また、近年の就職活動を取り巻くめまぐるしい変化が、学生に時間的・身体的・物理的な消耗を与えているという主張もある（下村・木村1997）。しかし、そうした就職活動に対する短期的な負の効果に着目した見方とは対称的に、中長期的な正の効果に目を向けた研究もある。例えば、近年の組織社会化に関する研究では、就職活動が入社後のキャリア発達、とりわけ組織適応を規定する重要な活動であると位置づけている（竹内・竹内2009）。こうした見方と符合するように、近年、就職活動に対する大学側の支援のあり方にも変化がみられる。これまでの就職課から「キャリアセンター」へと名称を改め、支援体制の刷新および機能の拡充を図る大学が増えている（牧野ほか2011）。具体的には、求人紹介や面接対策など就職先を確保するための一時的な支援だけでなく、適性適職検査や個別面談といった入社後の適応や中長期的な活躍を見据えたキャリア形成支援を行うなど、各大学がより良い就職支援のあり方を模索して試行錯誤を重ねている状況である。

　そこで、筆者は就職活動の持つ「学習機会としての側面」に着目し、就職活動を通じた学びが入社後の初期キャリアに与える影響を明らかにする必要があると考える。なぜなら、就職活動を通じた学びと入社後の初期キャリアとの関連を明らかにすることが、企業に対して若手人材の育成課題に向けた実践的な示唆をも

たらすだけでなく、大学に対しても望ましい就職支援のあり方を見出す上で有益な手がかりになると考えられるためである。そこで、本章では就職活動を通じた学びと入社後の初期キャリアとの関連について検討する。

2．理論的背景と仮説の提示

ここからは、就職活動を通じた学びに着目した研究と、就職活動経験が入社後の初期キャリアに及ぼす影響に着目した研究に分けて、先行研究をレビューする。

2.1 就職活動を通じた学びに着目した研究

就職活動を通じた学びに着目した研究領域は、学習成果に関する研究群、学習プロセスに関する研究群、学習を促す要因に関する研究群に大別される。

まず、「就職活動を通じた学習成果」を検討した研究についてである。浦上（1996）は、「自己成長力」（速水・西田・坂柳 1994）という概念を用いて、就職活動経験が学生の発達に与える影響を検討した。女子短大生 224 名を対象に行われた調査分析の結果、就職活動を通じて自己成長力が伸長していることを明らかにした。特に、自己や職業について情報収集し、統合する活動や、ある程度就職活動が進行した後に、自分の就職活動について振り返り、それを吟味するといった思考的活動が内定の有無とは関係なく、自己成長力を高めることに繋がることを実証した（浦上 1996）。就職活動を通じた自己成長の具体的内容を詳細に検討したのが髙橋・岡田（2013）である。髙橋・岡田（2013）は、大学生が就職活動を経験した後に自分が成長したと感じる主観的な感覚を「就職活動による自己成長感」と定義し、定量調査を行った結果、「他者関係の構築」「課題遂行スキル」「自己理解と自己受容」「社会への積極的関与」「感情の統制」の 5 因子を明らかにした。一方、就職活動を通じた学びを定性的に検討した研究では、「職業・就業に対する視野・思考の拡張・進化」「成長の自覚による柔軟性の獲得」「行動力の発揮」の 3 つの内面的な成長が報告されている（杉山 2015）。

続いて、「学習成果に至るプロセス」を検討した研究についてである。就職活動を通じて、自己概念が明確化する過程を検討したのが梅村・金井（2006）である。同研究は、就職先が決定した内定者 29 名を対象に、就職活動を通じて自己概念が明確化されるプロセスを明らかにした。具体的には、就職活動中に理想自己と現実自己とのギャップおよび理想自己と現実状況とのギャップに直面し、それに対処する過程で、理想自己、現実自己、現実状況の吟味を行うことで、理想自己が明確化するというプロセスが確認された。

最後に、「就職活動を通じた学習を促す要因」を検討した研究についてである。髙橋・石井（2008）は、大学 4 年生 110 名を対象に行った調査の結果、就職活動を通じた自己成長に対して「自己と職業の理解・統合」「就職活動の計画・実行」「就職活動に対する振り返り」が統計的有意に影響していることを明らかにした。髙橋ほか（2014）は、失敗に対する本人の捉え方（失敗観）に着目し、就職活動を通じた多くの失敗を現実のものとして受容し、そこから学ぶことが出来れば、就職活動の体験はその後の良好なメンタルタフネスに繋がるという結果を示している。これまで就職活動による失敗経験が精神健康に及ぼす負の影響に着目した研究が数多く行われてきたのに対して、同研究では失敗経験がむしろ不安・抑うつに対して拮抗作用を持つという新たな可能性を提示した点に特徴がある。就職活動には OB・OG など他者の支援が重要であることも指摘されているが（苅谷 1995）、その影響は就職活動に対する本人の意味づけに規定されるという研究がある（浦上・山中 2012）。具体的には、就職活動に対して、「自分を高めたい」「新しいことを知りたい」といった内発的な意味づけをしている場合、他者からの精神的に安定させる言葉がけも、厳しい現実を伝える言葉がけも、

---

1 本田（2010）は、2005 年頃以降の就職活動の特徴について、時期の「早期化」「長期化」、企業側・学生側双方の「厳選化」、プロセスや手続きにおける「煩雑化」などを指摘する。

やる気を高める方向に作用する。一方、「周囲からの期待に応えたい」「周囲に認めてもらいたい」など外発的な意味づけをしている場合、いかなる言葉がけもプレッシャーとなるという結果を示した。

2.2 就職活動を通じた学びが入社後の初期キャリアに与える影響について

これまで就職活動を通じた学びについて、学習成果、学習プロセス、学習を促す要因の観点から関連する先行研究を概観してきた。ここからは就職活動を通じた学びが入社後の初期キャリアに与える影響について着目した実証研究をレビューする。

竹内・竹内（2010）は、就職活動における職務探索行動プロセスと就職活動結果との関連に着目し、自己キャリア探索行動が集中的職務探索行動を媒介して就職活動の結果変数である内定企業数と会社満足度に有意な正の影響を及ぼすことを実証した（竹内・竹内 2010）。就職活動を通じた学びと入社後の組織適応との関連に着目した髙橋・岡田（2014）は、自己成長感のうち「社会への積極的関与」が「初期の組織適応」に直接影響すること、「自己理解と自己受容」「課題遂行スキル」が「就業準備行動」や「半年後の足場固め」を媒介して、「初期の組織適応」に影響するこ

とを明らかにした。

2.3 先行研究のまとめ

以上、就職活動を通じた学び、および、それが入社後の初期キャリアに与える影響を検討した先行研究をレビューした。

先行研究の結果、明らかになったことは就職活動を通じた学びに着目した研究には一定の蓄積があるが、それを入社後の初期キャリアとの関連で捉えた研究は非常に少ないということである。髙橋・岡田（2013）は、「就職活動での経験を契機とした成長は、組織参入後の職業人としての発達を左右する可能性を含んでおり、所属組織への適応においても重要な意味を持つ」としながらも、「就職活動における経験がその後に及ぼす影響に関する研究は少なく、就職活動を通じた成長の全体的構造が把握されていない」と指摘する（髙橋・岡田 2013）。

また、既述の通り、就職活動を通じた学びを入社後の組織適応や会社満足度との関連から検討する研究は少ないながらも存在する。しかし、業務能力との関連に着目した研究は管見の限り確認されない。若手人材の育成課題解決に資するためには、組織適応や会社満足度に着目するだけでは不十分であり、業務能力の向上との関連で就職活動を通じた学びを捉える実証研究が必要であると考えられる。

2.4 仮説の提示

本章では、就職活動を通じた学習が入社後の能力向上に与える影響について次のような仮説を立てて、定量的データの分析を行った。本章の分析にあたって使用する尺度の構成については、木村章に既に示してあるため、ここでの詳説は省略する。また、就職活動を通じた学びの下位尺度である「職業・就業に関する視野の拡がり」「不確実性に対する構えの獲得」の尺度得点を平均値±1SDによって高群・中群・低群の3群に分けて分析に用いた。

仮説1：就職活動を通じた「職業・就業に関する視野の拡張」は、入社後の能力向上に正の影響を及ぼす。

仮説2：就職活動を通じた「不確実性に対する構えの獲得」は、入社後の能力向上に正の影響を及ぼす。

3. 結果と考察

3.1 分析結果

就職活動を通じた学びと入社後の能力向上との関係を見るために、現在の能力向上を従属変数とし、「就職活動を通じた学び」の下位尺度である「職業・就業に関する視野の拡がり」「不確実性に対する構えの獲得」を独立変数とした一元配置分散分析を行った。分析結果は表1に示す。

一元配置分散分析の結果、「職業・就業に関する視野の拡がり」と入社後の能力向上については有意な関連が見られず、仮説1は棄却される結果となった。また、「不確実性に対する構えの獲得」と入社後の能力向上については有意な結果が見られ、仮説2は支持される結果となった（$F(2,91)= 7.84$, $p<.001$, $\eta^2=0.15$）。TukeyのHSD法（5%水準）による多重比較を行ったところ、低群と中群、低群と高群との間に有意な得点差が見られた（高群＞低群，中群＞低群）。

3.2 考察

まず、仮説1の棄却理由について考察する。「職業・就業に関する視野の拡がり」とは、就職活動を通じて社会、企業組織、自己に対する理解の深まりを意味する尺度である。就職活動を通じて獲得する社会・企業組織に関する知識や自己概念は、状況依存的で陳腐化が激しい。また、就職活動経験を通じて個人が形成する組織観は企業による採用戦略の影響を少なからず受けており、必ずしも実態を正しく反映しているとは限らない（林2015）。したがって、それらが入社後の能力向上を支える有益な知識として機能し続けるとは考えにくい。以上より、「職業・就業に関する視野の拡がり」が入社後の能力向上と有意な差を示さないという結果を解釈することができる。

しかし、この結果は、職業・就業に対する事前理解が初期キャリアにおいて意味をなさないと結論づけるものではない。組織社会化に関する先行研究では、これまで予期的社会化がリアリティショックを抑制し、組織適応に繋がる結果が実証されてきた（金井1994）。先行研究の知見を踏まえると、本研究の結果は予期的社会化の持つ影響範囲に時間的な制約がある可能性を示唆するものと考えられる。つまり、入社初期の組織適応には効果を発揮するが、その後の業務能力向上に影響を与える要因としては十分な説明力を持たないということである。

次に、仮説2の支持理由について考察する。本研究の結果、「不確実性に対する構えの獲得」が入社後の能力向上と有意な関係にあることが明らかになった。「不確実性に対する構えの獲得」とは、就職活動を通じたメンタルタフネスの向上や変化に前向きな態度の醸成、多様な人的ネットワークの獲得から構成される尺度である。

本結果に関連する先行研究としては、中島・無藤（2007）がある。同研究は、さまざまな失敗や否定的な状況が繰り返し生じる就職活動において、認知の切り替えや社会的サポート・外的資源によって補う「適度な補償行動」が就職活動への取り組みを促すことに繋がり、活動の

表1：就職活動を通じた学びと能力向上の分散分析の結果

	職業・就業に関する視野の拡がり			不確実性に対する構えの獲得		
	低群（$N=13$）	中群（$N=70$）	高群（$N=11$）	低群（$N=17$）	中群（$N=63$）	高群（$N=14$）
能力向上	3.26 (0.71)	3.22 (0.67)	3.57 (0.60)	2.72 (0.83)	3.38 (0.55)	3.43 (0.67)

	一要因分散分析	多重比較（Tukey法）	効果量 η^2
職業・就業に関する視野の拡がり	$F(2,91)=1.28$		
不確実性に対する構えの獲得	$F(2,91)=7.84$ $p<.001$	高群＞低群，中群＞低群	0.15

継続を支える上で重要な資本になりうることを示している。本研究でもそうした先行研究の結果と符合するように、就職活動を通じた学びとして「不確実性に対する構えの獲得」が示された。また、「不確実性に対する構えの獲得」が入社後の能力向上に正の影響があるという結果は、それが「職業・就業に関する視野の拡がり」とは異なり、環境や立場の変化に影響を受けにくく、入社後の躍進を支える重要な資本となりうることを示唆する結果と考えられる。

4．結論

4.1 大学教育への示唆

本研究の結果が、大学教育の実践に与える意義について述べる。就職活動を通じた学びが入社後の能力向上と有意な関連があるという結果は、多くの大学が実践している就職活動支援のあり方を検討する上で意義があると考える。一般に、大学による支援の対象は、就職活動中の学生、あるいは就職活動を控えた学生である。一方、就職活動を終えた内定者に対する支援はほとんど行われていない。しかし、大学が企業へ入社した後のキャリア形成までを見据えた就職支援を行うのであれば、就職活動を終えた内定者に対する支援施策にも注力する必要がある。具体的な支援の例として、これから就職活動を控える学生と内定者との対話の場を提供することが考えられる。これから就職活動に臨む学生にとって就職活動を通じた学びを事前に知ることが出来る機会は貴重である。また、就職活動を経験したことがない学生との対話によって内定者の内省が深まり、学習が促進される効果も期待できる。本章では触れてこなかったが、内定者は就職に対して多くの不安を抱いている。内定期の就職不安に着目した石本ほか（2010）によれば、就職不安は就職活動の結果に対する原因帰属の仕方に起因することが分かっている。つまり、就職不安の軽減という観点からも内定時期に自身の就職活動を振り返ることは重要であり、入社後のキャリアを見据えた効果的な就職支援に繋がるのではないかと考える。

4.2 ワークショップ設計への示唆

本研究の結果が、本書で実施したワークショップの設計に与えている示唆は2点ある。第1に、「職業・就業に関する視野の拡がり」が入社後の能力向上と有意な関連がないという結果は、就職活動を通じて身につけた社会・企業・自己に関する知識が、企業の採用活動に対する過剰適応によって歪められた結果、実態と異なる内容になっている可能性を示唆できる。そこで、入社する前の内定時期に、就職活動を通じて一度形成された「職業・就業に関する視野」を見直す機会を設けることが必要であると考えられる。この知見は、「社会人ワークショップ」の設計に活かされている。「社会人ワークショップ」では、デフォルメされた11種類の社会人カードを題材に、自分とは異なる価値観を持つ内定者同士で対話することで、働く上で大切にしたい価値観を振り返ることができる。

第2に、「不確実性に対する構えの獲得」が入社後の能力向上に影響しているという結果は、就職活動を通じて獲得したメンタルタフネスや変化に前向きな態度、また多様な人とのネットワークが、立場や環境の変化に影響を受けにくく、入社後の躍進を支える重要な資本であることを示唆できる。この知見は「ヒッチハイクワークショップ」の設計に活かされている。「ヒッチハイクワークショップ」は、一連の活動を通じて、能動的に他者と関わること、不確実性を楽しむことの重要性を体感できる。それらは就職活動に臨む姿勢としてだけでなく、入社後の躍進を支える構えとしても重要である。

4.3 企業への示唆

最後に、本研究の結果が、企業の実践に与える意義について述べる。本研究の知見は、就職活動経験が入社後の能力向上に寄与する良質な学習機会であること

を示唆する内容である。近年、人材育成の前倒し化が進行し、入社前の内定者研修を育成プログラムの一環として位置づける企業も増えてきた。そうした中、本研究は、就職活動を終えたばかりの内定者に対して就職活動から得た学びを振り返り、入社後のキャリアに意味づける機会を提供する施策の有用性を示唆できる。就職活動を通じて「職業・就業に関する視野の拡がり」を学んでいる内定者に対しては、現時点での理解に固執することなく、外部環境の変化に合わせて柔軟に学び直す支援施策が重要になるだろう。林（2015）は、入社後のリアリティショックを抑制するためには、採用内定者が内定から組織参入までの内定期間中に、組織の実態に即して自らの組織像を再構成していくことが望ましいと指摘している。一方、「不確実性に対する構えの獲得」を学んでいる内定者に対しては、それが入社後の躍進を支える基盤になりうることを伝え、入社後も保持し続けるよう働きかける支援施策が重要になるだろう。

4.4 まとめと今後の課題

本章の目的は、就職活動を通じた学びが初期キャリアにおける能力向上に与える影響について、実証的に明らかにすることであった。そこで、「就職活動を通じた学びは、入社後の能力向上に正の影響を及ぼす」という仮説を設定し、検証した結果、就職活動を通じた学びのうち、「不確実性に対する構えの獲得」が能力向上に影響を及ぼすという新しい知見を示唆する内容となった。本研究は、これまであまり論じられることのなかった就職活動と入社後の能力向上との関連を学習の観点から実証する新たな試みであり、今後の新たな研究領域の発展に繋がることが期待される。最後に、残された課題について述べる。

本研究では、就職活動を通じた学びを規定する要因について検討していない。例えば、個人的な要因としては、本人の失敗観（髙橋ほか 2014）や就職活動に対する信念（浦上・山中 2012）が挙げられる。また、環境要因として他者の支援（下村・木村 1997）による影響が考えられる。下村・木村（1997）らは、就職活動におけるソーシャルサポートに着目し、就職活動のプロセスにおいて家族からは経済的な援助を、先輩からは就職活動の具体的な進め方や企業の情報を、同性の友人からは本人の就職活動の状況を、異性の友人からは励ましを受ける、といった他者支援の実態を明らかにした。本研究では、そうした要因が就職活動を通じた学習を規定する要因としてどの程度影響するのかを明らかにしておらず、今後はそうした規定要因を含めたより包括的な研究が必要であると考えられる。

参考文献

船戸孝重 (2012) 小粒化する若手社員をどう伸ばしていくか：伸び悩む若手社員を取り巻く課題と，戦力化への方策を考える．労政時報．No. 3823 pp. 80-94.

林祐司 (2015) 採用内定から組織参入までの期間における新卒採用内定者の予期的社会化に関する縦断的分析：組織に関する学習の先行要因とアウトカム．経営行動科学．Vol. 27 No. 3 pp. 225-243.

速水敏彦・西田保・坂柳恒夫 (1994) 自己成長力に関する研究．名古屋大學教育學部紀要．教育心理学科．Vol. 41 pp. 9-24.

本田由紀 (2010) 日本の大卒就職の特殊性を問い直す：ＱＯＬ問題に着目して．苅谷剛彦・本田由紀（編）大卒就職の社会学：データからみる変化．東京大学出版会．

石本雄真・逸見彰子・齋藤誠一 (2010) 大学生における就職決定後の就職不安とその関連要因．神戸大学大学院人間発達環境学研究科研究紀要．Vol. 4 No. 1 pp. 143-149.

金井壽宏 (1994) エントリー・マネジメントと日本企業の RJP 指向性：先行研究のレビューと予備的実証研究．研究年報．經營學・會計學・商學．Vol. 40 pp. 1-66.

加登豊 (2008) 日本企業の品質管理問題と人づくりシステム．青島矢一（編）企業の錯誤／教育の迷走：人材育成の「失われた 10 年」．東信堂．pp. 151-181.

軽部雄輝・佐藤純・杉江征 (2014) 大学生の就職活動維持過程モデルの検討：不採用経験に着目して．筑波大学心理学研究．No. 48 pp. 71-85.

木村充 (2014) 就職時の探求．中原淳・溝上慎一（編）活躍する組織人の探求：大学から企業へのトランジション．東京大学出版会．pp. 91-116.

北見由奈・茂木俊彦・森和代 (2009) 大学生の就職活動ストレスに関する研究：評価尺度の作成と精神的健康に及ぼす影響．学校メンタルヘルス．Vol. 12 No. 1 pp. 43-50.

松尾睦 (2006) 経験からの学習. 同文舘出版.

牧野智和・河野志穂・御手洗明佳・松本暢平・丸山奈穂美・市川友里江 (2011) 大学生の就職活動をめぐるニーズ・支援の多様性. 早稲田大学大学院教育学研究科紀要別冊. No. 19-1 pp. 23-33.

中島由佳・無藤隆 (2007) 女子学生における目標達成プロセスとしての就職活動：コントロール方略を媒介としたキャリア志向と就職達成の関係. 教育心理研究. No. 55 pp. 403-413.

中原淳・金井壽宏 (2009) リフレクティブマネジャー. 光文社.

中原淳 (2012) 経営学習論. 東京大学出版会.

尾形真実哉 (2006) 新人の組織適応課題：リアリティ・ショックの多様性と対処行動に関する定性的分析. 人材育成研究. Vol. 2 No.1 pp. 13-30.

尾形真実哉 (2013) 上司・同僚・同期による組織社会化プロセス. 金井壽宏・鈴木竜太 (編) 日本のキャリア研究：組織人のキャリア・ダイナミクス. 白桃書房. pp. 197-222.

小川憲彦 (2005) リアリティ・ショックが若年者の就業意識に及ぼす影響. 経営行動科学. Vol. 18 No. 1 pp. 31-44.

労働政策研究・研修機構 (2006) 労働政策研究報告書 変革期の勤労者意識：新時代のキャリアデザインと人材マネジメントの評価に関する調査. No. 49.

関根雅泰 (2012) 新入社員の能力向上に資する先輩指導員のOJT行動：OJT指導員が一人でやらないOJTの現実. 中原淳 (編) 職場学習の探求：企業人の成長を考える実証研究. 生産性出版. pp. 144-167.

下村英雄・木村周 (1997) 大学生の就職活動ストレスとソーシャルサポートの検討. 進路指導研究：日本進路指導学会研究紀要. Vol. 18 No. 1 pp. 9-16.

杉山久美子 (2015) 大学生の就職活動における内面的成長に関する研究. 臨床教育学研究. No. 21 pp. 93-110.

髙橋桂子・石井藍子 (2008) 大学生活・就職活動が自己効力感に与える影響. 新潟大学教育学部付属教育実践総合センター研究紀要. 教育実践総合研究. No. 7 pp. 47-55.

髙橋美保・森田慎一郎・石津和子 (2014) 大学生の就職活動経験が失敗観とレジリエンスに及ぼす影響. 東京大学大学院教育学研究科紀要. Vol. 54 pp. 335-343.

髙橋南海子・岡田昌毅 (2013) 大学生の就職活動による自己成長感の探索的検討. 産業・組織心理学研究. Vol. 26 No. 2 pp. 121-138.

髙橋南海子・岡田昌毅 (2014) 大学生の就職活動による自己成長感が入社初期の対処態度及び適応感に及ぼす影響. 筑波大学心理学研究. No. 47 pp. 25-36.

竹内倫和・竹内規彦 (2009) 新規参入者の組織社会化メカニズムに関する実証的検討：入社前・入社後の組織適応要因. 日本経営学会誌. No. 23 pp. 37-49.

竹内倫和・竹内規彦 (2010) 新規参入者の就職活動プロセスに関する実証的研究. 日本労働研究雑誌. Vol. 52 No. 2・3 pp. 85-98.

種市康太郎 (2011) 女子大学生の就職活動におけるソーシャルスキル、内定取得、心理的ストレスの関連について. 桜美林論考心理・教育学研究. Vol. 2 pp. 59-72.

梅村祐子・金井篤子 (2006) 就職活動における自己概念明確化過程に関する研究. 経営行動科学学会年次大会：発表論文集. No. 8 pp. 95-103.

浦上昌則 (1996) 就職活動を通しての自己成長：女子短大生の場合. 教育心理学研究. Vol. 44 No. 4 pp. 400-409.

浦上昌則・山中美香 (2012) 就職活動における言葉がけの影響：就職活動に対する意味づけとの関連に注目して. 人間関係研究. Vol. 11 pp. 116-128.

保田江美・溝上慎一 (2014) 初期キャリア以降の探求. 中原淳・溝上慎一 (編) 活躍する組織人の探求：大学から企業へのトランジション. 東京大学出版会. pp. 139-173.

内定者フォロー施策は入社後の組織適応を促すのか

文　保田 江美

monograph 7

　本章は、本書で唯一、企業側の視点にたち、大学生から社会人へのトランジション（移行）を論じています。

　本章の目的は、内定時期に企業から提供される内定者フォロー施策と入社後の組織適応との関連を検討することです。本章における内定者フォロー施策とは、入社前研修と同義とし、「大学新卒の内定者を対象とした雇用側（企業等）主催の教育訓練（薄上 2009）」を指します。分析の結果、内定者を対象とした集合研修が組織参入直後のリアリティ・ショックを緩和し、入社1年後までの離職意思を抑制することが明らかになりました。また、RJP¹（Realistic Job Preview：現実主義的な職務の事前提供、以下、RJPとする）のない人事との面談はリアリティ・ショックを強化し、入社1年後までの離職意思を高めることが示唆されました。このことから、本書で扱ったワークショップの中で、「カード de トーク　いるかも！？こんな社会人」および「ネガポジダイアログ」は、各企業特有の要素を加えることで、組織適応を促す集合研修としても有効となる可能性が考えられます。

　上述した通り、本章の視点は企業です。しかし、本章で明らかになった知見は、大学教育にも示唆を提供するものであると筆者は考えています。なぜなら、職業選択だけではなく、学生が卒業後も充実した社会人、職業人としての生活を送ることまでを見据えたキャリア形成を支援していくことが、大学には求められているからです。中央教育審議会答申『今後の学校におけるキャリア教育・職業教育の在り方について（中央教育審議会 2011）』では、キャリア教育を「1人1人の社会的・職業的自立に向け、必要な基盤となる能力や態度を育てることを通して、キャリア発達を促す教育である」と定義し、「学校が、生涯にわたり社会人・職業人としてのキャリア形成を支援していく機能の充実を図ること」をキャリア教育の基本的方向性の1つとして示しています。また、川﨑（2005）は、就職率をあげればよいというだけのキャリア形成支援に疑問を投げかけ、より長期的な視点をもち大学がキャリア形成支援をおこなっていくことの必要性を指摘しています。

　内定者に対してキャリア教育をおこなう大学は数少ないという現状があります。内定が決まったからこそ、より現実的となった社会人としての生活や仕事に不安を抱える学生も多いでしょう。言い換えれば、社会人になる自覚がより芽生えている時期だからこそおこなえるキャリア教育もあるのではないでしょうか。本章の議論が、長期的な視点にたちキャリア教育を捉えていく大学側にも有益なものとなることを期待したいと思います。

1 RJPとは、一言でいうと、組織にこれから入ってくる人々に、会社のことや仕事の性質についてできる限り、リアリズムに徹した説明を試みることである（金井 1994）。

1. はじめに

近年の景気回復、団塊世代の退職などにより、新卒採用市場では人材争奪競争が激化している。2014年の企業調査(マイナビ2014)では、採用充足率は過去10年間で最低の83.0%で、前年より採用が厳しかったと回答した企業は半数を超え、その理由として「内定辞退の増加」をあげる企業が増えている。企業においては、内定者の内定辞退をいかに防止するかが大きな課題になっている。一方で、大卒者の3年以内離職率は30%を超え、内定辞退を食い止めたとしても、その後いかに新卒者を組織に適応させ、定着に導くかということも重要な課題である。つまり、内定辞退の防止とともに、入社後の組織適応につながっていく一連のプロセスとして内定時期をとらえ、フォローアップをしていく必要があるといえる。

では、組織適応につながる内定者フォローとはどのようなものだろうか。本章では、企業が提供するさまざまな内定者フォロー施策が、入社直後のリアリティ・ショックに影響を与え、さらには入社1年後までの離職意思に影響を及ぼす、という仮説モデルを想定し、検証、考察をおこなう。提供される内定者フォロー施策と入社後の組織適応との関連を考察することで、内定者フォロー施策のあるべき形について探究していきたい。

この後、2節では、内定者フォロー施策の現状について述べていく。3節では内定者フォロー施策と入社後の組織適応の関連についてキャリア・トランジション研究と組織社会化研究の視点で先行研究を概観し、既存研究の課題について論じていく。4節では仮説を提案し、5節において内定者フォロー施策の効果についての分析結果を示す。6節では分析結果をもとに、考察をすすめ、内定者フォロー施策のあり方について総括し、理論的・実践的示唆およびワークショップ設計への示唆を提示するとともに本章の課題を述べる。

2. 内定者フォロー施策とは

本章では内定者フォロー施策を、「大学新卒の内定者を対象とした雇用側(企業等)主催の教育訓練(薄上2009)」と定義する[2]。

内定者に対して、企業がおこなう何かしらのフォローは1970年代から存在しており、伝統的には内定期間中に通信教育を受講させる形態が多かった。1997年に就職協定が廃止され、インターネットによる情報提供方法の多様化なども相まって大卒就職には自由化の波が一気に押し寄せた。自由化にともない、採用活動が早期化され、必然的に内定期間も長期化していった。薄上(2006)によると、このような背景に加えて業務の高度化や職場のスリム化、情報インフラの整備などビジネス環境や職場環境の変化もあり、2000年頃より新卒採用者を対象に内定者フォロー施策を導入・拡充する企業が増加した。現在おこなわれている内定者フォロー施策の具体的な内容は、内定式や懇親会(飲み会)、先輩やOB・OG訪問、人事との面談、集合研修、社内報の送付、アルバイト・インターンなど単発のフォローから定期的、長期的なフォローまで多岐にわたる。近年は、保護者向けのフォローをおこなう企業もでてきている。

石田(2009)は、内定者フォローの目的として、内定辞退の防止のほか、就職後のギャップの縮小、仕事や会社に対する動機づけ、社会人意識を醸成するという点を示している。つまり、企業が提供する内定者フォロー施策は、内定辞退の防止とともに大学生から社会人へのトランジション(移行)を円滑におこなうという大きく二つの意味を持つといえる。上述のとおり、内定辞退の増加に直面している企業が多く、近年は特に内定辞退の防止策としての内定者フォロー施策に比重が置かれる傾向が強くなっている。しかし、内定辞退の防止のみが目的化してしまうことに、我々は大きな危機感を持たなければならない。なぜなら、内定時期は内定者にとっては学校から仕事へのキャリアの転換期であり、組織にとっても組織参入を円滑に進めるための準備期間として、内定者のその後のキャ

---

[2] 薄上(2009)では、入社前研修と表現されているが、本章では内定者フォロー施策と同義として捉えている。

リアや組織定着において重要な時期であるからだ。内定辞退の防止という目先の目的のみにとらわれすぎず、その後の初期キャリアにつながるような円滑なトランジションを促す内定者フォロー施策の実施が求められているのである。

3. 内定者フォロー施策とその後の組織適応

円滑なトランジションを促進する内定者フォローは、二つの研究領域から捉えることができる。一つはキャリア・トランジション研究であり、もう一つは組織社会化研究である。ここではこれらの研究領域を概観しながら、内定者フォロー施策とその後の初期キャリアの関連を論じていく。

3.1 キャリア・トランジション研究

尾形・元山（2010）によると、キャリア・トランジション論には、成人の各世代や発達段階に共通した発達課題や移行期があるという発達論的視点と結婚、離婚、就職、転職、昇進、失業、引っ越し、病気など個人におけるその人独自の出来事をイベントとして捉えた二つの側面がある。本章では、内定から、就職、そしてその後のキャリアへのトランジションを対象としており、後者の視点でのキャリア・トランジションに関する先行研究をみていくこととする。

金井（2001）は、トランジションには2面の危機[3]がダイナミックに存在しており、安定期の後には危機が、危機の後にはやがて安定期がやってくるため、通常トランジションはサイクルをなしていると論じている。トランジションをサイクルとして捉え、モデル化した研究にBridges（1980）とNicholson & West（1988）がある。

Bridges（1980）は、「トランジションのただなかで」というセミナーの中で、混乱や危機のさなかにいた25名の参加者同士の対話から、参加者が経験している問題が、①終わり（何かが終わる時期）、②喪失・空白（混乱や苦悩の時期）、③始まり（新しい始まりの時期）という三つの時期を経過していることを見出した。しかし、金井（2001）はBridges（1980）のトランジション論は、人生全般やわれわれが生きる世界まるごとにかかわることで、必ずしもその焦点が仕事生活にはないと指摘している。

キャリア・トランジションのプロセスを、より仕事におけるキャリアに主眼をおきとらえたのがNicholson & West（1988）である。Nicholson & West（1988）は、トランジションのサイクルを①準備、②遭遇、③順応、④安定という四つの段階モデル[4]で示した。このモデルにおいて、内定時期はまさに準備の段階にあたるといえる。つまり、社会人になる、特定の組織に参入するための準備段階であり、就職先の企業やそこでの仕事についてより多くのことを知ろうとし、要求されるであろうビジネススキルを高めるような予備的な活動をする時期である。金井（2001）は、Nicholson & West（1988）のモデルには、再帰性と独自性、相互依存性という三つの前提（仮定）があると指摘している。それは、一つのサイクルの最終段階は、次のサイクルの最初の段階になっていくという前提、それぞれの段階の経験は独自の性質をもっているという前提、前の段階の結果が次の段階に大きく影響する時間軸をもつという前提である。これらを踏まえると、内定時期をどのように過ごすかということは、次の遭遇の段階（多くの相違を発見し、その状況に対処できる自信およびそこで意味を見出す喜びを課題とする段階）の結果を良いものにするために非常に重要であるといえる。

国内のキャリア・トランジションに関する実証研究は多くがアスリートを対象としたものである（たとえば、小島 2008, 鳥羽ほか 2014）が、新人ホワイトカラーへの移行の特徴を新任マネジャーや新人看護師への移行と比較しながら明らかにしたものに尾形・元山（2010）の研究がある。この研究では、新任マネジャー、新人看護師、新人ホワイトカラーに対しインタビュー

---

[3] 金井（2001）は、危機を「危」険と「機」会の両方を含意しているとして、これらを危機の2面として捉え、論じている。

[4] Nicholson & West（1988）のモデルはサイクルモデルであるため、第一段階の準備は、第四段階の安定に続く第5段階でもある。詳しくはNicholson & West（1988）および金井（2001）を参照されたい。

調査をおこない、性質の異なる三つのキャリア・トランジションの個別の特徴を比較しながら分析をおこなっている。その結果、新人ホワイトカラー特有のキャリア・トランジションの特徴として、組織や職務に関する知識・技術を持たずに参入してくるタブラ・ラサ状態（心理的空白状態）であるということ、移行前（大学で勉強した内容）と移行後（自分の就く仕事）の間にほとんど関係性がないという不連続性が生じ、多くの適応課題やストレスを生じさせていることが示された。そして、円滑なキャリア・トランジションのために、新人を支えるサポート体制の重要性を示唆している。尾形・元山（2010）の研究からは、学生から社会人へのトランジションにおいて、個人の移行を妨げる大きな要因の一つが不連続性であり、不連続な状態をいかにつないでいくかが重要な課題であることがわかる。内定時期はこの不連続な状態をまさにつなぐ時期である。この時期において企業が提供する内定者フォロー施策が、新卒新人のその後の組織適応やストレスを左右することになるといえるのである。しかし、キャリア・トランジションに関する実証研究では、準備段階である内定時期に企業がおこなう支援とトランジション・プロセスにおけるその後の段階との関連を明らかにした研究は管見の限り見当たらない。

3.2 組織社会化研究

組織社会化とは、「個人が組織の役割を想定するのに必要な社会的知識や技術を習得し、組織の成員となっていくプロセス（Van Maanen & Schein 1979）」のことであり、このプロセスには四つのステージがあると言われている（Ashforth et al. 2011, Ashforth et al. 2007）。第一ステージは、予期的社会化の段階で入社前の時期にあたり、個人が仕事についての期待を形成することや職業について決定する段階である。第二ステージは、接触の段階で、新人が実際に組織のメンバーになり、彼らが期待していたことと現実との差に直面する、いわゆるリアリティ・ショックを体験する段階である。第三ステージは、適応の段階で、新人は組織内の人間関係に溶け込み、自己イメージも変わり始め、組織の一員となる段階である。最終ステージは安定の段階であり、新人は組織の真のメンバーとなる段階である。内定者は職業については決定している時期にあるため、第一ステージの予期的社会化から第二ステージの接触に向かう時期にあるといえる。Wanous（1980）は、この時期に新人が抱く膨張した期待がリアリティ・ショックにつながると論じている。

尾形（2012）は、予期的社会化に関する先行研究をリアリティ・ショックに関連する「情報の質と情報源」、「訓練」、「期待」という三つのトピックで整理している。その中では、職場参入前に新人が抱く仕事への期待が、採用プロセスの間に膨張し、それがリアリティ・ショックにつながり、離職行動を引き起こすことなどが示されている。また、職場参入前に提供される自分の携わる職務と直結した訓練は、職務に関する正確な情報や自分の職務適性、強みや弱みを理解することにつながり、組織適応にポジティブな影響を与えること、これらの訓練は、予期的社会化の情報源の一つにも位置付けられ、期待の形成・抑制にも役割を果たすことを指摘している。つまり、予期的社会化から遭遇に向かうプロセスにある内定者に対しては、期待を適切な状態にコントロールできるような情報提供や訓練・教育、先輩社員との接触等の機会の提供といった支援が組織適応の促進や離職行動の抑制につながることがうかがえる。

また、林（2015）の研究では、採用内定から組織参入までに起こる内定者の学習が、組織による内定者向け施策や内定者自身のプロアクティブ行動に規定され、さらに、より遠隔的なアウトカムである組織コミットメント等を規定することが明らかになっている。内定期間中に提供された内定者フォロー施策の効果を初期キャリアまで広げ実証的に検討した点で本研究に視点を与えるものであるが、1社での分析にとどまっており、内

定者フォロー施策も対象企業特有のものであった。よって、一般的に実施されている内定者フォロー施策とその後の組織適応との関連についてはさらなる検討が必要であるといえる。

4. 仮説の提案

ここまで、本章に関連する調査データや先行研究を概観してきた。内定時期は、個人のキャリア・トランジションの視点においても、組織社会化という視点においても、その後のキャリアに大きな影響を及ぼす重要な時期であるといえる。内定者フォロー施策の実施状況としては、2000年を境に各企業が熱心に取り組もうとしている機運はあるものの、その効果を明らかにした実証研究がほとんどなされていないというのが実情である。

そこで、本章では企業が提供する内定者フォロー施策が組織適応に影響を及ぼすというモデルを仮定し、その仮説モデルを共分散構造分析によって検証することを目的とする。組織適応については、先行研究を参考に、リアリティ・ショックが軽減され、離職意思が低減することとして捉え、以下の仮説を設定した。

仮説1：企業が提供する各内定者フォロー施策は入社直後のリアリティ・ショックを緩和する。
仮説2：企業が提供する各内定者フォロー施策は入社直後のリアリティ・ショックを緩和し、入社1年後までの離職意思を低減する。

5. 内定者フォロー施策の効果

5.1 内定者フォロー施策の実施概要

仮説の検証に入る前に、本調査において企業が提供していた内定者フォロー施策の実施概要について図1に示した。分析対象者101名のうち、何かしらの内定者フォロー施策があったと回答したのは73名（72.3%）であった。実施されていた内定者フォロー施策（複数回答）でもっとも多かったのは内定式で、集合研修（入社前研修）、懇親会がこれに続いていた。企業は2000年頃を境に入社前研修を拡充する傾向を示しており（薄上2009）、2005年の段階ですでに66.3%の企業で実施されていた（労政時報研究所2005）。2013年におこなわれた調査（HR総合調査研究所2013）においても70%程度の企業で実施されており状況は大きく変化しておらず、本調査でも同様の傾向を示したといえる。

5.2 分析結果[5]

仮説にもとづき、各内定者フォロー施策（ダミー）が、入社直後の「リアリティ・ショック」を媒介し、入社1年後までの「離職意思」に影響を及ぼすという仮説モデルを作成し、共分散構造分析をおこなった。この際、度数が10以下の内定者フォロー施策に関しては、分析に耐えうるサンプル数ではないため、分析から除外した[6]。パスの推定値およびモデル適合度指標をもとに、5%水準で有意でないパスを削除しながら最終的にモデルを確定した。なお、「年齢」、「性別（ダミー）」、「会社規模」、「業種（ダミー）」、「社会人経験年数」を統制変数として投入した。図2が最終的なパス図である。モデルの適合度指標を経験的基準から評価し、適合度のよいモデルであると判断した。

「リアリティ・ショック」に対して直接効果を認めた内定者フォロー施策は、「人事との面談」(.25)と「集合研修」(-.24)であった。「人事との面談」は「リアリティ・ショック」を強化し、「集合研修」は緩和するということが明らかになった。よって、仮説1は一部のみ支持された。

また、「人事との面談」および「集合研修」の「離職意思」への標準化総合効果、つまり「リアリティ・ショック」を媒介した「離職意思」への間接効果を確認したところ、「リアリティ・ショック」への直接効果には及ばないものの影響が認められた（それぞれ、.13、-.13）。ここでも、「人事との面談」は「リアリティ・ショック」を強化し「離職意思」を高め、

---

5 本章の分析にあたって使用する質問項目や尺度の構成については、木村章にすでに示しているため、ここでは省略する。

6 分析対象は、「懇親会（飲み会）」、「内定式」、「先輩との面談・OB／OG訪問」、「人事との面談」、「集合研修」、「人事からの状況確認連絡」の6施策であった。

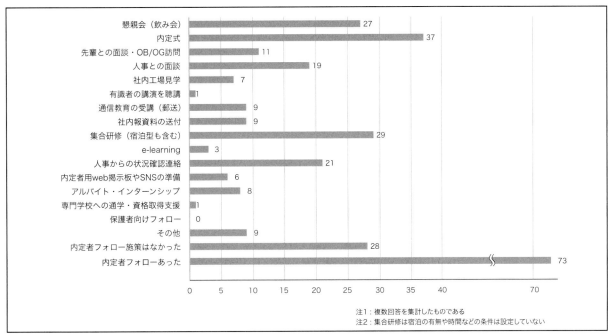

図1：内定者フォロー施策実施状況（複数回答）

「集合研修」は「リアリティ・ショック」を緩和し「離職意思」を低減することがわかった。よって、仮説2は一部のみ支持された。

6. 考察

分析の結果、第一に、内定者を対象とした集合研修が組織参入直後のリアリティ・ショックを緩和すること、また、リアリティ・ショックを媒介し、入社1年後までの離職意思を抑制することが明らかになった。

内定直後の学生は、一般的に、内定先が提供する情報や知識を吸収しようとする意識が高い（薄上 2009）。尾形（2008）によると、職場参入前の訓練は、予期的社会化の正確な情報源の一つであり、期待の形成・抑制の役割を果たす。今回の調査では、集合研修の内容までは明らかにできていないが、一般的にはビジネスマナーや企業に関する知識の獲得、課題解決型の仕事体験などに関することがおこなわれている。意欲が高い時期に実際の仕事につながるような内容の研修が提供されることで、内定者が入社後の仕事生活や仕事内容をイメージしやすくなり、期待がコントロールされたということが示唆される。

また、集合研修は同期入社の内定者との出会いの場でもある。竹内・居合（2007）によると、昨今の学生は人間関係に敏感な傾向があり、同期がどのような人かということに高い関心と不安を抱いているため、同期との間に理解と信頼が芽生えることは内定者の安心材料につながり、同時に、同期と学生の視点で会社や仕事について話すことで、理解が深まると指摘している。集合研修でおこなった内容だけではなく、同期との相互関係の中で得た安心感や情報交換が、参入直後のリアリティ・ショックを緩和することが示唆される。

第二に、人事との面談はリアリティ・ショックを強化すること、また、リアリ

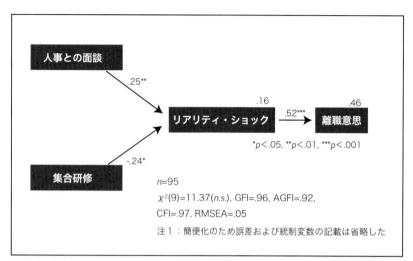

図2：共分散構造分析の結果図

ティ・ショックを媒介し、入社1年後までの離職意思を高めることが明らかになった。

本調査からは、人事との面談がどのような形でおこなわれていたかという詳細については述べることができないが、1節で述べたとおり、新卒採用市場での人材争奪競争の激化により、人事担当者にとってはいかに内定辞退をださないかということが最優先課題になっていることが考えられる。金井（2001）によれば、Nicholson & West（1988）のキャリア・トランジション・サイクルモデルでは、内定時期にあたる準備の段階においてうまく適応が促進されるためになされるべきことは、RJP（現実主義的な職務の事前提供）である。しかし、内定辞退を最優先課題としたとき、RJPに関して消極的にならざるを得ない現状があることは否めない。企業側が内定者を引き留めるために内定者に魅力的な情報のみを伝えるということは、容易に想像できる。とはいえ、組織の利益や個人のキャリアを長期的視点でとらえた時には、やはり、内定者が入社することだけではなく、入社後に円滑に組織に適応し、定着することが重要である。内定者辞退防止の視点と育成の視点のバランスをどのようにとっていくかは、各企業の置かれた状況によっても異なるため非常に難しい問題であるが、本調査の結果からは、少なくとも内定辞退防止のためにRJPのない人事との面談のみで内定者フォローをおこなうことの危険性が示唆される。

3節で述べたとおり、これまでのキャリア・トランジション研究や予期的社会化研究では、大学生から社会人への円滑なトランジションにとって内定時期が重要であるとの指摘はなされていたが、具体的な内定者フォロー施策と組織適応との関連については明らかにされていなかった。本研究はこれら二つの研究領域に新たな視点を加えることができたと考える。

6.1 実践的示唆

無事に就職先が内定したとしても、内定期間に何をすればよいかわからないという大学生は意外にも多い。個人のキャリアにとっても、組織にとってもポジティブな結果をもたらす内定時期のキャリア支援が求められていると考えられる。今回の調査で内定者の入社後の組織適応に有効な施策は集合研修であった。仕事や組織に対する意識が高い内定時期に、入社後の現実を垣間見ることのできるような集合研修をおこなうことは、同期との相互関係を強化し、組織適応を促すことになるだろう。また、人事との面談をおこなう際には、内定辞退阻止のみにとらわれたコミュニケーションではなく、内定者がもつ仕事や組織への期待を十分に把握し、リアルで適切な情報を提供するコミュニケーションが重要であると考えられる。

本章は、企業側の視点で大学生から社会人へのトランジション（移行）を論じてきたため、明らかになった知見は、大学教育に示唆をあたえるものではないように見えるだろう。しかし、内定者はあくまで大学生である。本章の冒頭で述べたとおり、近年の大学には卒業していく学生が充実した社会人、職業人としての生活を送ることをも見据えたキャリア形成支援が求められている。この要請にこたえるためにも、社会人になる自覚がより芽生えている時期だからこそ大学がおこなえるキャリア教育があるのではないだろうか。内定時期のキャリア支援をどのようにおこなうことが学生の卒業後の長いキャリアを豊かにするのかという議論を企業側のみに託すのではなく、大学側も主体性をもって検討していく必要があるだろう。本章で明らかになった知見が、少しでもこのような検討の足がかりになることを期待している。

6.2 ワークショップの設計への示唆

　本書で扱ったワークショップは、大学での実践を想定しているが、企業の特性を加えることで内定者フォロー施策としての実践が可能であると考える。内定者をフォローするうえで、企業はスタッフの不足や内定者のニーズ、メニューのマンネリ化という悩みを抱えている（ディスコ キャリアリサーチ 2014）。本書で扱った「カード de トーク いるかも!?こんな社会人」および「ネガポジダイアログ」ワークショップはツールや先輩社員の写真を使うことで、比較的人的コストがかからず、内定者の組織適応に有効であった集合研修として機能しうる内容であると考える。「カード de トーク いるかも!?こんな社会人」は、職場に実際に存在するであろう社会人の姿のイメージを明確にし、自己の仕事観に気づくことを目的としている。社会人カードにその企業に特有のカードを追加するなど工夫を加えることで、ともに働く職場の「人」のイメージを膨らませ、よりリアルな仕事観の醸成につなげることができると考えられる。また、「ネガポジダイアログ」は、大学生がリアルな社会人生活をイメージすることを目的の一つとしている。実際に就職する企業の先輩社員と写真を通じて対話することで、より入社後の自分の生活のリアリティを獲得することが期待できる。さらに、これらは、RJPとしての機能や同期同士の出会いの場としても有効だろう。

6.3 今後の課題

　最後に、本章に残された課題を二点述べる。一点目は、有効回答数の問題である。今回の調査は、縦断調査の2回目であったこともあり[7]、有効回答を十分に確保することができなかった。その結果、15の内定者フォロー施策のうち分析対象となった施策は六つであった。さらに、内定者フォロー施策の組み合わせの効果を検討することもできなかった。今後は回答数を増やし、それぞれの内定者フォロー施策の効果に関してより精緻な分析をおこなう必要があると考える。二点目は、各内定者フォロー施策の具体的な内容について明らかにできていない点である。集合研修や人事との面談といっても、各企業で改善努力が重ねられており、その内容はさまざまであるだろう。今回の調査では、入社後の仕事に有効だと感じた内定者フォロー施策についても尋ねたが、内定者フォロー施策を受けた人のうち40％が有効だと感じた内定者フォロー施策がなかったと回答した。内定者フォロー施策の質も重要であると考えられ、今後は自由記述や質的研究などにより、施策のより具体的な内容と組織適応との関連を明らかにしていく必要があると考える。

　本研究は萌芽的な研究であり、上述のとおり多くの課題を抱えている。しかし、各企業が手探りで内定者フォロー施策をおこなっている現状において、いくつかの重要な示唆を提供することができた。今後は、課題に向き合いながら理論的にも実践的にも貢献できる研究をさらに進めていきたい。

7　本章においては、縦断調査1回目のデータは使用していない

参考文献

Ashforth, B. E., Myers, K. K., & Sluss, D. M. (2011) Socializing perspective and positive organizational scholarship. Cameron, K. S. & Spreitzer, G. M. (eds.) *The Oxford handbook of positive organizational scholarship*. Oxford University Press. pp. 537-551.

Ashforth, B. E., Sluss, D. M., & Harrison, S. H. (2007) Socialization in organizational contexts. Hodgkinson, G. P. & Ford, J. K. (eds.) *International review of industrial and organizational psychology vol.22*. John Wiley & Sons. pp. 1-70.

Bridges, W. 倉光修・小林哲郎 (訳) (2014) トランジション：人生の転機を活かすために. パンローリング.

中央教育審議会 (2011) 今後の学校におけるキャリア教育・職業教育の在り方について. (http://www.mext.go.jp/component/b_menu/shingi/toushin/__icsFiles/afieldfile/2011/02/01/1301878_1_1.pdf).

林祐司 (2015) 採用内定から組織参入までの期間における新卒採用内定者の予期的社会化に関する縦断分析：組織に関する学習の先行要因とアウトカム. 経営行動科学. Vol. 27 No. 3 pp. 225-243.

HR総合調査研究所 (2013)「新入社員研修に関するアンケート調査」結果報告【1】. (http://www.hrpro.co.jp/research_detail.php?r_no=75).

石田秀朗 (2009) 大卒採用における内定者フォローに関する研究. 奈良産業大学紀要. Vol. 25 pp. 49–58.

株式会社ディスコ キャリアリサーチ (2014) 2015年度調査データで見る「内定者フォロー」. (http://www.disc.co.jp/uploads/2014/09/nf2015.pdf).

株式会社 マイナビ (2014). 2015年卒マイナビ企業新卒内定状況調査. (http://saponet.mynavi.jp/release/naitei/data/naitei_2015.pdf).

金井壽宏 (1994) エントリー・マネジメントと日本企業のRJP指向性：先行研究のレビューと予備的実証研究. 研究年報. 經營學・會計學・商學. Vol. 40 pp. 1-66.

金井壽宏 (2001) キャリア・トランジション論の展開：節目のキャリア・デザインの理論的・実践的基礎. 國民經濟雜誌. Vol. 184 No. 6 pp. 43-66.

川﨑友嗣 (2005) 変わる私立大学「就職支援」から「キャリア形成支援」へ. 現代の高等教育. No. 467 pp. 45-49.

小島一夫 (2008) あるアスリートのキャリアトランジションに伴うアイデンティティ再体制化について：生涯発達心理学の視点から (産業社会学部). つくば国際大学研究紀要. No. 14 pp. 73-85.

Nicholson, N. & West, M. A. (1988) *Managerial Job Change: Men and Women in Transition*. Cambridge University Press.

尾形真実哉 (2008) 若年就業者の組織社会化プロセスの包括的検討. 甲南経営研究. Vol. 48 No. 4 pp. 11-68.

尾形真実哉 (2012) リアリティ・ショック (reality shock) の概念整理. 甲南経営研究. Vol. 53 No. 1 pp. 85-126.

尾形真実哉・元山年弘 (2010) キャリア・トランジションにおける個別性の探究：新任マネジャー、新人看護師、新人ホワイトカラーへの移行に関する比較分析. 甲南経営研究. Vol. 50 No. 4 pp. 45-103.

労政時報研究所 (2005) 教育・能力開発の最新実態：今後, 企業の教育・能力開発は「選択」「選抜」をキーワードに自己責任重視の方向へ. 労政時報. No. 3660 pp. 2-27.

竹内淳一・居合玲子 (2007) 内定者の不安や期待に配慮し、「入社の決断」を強めるポイント. 労政時報. No. 3701 pp. 2-17.

鳥羽賢二・来田宣幸・横山勝彦 (2014) トップアスリートのキャリアトランジション支援策の検討：NECの社会起業家育成事業を参照に. 同志社スポーツ健康科学. No. 6 pp. 38-46.

薄上二郎 (2006) 人的資源戦略としての入社前研修：実施効果・グローバル展開・今後の進め方. 中央経済社.

薄上二郎 (2009) 入社前研修の効果と問題点：日本企業と韓国企業の比較研究を中心として. 大分大学経済論集. Vol. 61 No. 2 pp. 1-27.

Van Maanen, J. & Schein, E. H. (1979) Toward a theory of organizational socialization. Staw, B. M. (ed.) *Organizational behavior*. JAI Press. pp. 209-264.

Wanous, J. P. (1980) *Organizational entry: Recruitment, Selection, and Socialization of newcomers*. Addison-Wesley.

04 エピローグ

アクティブトランジションの
視点からみる今後の大学教育

アクティブトランジションの視点からみる今後の大学教育

文 舘野泰一

はじめに

　本章では「アクティブトランジション：働くためのウォーミングアップ」の全体の総括をしたいと思います。本書は、教育機関を終えて、企業・組織で働き始めようとする人々が「働きはじめる前に行っておきたいウォーミングアップ」について、ワークショップ編・研究論文編という2つから論じてきました。

　本書の冒頭で中原が述べたとおり、本書は「ワークショップ実践」と「調査研究」が一体となったキメラのような書籍です。本章では、一見ばらばらに見えるこれらの内容がどのように関連しているかについて、内容を概観しながら整理していきたいと思います。

　ワークショップ編では、3つのワークショップ実践について紹介しました。1つ目のワークショップは「就活ヒッチハイク」ワークショップでした。このワークショップは、就活をはじめる前の学生（主に3年生）を対象としたものです。このワークショップの狙い

ワークショップの総括

	対象	ねらい	ゴールの状態
就活ヒッチハイク	就職活動前（3年）	「ヒッチハイク」を体験することで、就職活動の不確実な環境に対応する心構えを知る	「ひとりで、なんとなく」という状態から「他者に協力を求め、目的意識をつくる」という状態へ変化する
カード de トーク いるかも!?こんな社会人	就職活動後（4年）	就職活動を「人」の視点から振り返り、仕事観を知る	就職活動中に出会った社会人を相対化し、自分の仕事観を知ることができる
ネガポジダイアログ	就職活動前（1・2年）	社会人生活を「写真」をもとに対話し、社会人生活のリアルを知る	社会人生活に対する現実的な期待感を持つことができる

は、ヒッチハイクを体験することで、就活で体験する「自分で全てコントロールできない状況」の楽しみ方を知ることでした。

学生にとって就職活動の機会は「進路の選択」という意味では、これまで経験してきた「受験」に近い感覚があると思います。しかし、就職活動は、受験に比べて、何を準備するべきかがより漠然としています。試験範囲や合格基準が明示されているわけではなく、何をしておけばよいのかがわかりにくい状況にあります。もちろん、就職活動の準備として、面接やエントリーシートのテクニックを学ぶことはできます。しかし、準備をしてもしきれずに、自分でコントロールできないものと常に向き合うような不安な状況を体験するのは、これがはじめてという学生も多いのではないでしょうか。「就活ヒッチハイク」ワークショップでは、このような状況を擬似的に体験し、不確実な状況と向き合う心構えを学ぶことができます。

ワークショップに参加した学生たちは、はじめは初対面の人に声をかけることに躊躇していました。しかし、何度も声をかけるプロセスを体験していくうちに、不確実な状況の「不安」だけではなく、ワクワク・ドキドキといった「楽しさ」も同時に感じはじめていきます。さらに、不確実な状況であっても、自分が事前に準備できることはなにかについても理解を深めていきます。例えば、「最初は話しかけるのが怖かったが、話しかけてみれば、意外に周りの人がやさしく、協力してくれた。」と発言してくれた人は、自分だけで全てを抱えるのではなく、他者に協力を求めても良いことに気がついてきます。また、「初対面の人にすぐに協力してもらうためには、自分のやりたいことや

目的をしっかり伝えることが大事」といったように、協力を求めるために必要な準備についての理解が深まっているようでした。このように、ヒッチハイクを経験することで、就職活動のプロセスでも具体的にどのような準備をしたらよいのかについて理解をしていく様子が見られました。

今回ヒッチハイクワークショップをデザインした背景には、研究論文編における吉村章、高崎章、舘野章の内容が関連します。さきほど紹介したワークショップを体験した学生の声も、研究結果とリンクするものです。例えば、吉村章では「就職活動における孤立・個別化のリスク」について述べています。よりよい就職活動を行うためには他者の協力が不可欠なのですが、相談相手を持っていない学生は多く、孤立・個別化が起こっている状況を示しています。ワークショップ中の発言にもあったように、「自ら他者に協力を求める行動」が重要であることがわかります。また、高崎章では「とりあえず就職活動をするリスク」について述べています。「とりあえず就職活動」をする学生は、明確な目的意識がないまま就職活動をおこないます。一方、ワークショップ中の発言にあったように、他者へ協力を求めるときには「自分のやりたいことや目的を伝えること」が重要になってきます。ここにもギャップがあります。

つまり、就職活動においては「目的意識があいまいで、他者に協力が求められず、ひとりで行動してしまう」という状況から、「自ら他者に協力を求め、他者とかかわるなかで目的意識を明確化し、成果につなげていく」という姿勢へと変化することが重要であると考えられます。ヒッチハイクワークショップではこのような姿勢の変化を体験するためのきっかけを提供しているといえます。

ここで求められている、不確実な環境のなかで、自らが他者に協力を求めるといった行動は、舘野章で述べた「プロアクティブ行動」とも関連が深いと考えられます。プロアクティブ行動とは、入社後に、自ら他者にフィードバックをもらったり、社内の集まりに参加したりといった、組織に対する主体的な行動全般のことを指し、組織へ適応する際に重要な行動であることがわかっています。就職活動に限らず、自ら他者に協力を求めていくという行動は、組織の中で活躍していくためにも重要な力であるといえます。

舘野章で指摘している通り、プロアクティブ行動ができるようになるためには、ワークショップのデザインにおいても、過度に活動を構造化せず、学習者自身が能動的に動く機会を用意し、多様な人との接点を用意することが重要です。こうした知見をもとに、ヒッチハイクワークショップにおいても、自ら見知らぬ人に声をかけるといった活動をワークショップの中に取り入れています。

次に、2つ目の「カード de トーク いるかも!? こんな社会人」ワークショップについて説明します。このワークショップの対象者は、さきほどとは異なり「就職活動を終えた学生」です。ワークショップの狙いは、就職活動中に出会った社会人をもとに、自分の働くことや仕事への価値観に気づくことです。言い換えれば、自分の就職活動を「人」という視点から振り返るワークショッ

プということができます。

「就活を通してさまざまなことを学んだ」という学生の声をときどき耳にしますが、具体的に就職活動という体験を通じて、何をどのように学び、それらを入社後にどう活かすのかを考える機会はそう多くはありません。多くの学生にとって、就職活動はハードな体験であるにも関わらず、何を得たのかを振り返らず、やりっぱなしになっているのが現状だと思います。ハードな体験ほど、振り返りをすることで学びにつながるはずなのに、これは非常にもったいない状況だと思います。そこで、まず就職活動を振り返るワークショップをデザインしようと考えました。

振り返りをする上で重要なのは「学んだことをそのまま活かす」というだけでなく、「学んだことを相対化する」ことです。就職活動で学んだことで活かせることもあるかもしれませんが、そこで学んだことをあまり吟味せずに、そのまま入社後に適用しようと思うと、かえってうまくいかないということもあるでしょう。これは研究論文編における田中章の知見と関連します。田中章では「就活における学び」が「入社後にどのように影響を与えているか」について検討しました。この結果をみると、「就職活動を通じて身につけた社会・企業・自己に関する知識」は、入社後の能力の伸びとは必ずしも関係があるわけではないという結果がでていました。ここから推測されるのは、就活という環境の特殊性です。学生にとって、就職活動は、社会との接点となる貴重な機会ですが、そこで得られた知識には偏りがあります。それを吟味せずに、偏ったイメージを持って仕事をするのは、かえって足を引っ張ることもあるでしょう。以上のような背景から、就職活動後の内定時期に着目し、知識の活用だけでなく、相対化をおこなうようなワークショップを企画しました。

今回振り返りで注目したのは「人」です。就職活動中、学生は多くの社会人に出会います。就職活動前には、学生は社会人との接点はそれほど多くありません。こうした学生たちにとっては、就職活動で出会った社会人が「一般的な社会人」と思いがちです。しかし、そうとは限らないでしょう。ここで出会う社会人たちは、「就職活動を意識して選ばれた社会人」です。あえて言うならば「キラキラした社会人」ともいえるかもしれません。もちろんキラキラ社会人は、会社の中に存在しますが、「キラキラしているか、していないか」に限らず、働き方やその価値観というのは、同じ会社であっても多様です。

しかし、学生にとってはこうした事情をなかなか理解することが難しい状況にあります。学生生活の中で社会人と会う機会はそう多くはありません。こうした状況では、就職活動で出会った社会人を過度に一般化してしまい、入社してからギャップを感じてしまう可能性があります。そこで、このワークショップでは、会社にいそうな「典型的な社会人」をカードとし、それをもとに対話を行うことで、自分の出会った社会人を相対化し、さらに自分が持っている仕事への価値観を理解する機会としました。

ワークショップに参加した大学生たちは、自分が選んだ社会人カードを見て、自分がどのような仕事に対する考

えを持っているかについて気づいていきます。さらに、他の学生たちがどのようなカードを選んでいるかを見ることで、多様な価値観があることに気がついていきます。「私はこういう人は苦手だなと思うけど、あなたは気にならないんだね」といった対話をしながら、仕事観について理解を深めていきます。また、対話を行うことで、自分と違った価値観を持っている人が「なぜそう思うのか」という背景についても理解できるようになっていきます。このように、自己や他者の持つ仕事観への理解が深まることで、さまざまな価値観をもった他者たちと働きやすくなると考えられます。

　このワークショップでは、自分の仕事に対する考え方は、ワークショップで発見して終わり、というものではなく、環境に応じて柔軟に変化させていくことが重要であることも同時に伝えていきます。これは研究論文編の浜屋章の知見が関連します。浜屋章では、仕事に対する考え方と入社後の意識の関係について調査しています。この調査の結果をみると、「仕事重視の考え方」を持った女性は、入社後にリアリティ・ショックを受けるものの、そこから柔軟に対応していく様子が報告されています。このように、このワークショップでは、就職活動の振り返りについて「人」を対象に行うことで、就職活動での体験を学びにつなげ、さまざまな人から学べることを理解できるようデザインしています。

　最後に説明する、3つ目のワークショップは「ネガポジダイアログ」ワークショップ」です。このワークショップの対象者は、就職活動前の1・2年生です。このワークショップは、就職活動から遠い学生たちにも楽しめるものとして開発しました（もちろん、3・4年生も実施可能です）。このワークショップの狙いは、社会人とともに写真をもとにした対話を行うことで、社会人生活に対する具体的なイメージを持つことです。

　私たちが学生のときにもそうであったように、「社会人の日常生活」というのは案外とイメージできないものです。知っていると思っていても、自分の家族に関連する職業や、なんとなくドラマや漫画などで見たイメージしか持っていないのではないでしょうか。つまり、就業前の学生にとっては、「リアルな社会人生活」を想像することは難しいのです。入ってからの様子が想像すらできないのに、就職先を選ぶというのは非常に難しい状況です。また、そうした状況では期待と現実のギャップが大きくなりがちです。

　もちろん、最近はOB・OGなどが学校に訪れ、仕事の様子について講演をするような機会も増えてきました。しかし、こうした全体の前でオフィシャルに話すという状況では、どうしても仕事に関するポジティブなことや、普段の日常場面よりも大きなイベントがあったときのことを話してしまいがちです。社会人生活の中で、ポジティブなことや、大きなイベントもあるはずですが、日々の仕事の中には、ネガティブなことも、語るほどではない地味なこともたくさんあるはずです。

　このような問題意識からネガポジダイアログを実施しました。このワークショップのネーミングでも分かる通り、狙いとしているのは社会人生活の「ネ

ガティブな部分」も「ポジティブな部分」も両方話すということです。できるだけ日常場面に近いことも話せるような仕掛けを用意しています。こうすることで、学生たちにはリアルな社会人生活について知ってもらい、社会人生活に対する過度な期待や失望を調整することを狙いとしています。

具体的な仕掛けとしては、OB・OGに仕事に関する写真を事前に用意してもらいます。用意してもらう写真のテーマは、こちらで用意しています。なにかを達成したときのことだけでなく、普段やっている地味な作業に関するもの、一休みしているもの、意外性のある仕事など、普段なかなか話さないような多様な側面が話題になるようにしています。学生たちは単に話を聞くだけではなく、それぞれのテーマについてどんな写真がきそうかを予想します。そうすることで、自分がその仕事に対してどのようなイメージを持っているかということについても理解することができます。

ワークショップに参加した学生たちは、写真を予想するのに苦労しているようでした。予想ができたとしても「テレビでありがちなシーン」などに引っ張られている傾向がありました。また、思った以上に社会人生活に対して「陰鬱」もしくは「管理されたイメージ」を持っている様子がみられました。しかし、実際の写真を見たり、社会人と対話をしたりすることを通じて「忙しそうで大変というイメージはあったけど、思った以上に自由で楽しんでいる様子が見られて良かった」という感想を持つ学生が多くみられました。

参加したOB・OGはポジティブな点だけではなく、ネガティブな点も同時に話をしています。しかし、日々の仕事の中での工夫や苦労を話すことで、学生たちにとっては働く状況が具体的にイメージできるようになり、その中での楽しさについても共感できるようになっているようでした。このように、就職活動をする上で、まず社会人のリアルで具体的な生活を知るというのがネガポジダイアログで狙っている活動です。

このワークショップのデザインについては、研究論文編における吉村章、舘野章が関連します。吉村章については、さきほど述べたとおり、就職活動における相談相手を持つことの重要性が示されています。ワークショップは、相談相手を作るために重要な機会です。また、舘野章では、自分とは学年や所属の異なる他者との接点が重要であることについて述べています。このワークショップでは、OB・OGとの接点を作る機会となっています。また、ワークショップで出会ったOB・OGは、まだ就職活動前ということもあり、利害関係が少ない状態で相談できると考えられます。このように、このワークショップでは、利害関係の少ない、同期とは異なる相談相手をつくる機会となります。

このワークショップのもう1つの大きな特徴は、学生だけでなく、参加するOB・OGにとっても意義がある点です。OB・OGはこのワークショップに向けて、自らの仕事について振り返ることになります。「自分が普段やっている仕事はどのようなことか」「どのような意義をもっているのか」ということを、学生たちの自然な質問によって引き

出されていきます。こうした活動を行うことで、OB・OGにとっても、仕事を振り返る貴重な学習機会になります。

ネガポジダイアログでは、事前の準備として写真を5枚用意するだけなので、ゲストで呼ばれたOB・OGたちにとっても、多くの学生の前で話すためのプレゼンテーションなどを準備することに比べると遙かに負荷が軽減されます。また、OB・OGを呼ぶ側の視点としても、1回のワークショップで複数人のOB・OGを一度に呼ぶことができるため、意見の多様性も担保することができます。OB・OGをゲストとして呼ぼうとすると、どうしても「ロールモデルとなるような優秀な1名を選ばなくてはいけない」と思いがちですが、このワークショップではそうしたことを悩む必要はありません。複数人を呼ぶ大変さはあるかもしれませんが、大きな成果を挙げている人に限定する必要はなく、こういう試みに協力してくれる、さまざまな働き方をしている人に声をかければよいということになります。

以上が、今回実施した3つのワークショップの概要となります。それぞれのワークショップによって狙いは異なりますが、共通するのは「働くことへのウォーミングアップ」を狙っていること、そして「研究知見からのインスパイア」をもとにワークショップを開発している点です。次に、研究論文編の概要について説明します。

研究論文編の総括

研究論文編は「基本データパート」「大学生活パート」「就活パート」「内定パート」の4つにわかれています。研究論文は合計7つです。それぞれの内容についてあらためて概観していきます。

「基本データパート」では、木村章において、本調査の概要と、利用データの記述統計を行いました。本研究の大きな特徴は、縦断調査を行っているという点です。縦断調査とは、大学時にデータを取り、さらに入社後にデータを取って、その2回のデータをもとに分析を行うものです。近年では、大学教育の成果を、大学の中だけではなく、卒業後の行動にまで視野を広げて明らかにしようという流れがあります。しかし、これまでの研究の多くは振り返り調査（社会人に大学生活を思い出して回答してもらう）という限界がありました。入社してから大学時代のことを思い出して回答してもらうよりも、自分が大学生のときに回答したデータと、現在の社会人生活に関するデータに関するデータの関連をみるほうが、状況を正確に理解することができます。しかし、その一方で、縦断調査には1）多額の費用がかかること、2）データを確保し続けることが難しいこと、といったデメリットもあります。今回の調査においても、初回調査の回答者から、第二次調査の回答者が大きく減りました。しかし、類似した縦断調査の例は少ないため、一定の留意をいただければ、研究成果に価値があると考えます。

「大学生活パート」では、舘野章、浜屋章の2つの研究報告を行いました。舘野章では「職場で主体的に行動できる人は、どのような大学生活を過ごしていたか」を調査しました。職場という環境は、学校の環境とは異なり、自

分から環境に働きかけることがより求められます。自分から他者へ協力を求めたり、職場の集まりに参加したり、フィードバックを求めるという行動をすることで、組織に参入していきます。こうした行動ができる人は、大学時代にどのような経験をしているのかを探究したのが舘野章の研究です。分析の結果、職場で主体的に行動できる人は、1．大学時代に授業に限らず、授業外のさまざまなコミュニティに出入りする経験を持っていた、2．自分の成長に影響を与えるような参加型授業を経験していた、という特徴がありました。この調査で明らかになった重要な示唆は「参加型授業（ディスカッションやプレゼンテーションを行う）に参加しているだけ」では、主体的な行動につながらなかったという点です。参加型授業であっても、ただ指示されたことをやっているだけでは、能動的に動く訓練にはならないということです。参加型授業を取り入れることはたしかに重要ですが、過度に活動を構造化することで、かえって学習者を受け身にしてしまうという危険性があります。参加型授業を取り入れるだけではなく、その中で学習者が能動的に（アクティブに）ふるまうためのデザインが重要であることを指摘しました。今回実施した3つのワークショップにおいても、過度に活動を構造化しすぎないことを意識して実施しています。

浜屋章では「仕事と余暇のバランス」に対する大学時代の考えが、入社後の組織適応にどのような影響を与えるかについて明らかにしました。仕事一筋か、余暇が大事か、もしくは両方のバランスが大事なのか、こうした仕事に対する価値観と入社後の適応について見た研究です。この研究では、男女の性別による違いについて分析を行っています。分析の結果、大学時代に「仕事を重視する」という価値観を持っていた男性は、入社後においてポジティブな成果が見られることがわかりました。一方で、女性は、「仕事を重視する」という価値観を持っている人は、入社後のリアリティ・ショック（期待と現実の差を感じること）がわかりました。このように、性別による違いが明らかになりました。しかし、この研究では女性がリアリティ・ショックを受けておわりではなく、その後柔軟に価値観を修正して、仕事をしていることも明らかになりました。このように、男女による価値観と現実のギャップ、そして、仕事に対する考え方を現状にあわせて柔軟に修正していくことの重要性が明らかになりました。

次に「就活パート」について説明します。就活パートは、吉村章、高崎章、田中章の3つがあります。吉村章では、「就職活動における孤立・個別化」に関するテーマを取り扱いました。就職活動中に、周囲の人からどれだけ支援をもらったかということと、入社後の組織コミットメントの関係について検討した章です。研究の結果、就職活動中に周囲からの支援をもらっていた人ほど、就職先への満足度が高く、入社後の組織コミットメントも高いという結果が得られました。就職活動中の周囲の支援が重要であることを示した一方、就職活動中に相談する相手がいなかったと答える人も多くいたことがわかり、就職活動における孤立・個別化に対する支援の重要性が明らかになりました。

高崎章では、就職活動における学生のタイプを「本意就職」「不本意就職」「とりあえず就職」の3つに分け、それぞれの成果について検証を行いました。自分の行きたい就職先にいけた人、いけなかった人、そもそも第一志望などを持たずに就職をした人の3つのタイプによる比較です。その結果「とりあえず就職」タイプは、就職活動への取り組み、そして充実感の双方において、他のタイプよりも低いことが明らかになりました。また、入社後の定着率も低く、定着していたとしても、仕事や会社に対する満足度が低いという特徴が明らかになりました。この結果から、自分の行きたいところにいけるかどうかという視点だけでなく、そもそも自分が行きたいところはどこかといった目的意識を持たずに就職活動をすることの弊害が見えてきます。もう一つの発見事実として、「不本意就職」タイプは、3つのタイプの中でもっとも就職活動をしていたのにもかかわらず「本意就職」に比べて離転職経験者が多いことがわかりました。

田中章では、「就活での学びと入社後の成長」について取り扱いました。学生が「就活を通して成長した」と言うのを聞くことは多いと思いますが、それが入社後の成長につながっているのかを明らかにした章です。たしかに学生にとって就職活動は、企業に関する基礎的な知識を学んだり、社会人との接点を多く得たりと、大学とは異なる経験をする機会となります。こうした機会が、入社後の成長にどのような影響を与えるかを検証しました。分析の結果、就職活動を通して学んだ「不確実性に対する構え」は、入社後の成長につながる可能性が示唆されました。

最後に「内定パート」について説明します。このパートはこれまでとは異なり、「企業の目線」にたった研究です。ただし、内定時期にどのようなアプローチをするべきかを考えるという点では、大学に対しても価値のある研究知見です。この研究では、「内定時に、どのような内定者フォロー施策を実施すればよいのか」を検討しました。分析の結果、内定者を対象とした集合研修が、入社後の新規参入者のリアリティ・ショックを緩和し、入社1年後までの離職意思を抑制することがわかりました。一方で、実際の仕事の内容に関連しないような、引き留めだけを目的とした面接を行うことは、かえって逆効果であることを指摘しました。

以上が研究論文編の概要です。今回のワークショップはこれらの研究知見にインスパイアされたものです。ただ、今回の結果から、さらなる別のワークショップ実践を検討することも可能であると思います。調査の結果が、実践を行うための素材となればと思います。

今後の大学教育の実践に向けての展望

これまでの議論を踏まえて、今後の大学教育の実践について展望を述べていきたいと思います。本書のタイトルである「アクティブトランジション」とは、筆者らの造語であり、1)「教育機関を終え、仕事をしはじめようとしている人々が、働きはじめる前に、仕事や組織のリアルをアクティブに体感し、働くことへの準備をなすこと」、その結果として、2) 教育機関から仕事

領域への円滑な移行（トランジション）を果たすことを指します。これまで行われてきたトランジションに関する研究に着想を得ながら、教育機関と仕事領域の円滑な接続を実現するべく登場させた概念です。

この概念において重要なのは「自律を目指した他律の力」という発想です。アクティブトランジションを行う主体は学生ですが、学生が自律的に組織に適応し、仕事を行い、成果を出すためには他者の力が必要になります。そして、その他者の力として重要な役割を担うのが「大学」です。本書では「大学がアクティブトランジションの支援をどのように果たせるか」をメインのテーマとして、ワークショップ編、研究論文編の2つから議論を行ってきました。

ワークショップ編を通じて、我々がもっとも伝えたいメッセージは「まず一度実践していただきたい」ということです。今回ワークショップを開発する上では、「研究知見に基づいていること」や「重要であるのに支援が行き届いてないもの」など、さまざまな観点から議論を行いましたが、その中でも重視したのが「各大学でこのワークショップが実践できること」でした。なるべく多くの大学で再現ができることで、アクティブトランジションを支援する環境が広がっていくのではないかと考えたからです。そのため、ワークショップの活動自体はユニークなものとしながらも、実施する道具については、なるべく特別なものを購入する必要がなく、大学にありそうなもの（付箋紙や模造紙のレベル）で、実施できることを心がけました。ワークショップ固有の教材は全てコピーして使用できるようにしてあります。活動の時間についても、大学の授業時間で完結するように配慮してデザインを行っています。

もちろん、実施する際に大学によってアレンジが必要になるケースもあるかもしれません。こちらが想定したよりも、ワークに時間がかかるといった状況もありえます。そういった場合に、勝手にアレンジしてよいのかと迷われる読者の方もいらっしゃるかもしれませんが、それは大歓迎です。

本書に掲載されたワークショップおよびツール（教材）は、本書がねらいとする教育目的・趣旨に沿った非営利活動であれば、クレジットを表示することで自由にご使用になれます。（ただし、ワークショップ、ツールを含む本書内のイラストレーション・写真の単独使用はご遠慮願います。）筆者らは、今回示したワークショップを「このまま忠実に再現すること」だけを念頭においているわけではありません。むしろ、状況に合わせて自由にカスタマイズをしていただき、「こういうカスタマイズをしたら、参加者からこういう反応がかえってきた」といった情報が共有されるようになればと考えています。

筆者らにとって、この書籍は「読んだ」という感想もうれしいのですが、それ以上にうれしいのは「やってみた」という感想です。「やってみたらこうなったので、こういう工夫もできるよね」というやりとりを期待しています。

研究論文編で目指していることは2つあります。1つ目は、今回掲載した3つのワークショップが「なぜ重要なのか？」を答えられるようにするため

です。新たな教育実践を行う際には、「なぜそれをやるのか？」を説明しなくてはならない局面も多いと思います。「面白そうだけど、なぜそれをやるのか？」に答えられないことで、ワークショップが実践されないという状況は非常に残念です。そうならないように、実践の背景となる調査結果についても同時に掲載しました。

2つ目は、研究成果を、新たな教育実践を考えるための素材としてほしいと考えたからです。研究成果は「こういう実践が必要ではないか？」と考えるための素材となります。今回書籍に掲載した3つのワークショップは、いずれも今回の研究論文編のデータにインスパイアされたものです。しかし、このデータから考えられる実践はこの3つに限らないはずです。「学生はいまどのような状況にあるのか？」、「どのような学生が入社後に活躍し、どのような学生が入社後に苦戦するのか？」といったデータは、新たな支援の手法を考える上で、有益なデータになり得ます。本書は調査結果だけでなく、「ワークショップ編」と「研究論文編」という

2つを掲載することで、「こういうデータが出たということは、こういう支援が考えられるのでは」という、両者を結びつける方法を示したともいえます。今回の調査から、「その手があったか！」と思うような、新たな解釈とワークショップ実践が開発されることが、筆者らにとってうれしい状況となります。

今回研究論文編で使用したデータは、大規模に実施された縦断調査のデータであり、類似の調査が多いわけではありません。縦断調査ゆえ、データの脱落という問題はありますが、一定の留意を行えば、学術的にも価値のある成果であると考えます。今回の結果が、新たな実践を行う素材として機能すればと考えています。

アクティブトランジションを支援するためのサイクルモデル

以上の議論を踏まえ、本書では学生のアクティブトランジションを支援するためのサイクルモデルを示したいと思います。以下の5つのサイクルをまわしていくことで、実践がブラッシュアップされ、アクティブトランジションを支援するためのコミュニティが形成され、実践知・研究知が蓄積されていくのではないかと考えています。

1）ワークショップを実践する

- ワークショップ編にある3つのワークショップを実践する
- ワークショップ実施の背景を研究論文編から知り、ワークショップ実施の説明などに役立てる

2）ワークショップを振り返る

- 「活動が意図通り進んだか？」を振り返る
  ▷ワークショップの運営そのものがうまくいったか
- 「学習者の学習は促進されていたか？」を振り返る
  ▷意図した学びを引き起こすことができていたか

3）ワークショップをアレンジして実施する

- 自分の実践先にあわせてワークショップの活動をアレンジする
  ▷ワークの時間や活動の指示などを工夫して実施する

4）アレンジしたワークショップを共有する

- アレンジしたワークショップの内容について共有する
  ▷どんなアレンジをしたのか？
  ▷なぜアレンジをしたのか？
  ▷アレンジをしてどのような効果があったか？

5）新しいワークショップを開発する

- ワークショップ編のワークショップを実践し、研究論文編の研究知見を読み、自らのフィールドでの学習者の反応を踏まえ、新たなワークショップを開発する

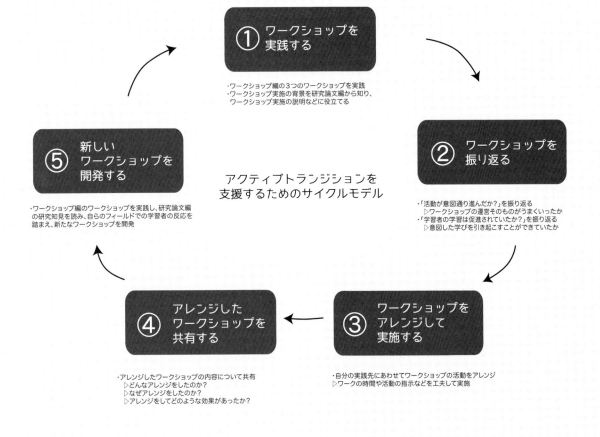

前節で述べた内容と重複する部分もありますが、それぞれのステップについて、以下であらためて説明していきたいと思います。

1）ワークショップを実践する

本書を読んでくださった読者の方々には、まずワークショップを実践していただきたいと考えています。ワークショップの実践にあたり、なぜこのワークショップが必要なのかという説明が必要な場合には研究論文編の研究知見を参考にしてください。

2）ワークショップを振り返る

ワークショップを実践したら、ワークショップの振り返りを行ってください。ワークショップの振り返りで重要なことは2つあります。1つ目は、活動が意図通り行われていたかです。設定している時間通りワークが進まないということや、意図がうまく伝わらなかったということがあるかと思います。ワークショップの活動そのものがスムーズに進んだかどうかについて振り返ってみてください。

2つ目は、学習者の学びにつながっていたかです。各ワークショップでは、学生にどのようなことを経験し、学んでほしいかという設定の意図がありました。ワークショップを通じて、こうした意図が達成されていたかについて振り返りを行ってください。

振り返りを行う際には、実際のワークショップ場面の観察だけでなく、本書のワークショップ編、研究論文編で書かれている内容が振り返りの視点となると思います。

3）ワークショップをアレンジして実施する

ワークショップの振り返りを終えたら、活動をアレンジしてみてください。アレンジの方法として、グループワークの指示の説明を工夫する、アイスブレイクのワークを変更する、各活動の時間を調整する、などが考えられます。

本ワークショップは先ほど示したルール（p183）に則っていただければ、自由に改変が可能です。同じワークショップの活動でも、どのような大学で、どのような学生に対して、どのような形式で（正課内・外）行うかによって、活動のアレンジが必ず必要になります。ご自身の実施されるフィールドにカスタマイズしてワークショップを行ってください。

4）アレンジしたワークショップを共有する

ワークショップのアレンジを行ったら、ぜひそのアレンジしたアイデアを共有してください。本書のワークショップのfacebookページを立ち上げました。

実際にどんなアレンジをしたのか、なぜアレンジが必要になったのか、アレンジしたことでどのような結果につながったのか、などを共有していただければ、さらに実践そのものがブラッシュアップされていきます。

実践を記録・共有する際には、コラム1「ワークショップを文章にまとめるための3つのポイント」、コラム3「ワークショップの写真を撮る」を参考にしてみてください。

5）新しいワークショップを開発する

本書のめざすゴールは、本書に載っているワークショップを実践して、研

究論文編の研究知見を読んでいただくことだけではありません。ワークショップを実践し、研究論文編の研究知見を吟味していただくことで、新たなワークショップの開発につながればと思っています。

教材のデザインについては、コラム2「ワークショップツールをデザインする」を参考にしてみてください。

ここで示したサイクルは決して1つの大学内に閉じたサイクルではありません。ワークショップの実践、振り返り、アレンジというサイクルが、大学の枠を超えて行われていくことで、アクティブトランジションを支援するための実践知・研究知を共有したコミュニティに広がっていくことを期待しています。

すなわち、アクティブトランジションを支援するための大学の役割とは、「実践」を中心に据え、「実践知・研究知」が複数の現場を越境していくような環境をつくることといえるのではないでしょうか。こうした環境をつくることで、学生はアクティブトランジションにおける「自律を目指した他律の力」を身につけることができると思います。

本書がメインターゲットとしているのは、大学で学生の就職や進路にかかわる教員、就職課の教職員、就職に関心のある学生、などです。最近では、高校でも就職活動に関する支援が活発になってきていると聞きます。アクティブトランジションの実践にかかわるみなさまとともに、上述した5つのサイクルをまわすことで、ひとりでも多くの学生のアクティブトランジションを支援することができればと思っています。

アレンジしたワークショップの共有や実践に関する情報交換の場として、アクティブトランジションのFacebookページを設けています。是非、アクセスしてみてください。Facebookページでは、本書で紹介するワークショップの関連資料もアップしております。

https://www.facebook.com/activetransition/

よい理論ほど実践的なものはない
Nothing is so practical as a good theory.

舘野 泰一

　さて、アクティブトランジションの旅もいよいよ終わりに近づいてきました。ご覧いただいたように、本書はワークショップ実践と研究論文という２つのジャンルを１つにまとめた書籍です。前半と後半のテイストの違いに驚かれた方もいるかもしれません。このような奇異な書籍をつくるに至った経緯を少しさかのぼってお話したいと思います。

　私が今回この書籍で「実践」と「研究」をつないで執筆しようと思ったのには、冒頭の中原章で書かれていた「実践」と「研究」の間に存在するクレバスへの挑戦の気持ちからでした。

　その気持ちの原点は、自分の学部時代にまでさかのぼります。私は学部時代を、青山学院大学文学部教育学科で過ごしました。入学当初はそもそも研究者になるという選択肢すらなかったのですが、恩師である鈴木宏昭先生との出会いをきっかけに研究者を目指すようになりました。それは教育に関する研究が、実践をよくすることにもつながるかもしれないという「希望」を感じたからです。同じ頃に中原淳先生と出会い、実践と研究を架橋するようなプロジェクトに参加させていただき、進路としても東京大学大学院学際情報学府の修士課程に無事に進学することができました。

　しかし、実際に研究をはじめてみると「実践」と「研究」の関係はそう簡単なものではないということに気がつきます。研究を進めれば進めるほど「自分がこの研究をして論文にまとめることが、本当に実践をよくすることにつながるのか」という、自分自身が発した問いに対して、答えられなくなっていったのです。そんな状態で研究が手につくわけもなく、気がつけば、博士課程への進学もかなわず、修士課程をもう１年やることになってしまいました。ぼくが中原淳先生の研究室に移ったのは、「実践」と「研究」の間に存在するクレバスへ絶望していたときでした。

　そのどん底のような状態から抜け出すきっかけとなったのが「ワークショップの実践」だったのです。「研究が実践にどう役立つか」を頭で考えていてわからないなら、実践してみればいいのかもしれない。そんな思いがリンクするかのように、当時同じ大学院に所属していた牧村真帆さんや安斎勇樹くんとともに、「ワークショップ部」という団体を立ち上げ、思いついては、即実践を繰り返しました。いま思えば、研究がうまくいっていないのに、研究時間を削って実践をするというのはクレイジーです。しかし、そのクレイジーなアイデアであるワークショップ部の活動に一番興味を持ってくれたのは、指導教員である中原淳先生だったのです。

　中原淳先生とともにワークショップの企画・実施を行っていくことは、教育における「実践」と「研究」のクレバスに立ち向かう多くの人たちと出会うきっかけとなりました。ワークショップ研究・実践の第一人者である上田信行先生をはじめ、本書の制作チームの方々ともその過程で出会いました。そこで出会う人たちは「実践」と「研究」の間に存在するクレバスの難しさを理解しながらも、それに絶望するのではなく、それぞれの人たちなりのやり方で乗り越えようとされていました。

　私はそこでの出会いや、自分自身がワークショップの実践を行っていくことで、「実践」と「研究」の間に存在するクレバスに対して、自分なりのやり方でもう一度チャレンジしようと思うようになりました。本書はそうした挑戦の気持ちから今回のような形式で書籍をまとめました。

「実践と研究の関係をどうするか？」は、古くから多くの研究者が立ち向かった問いです。社会心理学者のクルト・レヴィンも、この2つの間に存在するクレバスに挑み、以下のような言葉を残しました。

よい理論ほど実践的なものはない。
Nothing is so practical as a good theory.

この言葉の解釈はさまざまです。しかし、少なくとも、この言葉は「実践」と「研究」の間には、架け橋があるということを示しています。その架け橋のかけ方こそが、自分自身の研究者としてのあり方につながるのでしょう。

今回の書籍は、まだまだ荒削りな部分もありますが、私自身は、これからも自らが「実践」と「研究」の両方を行うというスタイルで、この2つの間に存在するクレバスに挑戦していきたいと思っています。

「実践」と「研究」の間に存在するクレバスは、トランジションという視点に置き換えれば「社会」と「大学」との間のクレバスとも解釈できるかもしれません。その間には絶望を感じることもあるかもしれません。しかし、その絶望を乗り越え、自ら希望を見いだし、軽やかに動き出すことこそ、アクティブトランジションの根本にある考え方といえるでしょう。

いままさにアクティブトランジションをしようとする学生だけでなく、大学における実践者と研究者、企業における実践者と企業を対象とした研究者、それぞれが架け橋をかけることで、少しずつその両者の間に希望が生まれていくのではないかと思います。アクティブトランジションを支援するものとして、そして、自らがアクティブトランジションの考え方を持つ主体として、これからもみなさまと一緒にがんばっていければと思っています。

本書のプロジェクトが始まったのは3年前。ちょうど本書と同じ「トランジション」をテーマとした書籍『活躍する組織人の探究：大学から企業へのトランジション』（東京大学出版会）が出版された時期でした。前書では探究しきれなかった「就職活動時期への着目」や、「縦断調査のデータを使った分析」ができるということで、ワクワクした気持ちでプロジェクトを始めたことを覚えています。研究論文としてまとめるだけでも十分にハードなプロジェクトですが、書籍にまとめる過程において、新たなワークショップを試行錯誤の中で3つも開発・実践ができたことは、まさにアクティブトランジションの中から「希望」を見いだしていく作業そのものでした。

このようなかたちで、まさに「実践」と「研究」を橋渡しする書籍を実現できたのは、多くの方々のご支援とご協力によるものです。三省堂で編集をしてくださった石戸谷直紀さん、安藤美香さん、書籍のレイアウトや教材のデザインをしてくださった三宅由莉さん、イラストを担当してくださった、いわた花奈さん、ワークショップ編をまとめてくださったライターの井上佐保子さんには、心より感謝いたします。また、ワークショップの実践にあたって、立教大学経営学部ビジネスリーダーシッププログラム（BLP）のみなさまには大変お世話になりました。特に学生事務局として協力してくれた大井竣平くんには本当に感謝しております。また、調査の実施及びワークショップの開発に際しては、公益財団法人電通育英会様より多大なるご支援をいただきました。心より感謝いたします。

編著者紹介

舘野 泰一 （たての・よしかず）

立教大学経営学部助教
東京大学博士（学際情報学）

青山学院大学文学部教育学科卒業後、東京大学大学院学際情報学府、東京大学大学総合教育研究センター特任研究員を経て、2014年より現職。専門は教育工学、高等教育、経営学習論。近年は、大学と企業のトランジションに関する研究や、リーダーシップ開発に関する実践と研究を行っている。
著書（分担執筆）に「活躍する組織人の探究」（東京大学出版会）、「ワークショップと学び2」（東京大学出版会）などがある。
研究の詳細は、Blog：tate-lab（http://www.tate-lab.net/mt/）。

中原 淳 （なかはら・じゅん）

東京大学 大学総合教育研究センター准教授
東京大学大学院学際情報学府（兼任）
大阪大学博士（人間科学）

東京大学教育学部卒業、大阪大学大学院人間科学研究科、メディア教育開発センター（現・放送大学）、米国・マサチューセッツ工科大学客員研究員等をへて、2006年より現職。専門は経営学習論・人的資源開発論。一般社団法人経営学習研究所 代表理事、特定非営利活動法人カタリバ理事、最高検察庁（参与）など。
著書に「職場学習論」（東京大学出版会）、「経営学習論」（東京大学出版会）など多数。
研究の詳細は、Blog：NAKAHARA-LAB.NET（http://www.nakahara-lab.net/）。

木村 充（きむら・みつる）

東京大学 大学総合教育研究センター
特任研究員

1983年、広島生まれ。東京大学文学部行動文化学科社会心理学専修課程卒業、同大学大学院学際情報学府修士課程修了、博士課程単位取得満期退学。2015年より現職。東京大学修士（学際情報学）。専門分野は教育工学、高等教育。経験学習をテーマに、社会活動を通した学生の学びと成長について教育・研究している。

浜屋 祐子（はまや・ゆうこ）

株式会社グロービス
研究員

国際基督教大学教養学部卒業。政府系銀行、組織・人事コンサルティング会社などに勤務。その後、東京大学大学院学際情報学府にて、育児経験とリーダーシップ発達をめぐる研究を行う。同大学院修士課程修了後は、経営教育事業に従事しつつ、ライフイベントを経験しながら働く大人を支援する研究を行っている。

吉村 春美（よしむら・はるみ）

東京大学 大学総合教育研究センター
特任研究員

中央大学法学部卒業、NTT、NTT America、米国コロンビア大学ティーチャーズ・カレッジ（教育学修士）を経て、三菱総合研究所に入所。教育分野の研究員として官公庁や自治体のプロジェクトに従事。退職後、東京大学大学院学際情報学府修士課程修了、博士課程単位取得満期退学。2017年度より現職。専門分野は学校経営、リーダーシップ、組織開発。

髙崎 美佐（たかさき・みさ）

東京大学大学院学際情報学府
博士課程

京都大学総合人間学部人間情報学専攻卒業後、（株）豊田自動織機、（株）ダイヤモンド社などを経て、大学院入学。在職時は、適性検査開発、大卒者採用や初期育成のコンサルティングに関わる。主な研究分野は採用管理と初期育成。主な論文は「入社後定着し能力発揮する新規大卒人材の入社前の特徴に関する研究」（日本労務学会誌, 2015,No.16(2)）。

田中 聡（たなか・さとし）

東京大学大学院学際情報学府 博士課程
株式会社パーソル総合研究所
主任研究員

2006年に慶應義塾大学商学部を卒業後、株式会社インテリジェンスに入社。事業部門を経験した後、2010年に現職の設立に参画し、現在に至る。専攻は経営学習論・人的資源開発論。研究テーマに、新規事業を通じた管理職の学習や、管理職から実務担当者への役割移行に伴う学習など。

保田 江美（やすだ・えみ）

東京大学大学院学際情報学府
博士課程

1978年、東京生まれ。慶應義塾看護短期大学卒業後、大学病院に勤務。退職後、筑波大学医学群看護学類3年次編入。卒業後、現大学院修士課程に進学し修了。研究キーワードは「看護師」「学習」「看護チーム」「支援」「人材育成」など。近年は「中小企業の人材育成」や「大学から企業へのトランジション」に関する共同研究にも参加している。

井上 佐保子（いのうえ・さおこ）

ライター

1972年、東京都生まれ。1995年に慶應義塾大学文学部を卒業。共同通信社、ダイヤモンド社を経て、2006年にフリーランスライターとして独立。ビジネス誌、人事系専門誌を中心に「企業内人材育成」「人材マネジメント」「働き方」をテーマとして、著名人、識者、ビジネスパーソンへのインタビューや企業事例などの記事を多数執筆。人材育成分野の書籍ライティングも手がけている。

三宅 由莉（みやけ・ゆり）

デザイナー／ディレクター
トロワ・メゾン代表

学習環境と教育メディアのデザイン開発研究に携わる。多摩美術大学での副手勤務後、広告会社にて広報誌の編集デザイン、アートディレクションに従事。2002年デザインスタジオ「trois maison」を設立し、エディトリアル、ワークショップツール、UXプランニングを中心としたデザインワークを手がける。
http://troismaison.org。
デザインと学びの研究所 un labo. 主宰。
http://undesign-salon.jimdo.com

いわた花奈（いわた・かな）

デザイナー／イラストレーター
アトリエ・カプリス http://dzukai.com

グラフィックデザイナー、テクニカルイラストレーターとして制作プロダクションを経て2005年、独立。「みえると、うごく」を軸に、概念を図で伝えるデザイン、イラストレーション業務に従事。また企業だけでなく教育機関などの様々な分野に「デザイン発想」を提案すべく、ワークショップやアクティブツールデザインの企画、開発、実施までを行う。
http://active-tool-design.tumblr.com

アクティブ トランジション
働くためのウォーミングアップ

2016年4月20日　第1刷発行
2017年4月10日　第2刷発行

編著者　舘野泰一・中原淳

著者　木村充・浜屋祐子・吉村春美・高崎美佐・田中聡・保田江美
発行者　株式会社 三省堂　代表者 北口克彦
印刷者　三省堂印刷株式会社
発行所　株式会社 三省堂
〒101-8371　東京都千代田区三崎町二丁目22番14号
電話　編集 (03) 3230-9411
　　　営業 (03) 3230-9412
http://www.sanseido.co.jp/

落丁本・乱丁本はお取り替えいたします。
〈アクティブトランジション・192pp.〉
©Yoshikazu Tateno & Jun Nakahara 2016
Printed in Japan
ISBN978-4-385-36562-6

本書を無断で複写複製することは、著作権法上の例外を除き、禁じられています。また、本書を請負業者等の第三者に依頼してスキャン等によってデジタル化することは、たとえ個人や家庭内での利用であっても一切認められておりません。

装丁・本文レイアウト・写真　三宅由莉
イラスト・写真　いわた花奈
2章構成・ライティング　井上佐保子
撮影協力　立教大学
調査支援　公益財団法人電通育英会